守护好你的职场权益

职场维权实战1001问

毕春秋 ◎ 著

中华工商联合出版社

图书在版编目（CIP）数据

守护好你的职场权益：职场维权实战1001问 / 毕春秋著. -- 北京：中华工商联合出版社，2025. 1.
ISBN 978-7-5158-4166-3

Ⅰ．D922.505

中国国家版本馆CIP数据核字第2024LN2352号

守护好你的职场权益：职场维权实战1001问

作　　者：	毕春秋
出　品　人：	刘　刚
图 书 策 划：	蓝色畅想
责 任 编 辑：	吴建新　关山美
装 帧 设 计：	胡椒书衣
责 任 审 读：	付德华
责 任 印 制：	陈德松
出 版 发 行：	中华工商联合出版社有限责任公司
印　　刷：	三河市九洲财鑫印刷有限公司
版　　次：	2025年1月第1版
印　　次：	2025年1月第1次印刷
开　　本：	710mm×1000mm　1/16
字　　数：	320千字
印　　张：	25.5
书　　号：	ISBN 978-7-5158-4166-3
定　　价：	68.00元

服务热线：010-58301130-0（前台）

销售热线：010-58302977（网店部）
　　　　　010-58302166（门店部）
　　　　　010-58302837（馆配部、新媒体部）
　　　　　010-58302813（团购部）

地址邮编：北京市西城区西环广场A座
　　　　　19-20层，100044

http://www.chgscbs.cn

投稿热线：010-58302907（总编室）

投稿邮箱：1621239583@qq.com

工商联版图书
版权所有　盗版必究

凡本社图书出现印装质量问题，
请与印务部联系。

联系电话：010-58302915

序言一

卅载成一事，犹记雁南飞

我与作者毕春秋先生乃大学同学。我是政史专业，他是英语专业。大学期间都不务正业，一起自编自导自演过相声、小品、滑稽剧。

巴尔扎克的作品集叫《人间喜剧》，喜剧里自然包含着滑稽与造化弄人。32年前，作者抛家别舍，独自前往深圳。当年明月在，谁记雁南飞？世俗如我辈，以为放弃安稳、面对未知，是为大勇，却貌似滑稽。

以我所知，作者对其所学英语专业，历来不求甚解；却一头扎进企业劳资纠纷实践之中，深研劳动法律，进而著书立说。

作者历数十载，于深圳从事内资、外资及国有企业人力资源、行政、法务、员工关系管理，劳资纠纷调解、仲裁、诉讼；十数年间，频赴北上广深多地从事《中华人民共和国劳动合同法》实务讲授；又赴北大学成行政管理（学士）、应用心理学（硕士），并将所学跨学科知识运用到劳资关系处理的实践之中，形成独到的学用见解。

在长期处理劳资关系的实践和学习中，作者深切体察到劳动者在劳资关系从建立到终止各个环节中面临的高频维权风险及其疑点、难点、热点；深感维护劳动者权益任重道远，愿为劳动者维权付出所学、所成，遂归纳总

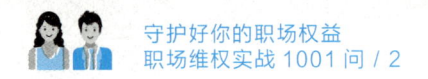

结职场维权问答若干，深入研究法律救济的理据、途径，辅之裁判案件的实证，著成《守护好你的职场权益：职场维权实战1001问》一书，为劳动者维权提供了详细、有据、可操作的指导。

　　三十年，可以成就一些人、一些事。不仅成人、成事，还能成就爱仁情怀，令人钦敬。今时著成《守护好你的职场权益：职场维权实战1001问》一书，乃是作者对劳动者胸怀悲悯的爱仁情怀。借本书一隅，谨向作者毕春秋先生致以热烈祝贺与真诚敬意。

　　是为序。

贵州朗意律师事务所主任　曹德立

2024年12月10日

序言二

追求职场公平公正，依法维权良师益友

毕春秋先生是我15年的好朋友。认识毕先生的时候，他是一家大型港资企业集团的高管。在彼时的港资企业集团，其所处职位，已是内地员工的天花板级别。毕先生的工作内容之一是负责集团法务，于是我在办理该港资企业的案件中与其相识相知。长期接触下来，对其在处理法务工作中清晰且缜密的思维能力深感佩服。

毕春秋先生以其深厚的法律功底和丰富的职场经验，精心编写了《守护好你的职场权益：职场维权实战1001问》一书。该书从求职应聘到合同签订，从试用期到劳动报酬，再到加班工资、五险一金、病假医疗期、工伤工亡等方方面面，都进行了详尽而系统的阐述。它不仅是一本劳动法律知识的汇编，更是一本员工职场维权的实战指南。书中的每一个问题，都是职场人可能遇到的真实困境；每一个答案，都是作者根据法律条文和实战经验给出的精准解答。

值得一提的是，本书还特别关注了女性"三期"（孕期、产期、哺乳期）的权益保护，以及劳务派遣、无固定期限劳动合同等特殊用工形式的维权问题。这些内容的加入，不仅体现了作者对职场人全面权益的深切关怀，

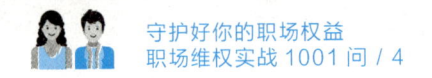

也让我们看到了这本书的广泛适用性和实用性。

　　此外，本书还详细讲解了劳动仲裁的相关知识和流程，当遭遇职场纠纷时，为我们提供了有效的解决途径。

　　职场维权，是每一位劳动者都应该掌握的基本技能。它不仅关乎我们的切身利益，更关乎我们的尊严和人格。只有当我们勇敢地站出来，用法律武器维护自己的合法权益时，职场才能变得更加公平公正。而这本书，正是我们职场维权道路上的得力助手和良师益友。

广东君一律师事务所主任　方红华

2024年12月10日

序言三

我有锦囊千般计，从此维权不求人

如果回望过去，34年前，在毕春秋的眼里，倘有一万种未来的话，想必绝对跟法律无关。彼时的他，飒爽英姿，才气逼人，待人友善，却又特立独行。这份无拘无束，天真烂漫，无论如何，也不会跟法律法规扯上关系。所以我认为，历史似乎一点也不严肃，常常喜欢开一些无伤大雅的玩笑。

职场维权，从劳动合同的签订、试用期的规定，到工资报酬的支付、五险一金的缴纳，再到加班、休假、劳动保护等各个方面，都涉及我们职场人的切身利益。然而，由于缺乏专业知识和维权经验，许多劳动者在面对侵权行为时往往束手无策，只能忍气吞声。

作者深知职场人的不易，因此他将自己多年的职场经验和维权心得凝聚成这本书，以问答的形式，详细解答了职场人在维权过程中可能遇到的各种问题。这本书不仅涵盖了劳动法律的各项规定和细则，更从打工人的视角出发，以通俗易懂的语言，将复杂的法律条文转化为实用的维权策略。

本书内容全面而深入，无论是劳动合同的签订技巧，还是试用期权益的保障；无论是工资报酬的合理计算，还是五险一金的缴纳标准；无论是加班费的争取，还是休假权益的维护，书中都给出了明确的答案和实用的

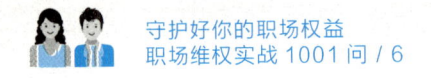

建议。

　　愿《守护好你的职场权益：职场维权实战1001问》一书，能为广大职场人提供一本全面、实用、易懂的维权指南。

贵州师范大学历史学博士、研究生导师　岳蓉

2024年12月10日

目 录

第一章
· 求职应聘篇　　　　　　/ 001

第二章
· 合同签订篇　　　　　　/ 009

第三章
· 试用期间篇　　　　　　/ 027

第四章
· 劳动报酬篇　　　　　　/ 039

第五章
· 加班工资篇　　　　　　/ 065

第六章
· 五险一金篇　　　　　　/ 077

第七章
· 病假医疗期　　　　　　/ 095

第八章
· 工伤工亡篇　　　　　　/ 107

第九章
· 竞业限制篇　　　　　　/ 139

第十章
· 女性"三期"篇　　　　　/ 151

第十一章
· 休息休假篇　　　　　　/ 165

第十二章
· 规章制度篇　　　　　　/ 177

第十三章		第十九章	
· 工会职代会	/ 195	· 调岗调薪篇	/ 267

第十四章		第二十章	
· 劳务派遣篇	/ 203	· 解除终止篇	/ 281

第十五章		第二十一章	
· 无固定期篇	/ 217	· 补偿赔偿篇	/ 305

第十六章		第二十二章	
· 特殊用工篇	/ 229	· 《民法典》相关	/ 321

第十七章		第二十三章	
· 劝退自离篇	/ 245	· 劳动仲裁篇	/ 337

第十八章		第二十四章	
· 违纪违规篇	/ 255	· 拾遗补漏篇	/ 387

第一章
求职应聘篇

守护好你的职场权益
职场维权实战 1001 问 / 002

问题1 > 求职应聘中遭遇就业歧视怎么办？

歧视内容：

（1）性别歧视（女性或者男性优先）；

（2）年龄歧视（要求35岁或40岁以下，如2015年四川省某57岁司机案例，公司败诉）；

（3）婚育歧视（已婚未育者受限）；

（4）容貌歧视（身高、体重、相貌等）；

（5）学历歧视（大专或本科；是否全日制；第一学历985或211高校毕业优先）；

（6）健康歧视（乙肝病毒携带者或艾滋病，如2017年广东省某案例，单位败诉）；

（7）地域歧视（限制某些省份或地区，如浙江2020年某案例，公司败诉）；

（8）户籍歧视（本地户籍优先等）；

（9）残障歧视（如2023年深圳李文光案）；

（10）宗教、生肖、血型等歧视。

维权依据：

（1）《中华人民共和国劳动法》第三、十二、十三条；

（2）《中华人民共和国就业促进法》第二十六、二十七、二十八、二十九、三十、三十一、六十、六十二条；

（3）《中华人民共和国妇女权益保障法》第四十二、四十三条；

（4）《女职工劳动保护特别规定》第五、十五条。

维权指引之拨打维权热线：

（1）12333人力资源和社会保障热线；

（2）12338妇女维权公益服务热线；

（3）12351中华全国总工会职工维权热线。

维权指引之向法院提起诉讼：

（1）上海：以女职工怀孕为由拒绝聘用，构成就业歧视，公司败诉

〔（2021）沪02民终7020号〕。

（2）山东：因入职前被追究过刑事责任，被拒绝录用，构成就业歧视，公司败诉〔（2020）鲁02民终8146号〕。

（3）浙江：因地域原因被拒绝录用，构成就业歧视，公司败诉〔（2020）浙01民终736号〕。

问题2 面试时公司询问我的婚育状况，算侵犯个人隐私吗？

（1）公司有权了解你与劳动合同直接相关的基本情况（根据《中华人民共和国劳动合同法》第八条）；

（2）公司无权了解你的婚育状况、疾病情况（特殊岗位除外），除非能证明这些个人隐私与履行劳动合同存在着直接的关联性（根据《中华人民共和国民法典》第一千零三十二条）；

（3）公安机关也不会向法院或政府行政机关以外的个人或单位提供调查你的个人状况的服务；

（4）《人力资源社会保障部、教育部等九部门关于进一步规范招聘行为促进妇女就业的通知》："不得限定性别或性别优先，不得以性别为由限制妇女求职就业、拒绝录用妇女，不得询问妇女婚育情况，不得将妊娠测试作为入职体检项目，不得将限制生育作为录用条件，不得差别化地提高对妇女的录用标准。"

问题3 公司要求提供无犯罪记录证明，合法吗？

不合法。一般只有在国家机关录用公务员政审，中国共产党组织吸收新党员政审，以及国家法律、法规、规章规定公民执业必须以"无违法犯罪记录"为前提的情况下才需要无犯罪记录证明（根据《关于出具公民有无违法犯罪记录证明工作的暂行规定》第一条）。

问题4　冒用他人身份或借用他人身份入职有什么风险？

发生工伤或工亡的，用人单位需承担：①工资；②治疗期间的护理费；③就业补助金；④医疗费；⑤伤残补助金；⑥医疗补助金；⑦定残后的护理费；⑧辅助器具费等。

（1）未满18周岁、已办理工伤参保手续的，由用人单位承担主要责任；

（2）超过18周岁、已办理工伤参保手续的，由劳动者自负主要责任；

（3）超过18周岁、未办理工伤参保手续的，由用人单位负全部工伤待遇和赔偿责任。

典型案例之浙江丽水［（2017）浙11民终155号］：

由于××公司对员工涂××身份证上的名字和公司人事登记的名字没有尽到核实义务，浙江省丽水市中级人民法院判决维持原判，即公司应于一审判决生效之日起十日内支付涂××工伤待遇赔偿款人民币44098.9元。

问题5　虚假学历一定可以解除劳动合同吗？

（1）诚实守信是劳资双方均须遵守的基本行为准则或职业准则，劳动者以欺诈手段签订的劳动合同自始完全无效，因此，用人单位当然可以单方无偿解除。

（2）劳动者的虚假学历只有对用人单位的录用决定产生重大影响时才能构成欺诈，由此签订的劳动合同才属无效。

（3）如果在试用期期间发现劳动者提供虚假学历，用人单位可以立即解除劳动合同而无需承担任何风险；但如果劳动者已经通过了试用期并被转正，用人单位就不能仅仅因为虚假学历而解除劳动合同。

典型案例之山东禹城［（2021）鲁1482民初726号］：

（1）公司主张周××提供虚假学历，但未能提供证据证明其虚假学历不能匹配其工作岗位或在工作考核中不称职；且公司在试用期间就应对员工提供的学历信息进行审查核实，并在合理期限内对劳动合同效力作出决定，而不能在员工入职多年后以其在入职时提供虚假学历为由解除劳动合同。

（2）结合双方续签劳动合同的事实，可以认定公司对周××的工作能力是认可的。

（3）故公司以周××入职时的学历虚假为由解除劳动合同，虽经单位工会委员会同意，亦应依法认定公司系违法解除劳动合同。

问题6 虚假学历入职，单位发放的工资可以扣回吗？

（1）双方劳动合同虽然无效，但属于事实劳动关系，劳动换取薪酬，天经地义；用人单位为劳动支付的工资，不可收回（如广东佛山某案，财务总监伪造学历，但工资仍需足额支付［（2021）粤06民终16243号］）。

（2）若学历是员工所任岗位的必然要求，或存在基于行业的特殊情形，用人单位可以诉请退回部分工资；若员工所任为一般岗位，用人单位诉请退回工资的，司法实践上一般不予支持。

（3）反例：江西上饶的一位UI设计师，并非一般岗位，却一样赢得官司［（2021）赣11民终2577号］。

问题7 新员工入职第一年能否享受带薪年休假？

《职工带薪年休假条例》第二条："职工连续工作1年以上的，享受带薪年休假。"工龄1年即可，并没有明确要求是在本公司还是其他公司工作满1年。

（1）北京：只要曾经连续工作满12个月。

（2）上海：入职新用人单位前，需要连续存在满12个月以上的劳动关系。

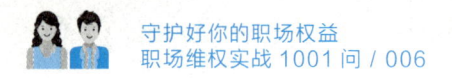

（3）广州：连续工作1年以上。

（4）深圳：进入新公司前不能有中断就业，前后两个单位必须无缝对接。

（5）重庆：进入新公司前的中断就业时间不能超过一个月。

问题8 公司安排员工体检，有权保留或查阅体检报告吗？

（1）职业健康体检（法定要求），有权保存和查阅。

（2）女职工保健体检（法定要求），不宜强行查阅或要求员工提交。

（3）未成年工体检（单位福利），有权保留或查阅。

（4）单位福利的健康体检，不宜强行查阅或要求提交。

问题9 《入职通知书》发出后用人单位能否取消？

不能。因为《入职通知书》上往往载明了期限，而应聘者可以主张自己已经做好了上班的准备，从而要求用人单位承担违约赔偿责任（根据《中华人民共和国民法典》第五百条）。

（1）双方协商不成的，通过法律途径解决争议。

（2）单位应承担的缔约过失责任的赔偿标准通常在1~3个月试用期工资之间。

问题10 《入职通知书》可以作为劳动者主张福利待遇的法律依据吗？

可以。例如，劳动合同未约定《入职通知书》中载明的年底双薪，劳动者依据《入职通知书》的内容要求用人单位支付年底双薪的，能够获得法院支持。

问题11 ▶ 用人单位能向劳动者收取押金吗？

（1）主流观点：《中华人民共和国劳动合同法》并未规定可以收取，故收取行为无效。
（2）上海地区：法无禁止即自由，收取行为有效。
（3）建设工程行业，收取乃行业惯例。
（4）出租汽车行业，可能还存在承包关系，故收取正常。

问题12 ▶ 用人单位未建立职工名册有什么法律责任？

（1）由劳动行政部门责令限期改正。
（2）逾期不改正的，可处以2000~20000元罚款。

问题13 ▶ 毕业生可能面临哪些求职陷阱？

（1）"黑中介"招聘。
（2）入职前先交费（押金、保证金、办证费、服装费、资料费等）。
（3）求职"内推"（如"保offer"）。
（4）招聘"套路贷"（如购车贷、美容贷）。
（5）入职捆绑付费培训。
（6）兼职"刷单"。
（7）传销"拉新"（常用"勤工俭学""招聘兼职""高额回报"等说辞）。
（8）色情招聘（以"行政秘书""生活助理"等名义）。
（9）盗用个人信息。

问题14 遭遇招聘诈骗，如何维权？

（1）拨打110报案，让警方介入调查来保护自己的合法权益。
（2）拨打12333人力资源和社会保障电话咨询服务热线寻求帮助。
（3）拨打12315向当地消费者权益保护组织举报。
（4）保留相关证据，向法院提起诉讼。

问题15 老板以为你不知道的七大入职知识是什么？

（1）不得扣押身份证或其他证件。
（2）不得收取任何名目、任何形式、任何金额的押金（建设工程或出租汽车行业例外）。
（3）1年合同期的试用期不超过1个月，3年合同期的试用期不超过3个月。
（4）无薪试岗违法，工作1天也应支付1天工资。
（5）入职当月就必须缴交五险一金。
（6）一个月内必须签订书面劳动合同，否则支付双倍工资。
（7）试用期无故辞退，必须支付一个月经济赔偿金。

问题16 员工有劳动仲裁记录，会影响再就业吗？

（1）劳动仲裁委员会对仲裁记录是不予公开的，故员工、单位均不能从网上查看到相关信息。
（2）员工或单位有一方或双方都不服裁决，而去法院提起诉讼的话，法院立案后的裁判结果会在中国裁判文书网上公示。
（3）因此，大概率新就职的公司是看不到劳动仲裁记录的，但法院判决就很难说了。

第二章
合同签订篇

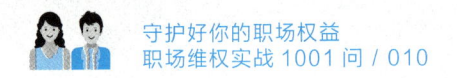

问题1 未签订劳动合同的两倍工资赔偿最多适用多少个月？

11个月。满12个月仍未签订，视为已订立无固定期限劳动合同［（2014）沪二中民三（民）终字第517号］。

问题2 应续签劳动合同而未签，是否也适用两倍工资罚则？

适用。例外案例：

（1）江苏：［（2021）苏04民终493号］和［（2021）苏08民终3422号］。

（2）天津：［（2015）二中民一终字第0860号］。

（3）西安：［（2016）陕01民终2039号］。

问题3 企业未签劳动合同，补签或倒签有效吗？

补签与倒签的区别在于签订劳动合同的落款日期是否与实际签订日期一致；倒签的签订日期是劳动关系建立之初的时间，补签的签订日期是签订的当前日期。

（1）只要不违反《中华人民共和国劳动合同法》的禁止性规定，应属合法有效。

（2）双方属于倒签，不支持二倍工资补偿。

（3）双方属于补签，且补签的日期到实际用工之日，原则上不支持二倍工资补偿，除非存在欺诈、胁迫、乘人之危等非真实意思表示的情形；若补签的日期未到实际用工之日，则依法支持二倍工资补偿。

（4）无论双方属于倒签还是补签，只要是双方真实意思表示，依法不予支持二倍工资补偿。

问题4 > 实践上的劳动合同补签或倒签，各地司法裁判统一吗？

认为补签或倒签不合法，故支持二倍工资补偿的案例：

北京：[（2022）京02民终11025号]和[（2021）京0108民初55472号]。

江苏：[（2021）苏13民终663号]。

福建：[（2020）闽0582民初11757号]。

山东：[（2023）鲁10民再5号]。

认为补签或倒签合法，故不支持二倍工资补偿的案例：

北京：[（2019）京民申5536号]。

山西：[（2015）晋民初字第2182号]。

广东：[（2018）粤民申9328号]和[（2017）粤民申78号]。

江苏：[（2021）苏0706民初8370号]和[（2022）苏07民终1419号]。

以及山东、四川和安徽。

两种案例都有的地区：

北京、江苏、山东、江西、四川、陕西，以及广东深圳、东莞。

问题5 > 《中华人民共和国民法典》上是如何规定合同补签的？

根据《中华人民共和国民法典》第一百四十三条，补签合同具备下列条件时，应认为补签行为有效：

（1）补签合同的当事人具有相应的民事行为能力。

（2）补签合同的当事人意思表示真实。

（3）补签合同的内容不违反法律、行政法规的强制性规定，不违背公序良俗。

问题6 公司不签劳动合同究竟有哪些风险？

（1）公司想要的，如延长或规避试用期、节省工资支出、逃避社会保险等，必定鸡飞蛋打，完全落空。

（2）而公司不想要的，一个都不会少！比如最长11个月的双倍工资罚则、12个月以上视为无固定期限劳动合同，此外员工可以根据《中华人民共和国劳动合同法》第三十八条第一款第三项"未依法为劳动者缴纳社会保险费的"，解除劳动合同。

问题7 员工在关联企业间调动而未签劳动合同，是否适用两倍工资罚则？

不适用。

问题8 混同经营或用工而未订立劳动合同的，是否适用两倍工资罚则？

不适用。员工只能与其中一家企业确立劳动关系，进而对该企业适用两倍工资罚则，即不能同时向多家企业主张两倍工资。

问题9 未签劳动合同的两倍工资是按什么标准计算的？

在是否包含加班工资上，存在地区差异：

（1）部分地区按全部实得工资计算，包括基本工资、加班工资、奖金、津贴等及个人税费。

（2）部分地区会扣除加班工资、提成工资，以基本工资、岗位工资、津贴、补贴等作为计算基数。

问题10 未签劳动合同的两倍工资的计算方式是什么?

《最高人民法院关于审理劳动争议案件适用法律问题的解释（二）》（征求意见稿）第十三条："用人单位未依法与劳动者订立书面劳动合同的，应当支付劳动者的第二倍工资按月计算。不满一个月的，按该月计薪日计算。"

问题11 员工可以随时主张未签订劳动合同的两倍工资处罚吗?

向前倒推一年有效。

问题12 什么是劳动合同订立中的知情权问题?

（1）双方未履行告知义务，故意告知虚假信息，或故意隐瞒真实情况，诱使对方作出错误的意思表示而订立劳动合同的，合同无效。

（2）工资损失风险：劳动合同被确认无效后，劳动者已付出劳动的，仍需支付报酬。

（3）赔偿责任风险：劳动合同确认无效后，给对方造成损害的，过错一方承担赔偿责任。

问题13 事实劳动关系如何认定?

事实劳动关系认定的黄金三原则是：

（1）双方均符合劳动用工主体资格。

（2）劳动者受制度约束、管理约束（人身从属性），提供有偿劳动（经济从属性）。

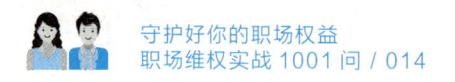

（3）劳动者提供的劳动乃用人单位业务之组成部分（组织从属性）。

问题14 "临时工"有什么特点？如何与之签订劳动合同？

自1995年起，法律上再无"临时工"一说，其实质就是非全日制用工。

（1）合同形式：劳动合同，书面、口头均可。

（2）工作时间：平均每日工作时间不超过4小时，每周累计不超过24小时。

（3）工资形式和标准：计时或计件工资；时薪不得低于当地最低小时工资标准。

（4）工资发放：不得超过15日。

（5）加班费和年休假：没有。

（6）社保购买：必须购买工伤保险。

（7）试用期：不得约定试用期。

（8）经济补偿：任何一方均可随时通知对方终止用工且无需支付经济补偿。

（9）劳动关系：允许劳动者建立双重或多重劳动关系。

（10）备案手续：用人单位招用非全日制工，应在录用后到当地劳动保障行政部门办理录用备案手续。

问题15 "临时工"的社保怎么购买？

根据《劳动和社会保障部关于非全日制用工若干问题的意见》（劳社部发〔2003〕12号）第十、十一、十二条，主要有以下三点：

（1）基本养老保险原则上参照个体工商户的参保办法执行（个人缴交）。

(2) 基本医疗保险以个人身份参加（个人缴交）。
　　(3) 工伤保险费由用人单位缴纳。

问题16 > 哪些情况或哪些岗位的员工未签劳动合同，也拿不到双倍工资赔偿？

　　相关情况有：
　　(1) 高级管理人员未签劳动合同。
　　(2) 劳动者故意不签（用左手签字或通过替身来代签）。
　　(3) 其他客观原因：工伤停工留薪期间、产假或哺乳假期间、患病或非因工负伤病假期间，以及不可抗力等客观因素。
　　(4) 原劳动合同被认定为无效后。

　　相关案例有：
　　(1) 山东菏泽：人事高管［（2022）鲁17民终3174号］。
　　(2) 广东深圳：总经理［（2018）粤03民终20331号］。
　　(3) 广东佛山：人事行政负责人［（2023）粤06民终2619号］。

问题17 > 高管不签劳动合同，一定拿不到双倍工资赔偿吗？

　　不一定。
　　典型案例之江西赣州［（2021）赣07民终667号］：
　　公司总经办主任田×，一方面作为公司人力资源管理负责人，为总经办12名同事签订了劳动合同；另一方面，却故意不履行代表公司与自己签订劳动合同的工作职责，明显具有恶意规避劳动合同签订，进而向公司追讨未签劳动合同双倍工资之目的。
　　然而，经一审二审后，法院依然以田×任职人事经理时间滞后于劳动合同签订时间，以及公司未提供充分证据证明未签劳动合同乃田×原因所致为由，判决公司向田×支付未签劳动合同的双倍工资赔偿60000元。

问题18 　被逼签了空白的劳动合同怎么办？

（1）无效。签订空白劳动合同属于《中华人民共和国劳动法》第十八条第一款第二项及《中华人民共和国劳动合同法》第二十六、二十七条，即采取欺诈、胁迫等手段订立的劳动合同无效的情形。

（2）劳动者可以向劳动监察部门投诉，要求补正或者申请劳动仲裁，主张劳动合同无效，并要求用人单位重新签订。

（3）劳动者亦可与用人单位协商签订新的劳动合同或者变更劳动合同；协商不成的，可以通过劳动仲裁或者仲裁后向人民法院提起诉讼主张空白劳动合同无效。

（4）劳动合同无效，但属事实劳动关系，用人单位必须支付劳动报酬；但不属于未签劳动合同须支付二倍工资的情形。

问题19 　公司可以在劳动合同中约定两个以上工作地点吗？

（1）《中华人民共和国劳动合同法》并没有明确规定劳动合同不能约定多个工作地点（《中华人民共和国劳动合同法》第十七条）。

（2）只要单位和员工协商一致，该约定并不违反《中华人民共和国劳动合同法》的禁止性规定。

（3）除非劳动合同有其他违法约定，或者约定多地作为工作地点明显不合理，否则，仅仅是约定多个地点作为工作地，并不能认定劳动合同无效。

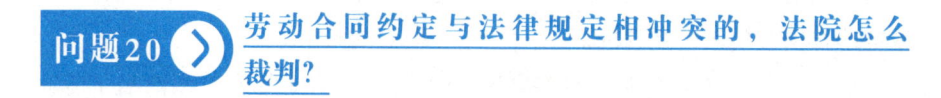

问题20 　劳动合同约定与法律规定相冲突的，法院怎么裁判？

一般适用有利于劳动者的约定，相关案例如〔（2014）二中民终字第

6751号]和[（2013）二中民终字第17274号]。

问题21 ▶ 劳动合同约定与单方承诺不一致的，法院怎么裁判？

一般适用有利于劳动者的单方承诺，相关案例如[（2017）京02民终6959号]。

问题22 ▶ 单位招聘广告有"可办社保"的承诺，算建立劳动关系的意思吗？

可被认定为用人单位建立劳动关系的意思表示，相关案例如[（2021）吉04民终63号]。

问题23 ▶ 公司单方订立外包合同，可以改变劳动关系吗？

未经协商一致订立的外包合同，不改变用人单位与劳动者之间原有的劳动关系，相关案例如[（2023）吉05民终38号]。

问题24 ▶ 公司自拟的劳动合同模板有效吗？

根据《中华人民共和国劳动合同法》第十七条，劳动合同应当具备以下条款，否则，劳动合同部分或全部无效：

（1）用人单位的名称、住所和法定代表人或者主要负责人。
（2）劳动者的姓名、住址和居民身份证或者其他有效身份证件号码。
（3）劳动合同期限。
（4）工作内容和工作地点。

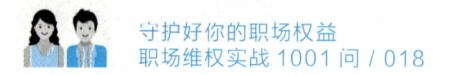

（5）工作时间和休息休假。

（6）劳动报酬。

（7）社会保险。

（8）劳动保护、劳动条件和职业危害防护。

（9）法律、法规规定应当纳入劳动合同的其他事项。

问题25 劳动合同同时使用中文和外文，其内容不一致怎么办？

合同内容应当一致，不一致的以中文文本为准。

问题26 签了劳动合同，用人单位不给劳动者怎么办？

（1）《中华人民共和国劳动合同法》第十六条第二款："劳动合同文本由用人单位和劳动者各执一份。"

（2）用人单位应自合同订立之日起五日内将文本交付劳动者本人，不得扣押。

（3）《中华人民共和国劳动合同法》第八十一条："用人单位提供的劳动合同文本未载明本法规定的劳动合同必备条款或者用人单位未将劳动合同文本交付劳动者的，由劳动行政部门责令改正；给劳动者造成损害的，应当承担赔偿责任。"

（4）公司不给员工劳动合同而又不能协商解决的，可以拨打12333投诉。

问题27 他人代签劳动合同有效吗？

得到劳动者授权，并在授权范围内代签的劳动合同，应当认定有效

（根据《全国民事审判工作会议纪要》）。

问题28 《高校毕业生就业协议》是否具有劳动合同的效力？

不具有劳动合同的效力。

问题29 什么是毕业生签订劳动合同时必须遵守的"三是否"？

（1）企业是否经过工商部门登记以及是否载有企业注册的有效期限。

（2）劳动合同字句是否准确、清楚、完整，不能用缩写、替代或含糊的文字表达。

（3）自拟劳动合同是否具有劳动合同期限、工作内容和工作地点、工作时间和休息休假、劳动报酬、社会保险、劳动保护、劳动条件和职业危害防护等必备条款。

问题30 劳动合同无效的情形有哪些？

（1）以欺诈、胁迫的手段或者乘人之危，使对方在违背真实意思的情况下订立或者变更劳动合同的。

（2）用人单位免除自己的法定责任、排除劳动者权利的。

（3）违反法律、行政法规强制性规定的。

问题31 哪些机构可以确认劳动合同无效？

劳动争议仲裁机构或人民法院。

问题32 ▶ 什么是欺诈、胁迫、乘人之危？

（1）故意告知对方虚假情况，或故意隐瞒真实情况，诱使对方作出错误意思表示的，可以认定为欺诈行为。

（2）以给他人及其亲友的生命健康、荣誉、名誉、财产等造成损害，或以给法人的荣誉、名誉、财产等造成损害为要挟，迫使对方作出违背真实的意思表示的，是为胁迫行为。

（3）乘对方处于危难之机，为牟取不正当利益，迫使对方作出不真实的意思表示，严重损害对方利益的，可以认定为乘人之危。

问题33 ▶ 员工的冒名行为影响劳动关系的建立吗？

建立劳动关系的重要标志之一是实际提供劳动，冒名行为不影响劳动关系的建立。

问题34 ▶ 员工参加培训之日是否属于用工之日？

（1）培训时没有对劳动者进行管理、没有限制劳动者自由的，不属于用工之日。

（2）培训时对劳动者进行管理，限制了劳动者自由的，目的是为单位的利益服务的，属于用工之日。

问题35 ▶ 岗前培训期间劳动关系是否成立？

（1）部分地区，如江苏，认为劳动者参加岗前培训、学习的，劳动关系自参加之日起建立。

（2）岗前培训期间依法签订书面劳动合同的，应按约定支付劳动报酬且执行最低工资标准，依法缴纳社会保险费。

（3）参照事实劳动关系成立的黄金三原则认定：

①双方均符合劳动用工主体资格；

②劳动者受制度约束、管理约束（人身从属性），提供有偿劳动（经济从属性）；

③劳动者提供的劳动乃用人单位业务之组成部分（组织从属性）。

问题36 下岗、内退职工等与新用人单位间的劳动关系如何认定？

《最高人民法院关于审理劳动争议案件适用法律问题的解释（一）》（法释〔2020〕26号）第三十二条："用人单位与其招用的已经依法享受养老保险待遇或者领取退休金的人员发生用工争议而提起诉讼的，人民法院应当按劳务关系处理。企业停薪留职人员、未达到法定退休年龄的内退人员、下岗待岗人员以及企业经营性停产放长假人员，因与新的用人单位发生用工争议而提起诉讼的，人民法院应当按劳动关系处理。"

《最高人民法院关于审理劳动争议案件适用法律问题的解释（二）》（征求意见稿）第六条："达到法定退休年龄但是尚未享受基本养老保险待遇的劳动者为用人单位提供劳动，劳动者请求参照适用劳动法律法规处理劳动报酬、工作时间、休息休假、劳动保护、职业危害防护以及工伤保险待遇等争议的，人民法院应予支持。"

问题37 在校大学生实习时与单位一定不是劳动关系吗？

不一定。根据北京地区的司法实践：

（1）实习，不认定劳动关系；

（2）勤工助学，不视为就业，不认定劳动关系；

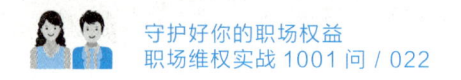

（3）未取得毕业证但取得结业证的，认定劳动关系。

问题38 ▶ 即将毕业的大学生入职后可以认定构成劳动关系吗？

需要满足如下条件：
（1）用人单位知晓该大学生即将毕业的情况；
（2）该大学生以毕业后立即就业为目的；
（3）该大学生向用人单位提供持续不间断的劳动；
（4）用人单位亦对该大学生实施劳动管理并支付劳动报酬。

问题39 ▶ 招用外籍员工后可否直接用工？

不能。尚需获得工作签证（Z签证）、《外国人就业证》或外国人居留许可证；符合《外国人在中国就业管理规定》第九条第一项规定的专业技术和特殊技能等外籍人员可免办工作许可证和就业证，符合第十条第二项规定的受聘和代表人员可免办工作许可证。

问题40 ▶ 外籍员工未按要求办理相关证件能否建立劳动关系？

（1）司法实践中一般不予支持存在劳动关系，但对于持有《外国专家证》并取得《外国人来华工作许可证》的外国人，可能会被认定为劳动关系。
（2）未依法办理所形成的用工关系，应认定为雇佣关系；对于雇佣期间的报酬，可参照双方签订的合同处理。

问题41 员工辞职被挽留后继续原工作，算形成新的事实劳动关系吗？

（1）劳动者提前30天通知用人单位辞职，即可解除劳动关系，无需用人单位批准。

（2）提出辞职30天后，双方劳动关系即解除；之后并未离职，视为双方达成建立劳动关系新的合意，在没有重新签订劳动合同的情况下，可认为形成事实劳动关系。

问题42 外包员工与发包单位是否构成劳动关系？

参照事实劳动关系成立的黄金三原则认定：

（1）双方均符合劳动用工主体资格；

（2）劳动者受制度约束、管理约束（人身从属性），提供有偿劳动（经济从属性）；

（3）劳动者提供的劳动乃用人单位业务之组成部分（组织从属性）。

问题43 微信聊天记录能证明劳动关系吗？

（1）微信聊天记录能够证明存在劳动关系（浙江宁波）。

（2）如果能够举证，朋友圈吐槽内容也能作为解除劳动关系的理由（北京）。

（3）除微信聊天记录外，还需其他证据辅证；且证据应符合真实、合法、关联性等条件。

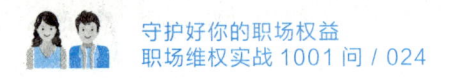

问题44 保险代理人与用人单位之间是否存在劳动关系？

属于民事代理关系，而非劳动关系。

问题45 《中华人民共和国劳动合同法实施条例》第五条是什么内容？

自用工之日起一个月内，经用人单位书面通知后，劳动者不与用人单位订立书面劳动合同的，用人单位应当书面通知劳动者终止劳动关系，无需向劳动者支付经济补偿，但是应当依法向劳动者支付其实际工作时间的劳动报酬。

问题46 电子劳动合同、通过邮件签署的劳动合同属于书面合同形式吗？

属于法律认可的书面形式；但由于电子数据本身所具有的易损、易变更等特征，在使用电子劳动合同时，其安全性、稳定性应成为首要考虑的问题。

问题47 劳动合同期满后继续用工，责任由谁来负？

《最高人民法院关于审理劳动争议案件适用法律问题的解释（二）》（征求意见稿）第二十四条："劳动合同期满后，劳动者仍在用人单位工作，用人单位未表示异议超过一个月的，人民法院可以视为双方以原条件续订劳动合同，用人单位应当与劳动者补订书面劳动合同。符合订立无固定期限劳动合同的，人民法院可以视为双方之间存在无固定期限劳动合同关系，并以原劳动合同确定双方的权利义务关系。用人单位解除劳动合同，劳动者请求用人单位依法承受解除劳动合同法律后果的，人民法院应予支持。"

问题48 > 应聘登记表、入职登记表、聘用通知书等能否视为劳动合同？

上述书面材料包含了劳动合同期限、劳动报酬、社会保险等法定内容，并按该内容实际履行的，应视为双方签订了书面劳动合同，用人单位无需支付二倍工资。

问题49 > 公司让签的"用工协议"算劳动合同吗？

（1）"用工协议""劳务合同""聘用合同"等不规范合同，经审查具备劳动合同特征、确属双方真实意思表示的，视为已订立劳动合同，可以认定用人单位履行了与劳动者订立劳动合同的义务。

（2）劳动者以订立的上述合同无效为由，主张未签订劳动合同，要求二倍工资补偿的，不获支持。

问题50 > 法院如何认定劳动合同的效力问题？

（1）劳动者存在隐瞒或虚构与订立劳动合同直接相关的年龄、工作履历、资质等事实，用人单位主张劳动者构成欺诈，要求认定劳动合同无效，证据充分的，应当予以支持。

（2）单位提供的劳动合同文本不完全具备《中华人民共和国劳动合同法》第十七条规定的全部九个条款的，不能认定合同全部无效，也不属于未订立书面劳动合同的情形。

（3）劳动合同无效、部分无效或者用人单位未将已签订的劳动合同文本交付劳动者的，不属于未订立书面劳动合同的情形；劳动者主张未签订劳

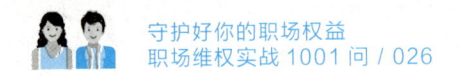

动合同，要求二倍工资补偿的，不予支持。

问题51 > 被公司套路签了劳务合同怎么办？

（1）要求公司补签劳动合同。

（2）以公司未签劳动合同为由提出解除劳动关系，申请劳动仲裁，要求公司支付双倍工资、拖欠工资、加班费、经济补偿金等。

（3）向劳动仲裁委员会申请撤销劳务合同，当然前提是劳务合同中必须存在仲裁协议或仲裁条款，否则不会受理。

（4）如果劳务合同中没有订立仲裁条款，事后也没有达成仲裁协议，合同当事人可以将合同纠纷诉至法院，寻求司法解决。

问题52 > 劳动合同如何变更，员工才会放心签字？

（1）必须协商一致，任何单方决定的条款，都不能成为协议的一部分。

（2）必须书面变更，白纸黑字，任何口头承诺都视为无效条款。

（3）必须各执一份，换言之，只有双方签字且各执一份后，变更后的合同才能生效。

第三章
试用期间篇

问题1 ▶ 当试用期遭遇医疗期，试用期可以延长吗？

可以延长。《江苏省劳动合同条例》（2013年修订）第十五条："劳动者在试用期内患病或者非因工负伤须停工治疗的，在规定的医疗期内，试用期中止。"《关于审理劳动争议案件若干问题的解答（四）》（浙高法民一〔2016〕12月）第二条："劳动者在此期间请病假，影响到考察目的的实现，故该病假期间可从试用期中扣除。"

此外，参考某上海案例〔（2014）沪二中民三（民）终字第89号〕，试用期可以因病假而中止。

问题2 ▶ 公司可以延长试用期吗？

满足以下四个条件，可以延长：
（1）试用期满前提出延长；
（2）双方协商一致；
（3）试用期与劳动合同期匹配；
（4）延长后的试用期总长最多不超过六个月。

问题3 ▶ 公司可以无薪试岗吗？

（1）无薪试岗之日，实质上就是有偿用工之时，双方已然形成事实劳动关系，参考《关于确立劳动关系有关事项的通知》（劳社部发〔2005〕12号）。

（2）无薪试岗期间，从来不是也不属于试用期（根据《中华人民共和国劳动合同法》第十九条）。

（3）无薪试岗期间必须有工资，且该工资必须达到法定标准（根据

《中华人民共和国劳动合同法》第二十、三十条)。

问题4 无薪试岗的后果是什么？

(1) 试用协议期间不得随意解除劳动合同(根据《中华人民共和国劳动合同法》第二十一条)。

(2) 试用协议到期不续签要向劳动者支付解除劳动关系的经济补偿金或违法解除劳动关系的经济赔偿金(根据《中华人民共和国劳动合同法》第二十一条)。

(3) 试用协议期间，未参加工伤保险，劳动者因工作遭受伤害的，用人单位须承担全部工伤赔偿法律责任(根据《中华人民共和国社会保险法》第四十一条)。

问题5 试用期双方协商可以不买五险一金吗？

协商无效。此乃法律强制性规定；协议排除了劳动者权利的，约定自始无效。

《最高人民法院关于审理劳动争议案件适用法律问题的解释(二)》(征求意见稿)第二十三条："用人单位与劳动者有关不缴纳社会保险费的约定无效。劳动者与用人单位约定不缴纳社会保险费，劳动者以用人单位未依法缴纳社会保险费为由请求支付经济补偿的，人民法院应予支持。用人单位补缴社会保险费后，请求劳动者返还已给付的社会保险补偿的，人民法院应予支持。"

问题6 试用期工资如何发放？

《中华人民共和国劳动合同法》第二十条："劳动者在试用期的工资

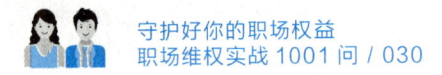

不得低于本单位相同岗位最低档工资或者劳动合同约定工资的百分之八十，并不得低于用人单位所在地的最低工资标准。"

问题7 › 怀孕女员工试用期可以解除劳动合同吗？

可以。试用期被证明不符合录用条件即可。

问题8 › 试用期员工患有精神疾病可否解除劳动合同？

可以。试用期被证明不符合录用条件即可。

问题9 › 试用期不合格，需要赔偿单位支出的招录费吗？

不需要。招录费用是用人单位必要的经营成本之一，应由用人单位承担。

典型案例：获得劳动报酬是劳动者的基本权利，用人单位不得以节能减排、绿色发展为由将经营成本（如水电费）转嫁给劳动者，变相克扣劳动者报酬（广东珠海，2022年）。

问题10 › 劳动者在试用期不合格被解除劳动合同，是否需要赔偿培训费？

无需赔偿。即使劳动合同中有约定，该约定也无效。

用人单位不得将经营风险转嫁给劳动者，如山东济南两案［（2021）鲁0102民初12327号］和［（2022）鲁01民终2746号］。

问题11 试用期满后，用人单位能否以不符合录用条件为由解除劳动合同？

不能。考察期已过，用人单位不得以此为由解除劳动合同。

问题12 试用期劳动者有权享受哪些待遇？

根据《中华人民共和国劳动法》第三条，试用期劳动者有以下权利：
（1）取得劳动报酬的权利；
（2）休息休假的权利；
（3）获得劳动安全卫生保护的权利；
（4）接受职业技能培训的权利；
（5）享受社会保险和福利的权利；
（6）提请劳动争议处理的权利；
（7）法律规定的其他劳动权利。

问题13 试用期期限都有哪些强制性规定？

	劳动合同种类	试用期期限
固定期限劳动合同	非全日制用工	不得约定
	以完成一定工作任务为期限的劳动合同	不得约定
	期限3个月以内	不得约定
	3个月≤劳动合同期限＜1年	≤1个月
	1年≤劳动合同期限小于3年	≤2个月
	3年≤劳动合同期限	≤6个月
无固定期限劳动合同		≤6个月

问题14 ▶ 哪些情形下不得与员工约定试用期？

（1）以完成一定工作任务为期限的；

（2）劳动合同期限不满三个月的；

（3）非全日制用工（以上三种为法定情形）；

（4）劳动合同续签；

（5）用人单位变更名称、法定代表人、主要负责人或投资人；

（6）用人单位合并或分立（独立法人资格：子公司；非独立法人资格：分公司）；

（7）股权转让。

问题15 ▶ 同一劳动者二次应聘不同工种或岗位，可否再次约定试用期？

不可以。

问题16 ▶ 劳动者升职、降职，可否再次约定试用期？

不可以。

问题17 ▶ 劳动合同解除或终止后又重新回到用人单位工作，可否再次约定试用期？

不可以。如深圳及合肥，除非员工有过错，中间间隔不超过6个月的，视为连续工龄。

问题16 可以单独签订试用期劳动合同吗？

（1）劳动合同仅约定试用期的，试用期不成立，该期限为劳动合同期限。

（2）单独订立试用期合同的，视为用人单位放弃试用期。

（3）这种情况下，用人单位相当于浪费一次签订固定期限劳动合同的机会，再签订正式的劳动合同时，就相当于签订了两次固定期限劳动合同，期满后劳动者即符合签订无固定期限劳动合同条件。

问题19 违法约定试用期有什么后果？

（1）由劳动行政部门责令改正；

（2）已经履行的，以试用期满月工资为标准，按超过法定试用期期限支付二倍赔偿金。

问题20 试用期内单位可以单方无偿解除劳动合同的法定情形有哪些？

（1）在试用期间被证明不符合录用条件的；

（2）严重违反用人单位的规章制度的；

（3）严重失职，营私舞弊，给用人单位造成重大损害的；

（4）劳动者同时与其他用人单位建立劳动关系，对完成本单位的工作任务造成严重影响，或者经用人单位提出，拒不改正的；

（5）因本法第二十六条第一款第一项规定的情形致使劳动合同无效的（即欺诈、胁迫或乘人之危）；

（6）被依法追究刑事责任的。

（以上六点根据《中华人民共和国劳动合同法》第三十九条列出。）

问题21 > 用人单位试用期内解除劳动合同有什么相关程序吗?

（1）应当事先将解除劳动合同理由通知工会；
（2）向劳动者书面说明理由，并要求劳动者签收；
（3）制作《试用期不合格通知书》送达给劳动者；
（4）向劳动者出具解除或终止劳动合同的证明；
（5）15日内为劳动者办理档案和社会保险关系转移手续。

问题22 > 不合格和不胜任有什么区别？

项目	不符合录用条件（不合格）	不胜任工作
期间	仅限于试用期	包括试用期在内的劳动合同期
条件	劳动者被证明不符合录用条件	劳动者被证明不能胜任工作，经过培训或调岗后，仍然不能胜任工作
法律后果	用人单位可以随时解除劳动合同，且无须支付经济补偿金	不胜任者，经培训或调岗后仍然不胜任，方能解除劳动合同，补偿方案为 N+1
结论		适用法律不当，官司必输无疑

问题23 > 试用期可以随意解除员工吗？

不可以。需要证明员工不符合录用条件。

问题24 > 只要愿意支付赔偿金，就可以随意解除吗？

不一定。员工还可要求继续履行劳动合同。

问题25 ▶ 如何界定劳动者试用期的起算点？

无论实际用工时间和订立劳动合同的时间是否一致，起算点都应当是实际用工的时间。

问题26 ▶ 双方既无书面又无其他证据证明试用期约定的，如何确定试用期？

应当认定用人单位放弃了试用期，即双方劳动关系中不存在试用期约定的问题。

问题27 ▶ 如何认定用人单位与劳动者口头约定试用期的效力？

除非双方都认可试用期的明确约定，否则提出存在试用期的一方应承担举证责任。

问题28 ▶ 用人单位以试用期不合格为由解除劳动合同的败诉节点有哪些？

（1）试用期超过法定最长期限，在最长期限届满以后以试用期不符合录用条件为由解除；

（2）单方面延长试用期，然后以试用期不符合录用条件为由解除；

（3）与劳动者约定两次试用期，然后在第二次试用期内以试用期不符合录用条件为由解除；

（4）试用期届满之后，以劳动者试用期不符合条件为由解除；

（5）单独约定试用期，然后以劳动者试用期不符合录用条件为由解除；

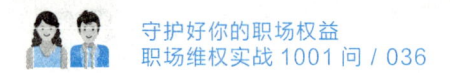

（6）没有将录用条件告知劳动者；

（7）没有约定或者规定具体、明确、合理的录用条件；

（8）随意解聘试用期劳动者；

（9）没有证据证明劳动者不符合录用条件。

问题29 裁员可以裁减试用期员工吗？

（1）不可依据《中华人民共和国劳动合同法》第四十一条之规定，即经济性裁员进行裁减。

（2）可依据《中华人民共和国劳动合同法》第二十一条之对应情形支付相关金额后解除：

在试用期中，除劳动者有本法第三十九条（即用人单位可以单方解除劳动合同的六种法定情形）和第四十条第一项、第二项规定的情形（即不胜任，以及患病或非因工负伤导致的不胜任）外，用人单位不得解除劳动合同。用人单位在试用期解除劳动合同的，应当向劳动者说明理由。

问题30 老板以为你不知道的十大在职知识是什么？

（1）劳动合同必须具备合同期限、试用期、工作地点、工作岗位、工资及其组成、社会保险等法定必备条款；

（2）劳动合同应一式两份，公司和员工各执一份；

（3）同一单位同一劳动者只能约定一次试用期且不得延长；

（4）企业不能对员工行使罚款权；

（5）旷工1天只能扣除1天工资，旷1扣3违法；

（6）病假工资不得低于当地最低工资标准的80%；

（7）不得任意单方调岗降薪；

（8）标准工时制为每周5天、每天8小时，每月21.75天以外应计算加班费，其中，以周一到周五加班1.5倍工资、周六周日加班2倍工资、法定节假日加班3倍工资计算；

（9）拖欠工资超过一个月的，视为违法，会予以重罚；

（10）上述问题，拨打12333可以即时投诉。

问题31 违法约定试用期需要支付赔偿金的十种情形是什么？

（1）以完成一定工作任务为期限而约定试用期的；

（2）劳动合同期限不满三个月而约定试用期的；

（3）与"临时工"（非全日制用工）约定试用期的；

（4）因劳动合同续签而约定试用期的；

（5）因用人单位变更名称、法定代表人、主要负责人或投资人而约定试用期的；

（6）因用人单位合并或分立而约定试用期的；

（7）因股权转让而约定试用期的；

（8）因同一员工第二次入职而约定试用期的；

（9）同一员工第二次入职时因为两次岗位不同而约定试用期的；

（10）同一员工因升职而约定试用期的。

问题32 试用期可以对员工无偿解除劳动合同的12种情形是什么？

（1）被证明不符合录用条件的；

（2）严重违纪违规的；

（3）严重失职，营私舞弊且造成重大损害的；

（4）双重劳动关系对本职工作造成严重影响，或经提出后拒不改正的；

（5）以欺诈、胁迫手段或乘人之危订立或变更劳动合同致使合同无

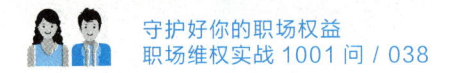

效的；

（6）被依法追究刑事责任的；

（7）提供虚假证件，虚构或隐瞒年龄、健康、学历、履历等情形的；

（8）不能完成工作任务或不能达成工作目标的；

（9）职业技能或试用期考核不合格的；

（10）患有不宜从事该岗位工作的疾病的；

（11）违反规章制度或操作规程的；

（12）违反公序良俗的。

第四章
劳动报酬篇

问题1 哪些收入或支出不属于工资？

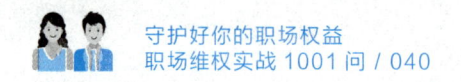

根据《关于工资总额组成的规定》第十一条的内容，下列各项不列入工资总额的范围：

（1）根据国务院发布的有关规定颁发的发明创造奖、自然科学奖、科学技术进步奖和支付的合理化建议和技术改进奖以及支付给运动员、教练员的奖金；

（2）有关劳动保险和职工福利方面的各项费用；

（3）有关离休、退休、退职人员待遇的各项支出；

（4）劳动保护的各项支出；

（5）稿费、讲课费及其他专门工作报酬；

（6）出差伙食补助费、误餐补助、调动工作的旅费和安家费；

（7）对自带工具、牲畜来企业工作职工所支付的工具、牲畜等的补偿费用；

（8）实行租赁经营单位的承租人的风险性补偿收入；

（9）对购买本企业股票和债券的职工所支付的股息（包括股金分红）和利息；

（10）劳动合同制职工解除劳动合同时由企业支付的医疗补助费、生活补助费等；

（11）因录用临时工而在工资以外向提供劳动力单位支付的手续费或管理费；

（12）支付给家庭工人的加工费和按加工订货办法支付给承包单位的发包费用；

（13）支付给参加企业劳动的在校学生的补贴；

（14）计划生育独生子女补贴。

问题2 劳动报酬（主要指工资）包括哪些组成部分？

根据《关于工资总额组成的规定》第四条的内容，工资总额由下列六个部分组成：

（1）计时工资；
（2）计件工资；
（3）奖金；
（4）津贴和补贴；
（5）加班加点工资；
（6）特殊情况下支付的工资。

问题3 什么是特殊情况下支付的工资？

狭义上是指出席党、工、青、妇活动期间，视为出勤并发放工资（如重庆地区规定）。

问题4 福利待遇包括哪些组成部分？

福利待遇不是劳动报酬，仅是按劳分配的补充；是指用人单位在工资和社会保险之外向劳动者及其亲属提供的一定货币、实物、服务等形式的物质帮助。

（1）法定福利如五险一金；
（2）企业福利包括工作餐、工作服、取暖补贴、路费补贴、交通补贴、生活困难补助、丧葬补助费、带薪假期、企业年金、补充医疗保险、各种商业保险等。

问题5 劳动报酬与福利待遇的区别是什么？

（1）与劳动者付出劳动的关联程度不同。劳动报酬紧密关联，是劳动者付出劳动后用人单位必须支付的劳动所得的对价；而福利待遇则关联程度较小。

（2）支付的方式和周期不同。用人单位需按月向劳动者支付劳动报酬；而福利待遇不一定按月支付，且可采用报销等支付方式。

（3）支付的形式不同。劳动报酬以货币形式支付；而福利待遇可以货币、实物、服务等形式支付。

问题6 计算解除劳动合同经济补偿金时，包括福利性费用吗？

国家统计局明确规定：用人单位支付给职工的福利费用不属于工资范围；因此，计发解除劳动合同经济补偿金时，不应将福利性费用计入工资之中。

问题7 "未及时足额支付劳动报酬"是否包含未休年休假工资？

未休年休假工资属休息休假和福利待遇的范畴，而劳动报酬的内涵是劳动者劳动付出的对价，故劳动报酬不包含未休年休假工资。相关案例有：

[（2023）京01民终12706号]；

[（2023）内01民终5527号]；

[（2023）吉01民终7847号]；

[（2021）苏05民终8256号]。

问题8 ▶ 哪些补贴和津贴能够计入工资？

（1）从形式上来看，名称上采用了津贴或补贴的；

（2）从形态上来看，以货币形式支付的；

（3）从目的上来看，是为了补偿职工特殊或额外的劳动消耗，或为了保证职工工资水平不受物价变动影响而支付的；

（4）不受支付条件的限制，是否需要凭票报销并不直接决定补贴的性质。

问题9 ▶ 哪些情形下可以不支付工资？

（1）用人单位与劳动者协商一致；

（2）劳动者因涉嫌违法犯罪被限制人身自由期间；

（3）劳动合同因不可抗力暂时不能履行期间（特指订立劳动合同后，但实际未开始履行劳动合同之前的期间；实际履行劳动合同后则适用"非劳动者原因停工停产期间"，应依法支付工资）；

（4）经用人单位同意的事假期间；

（5）无合法理由不提供劳动（无故旷工）；

（6）由于劳动者本人的原因中止劳动合同；

（7）解除或终止劳动合同的争议期间（若被法院裁决恢复劳动关系，则须支付违法解除之日至劳动关系恢复之日期间，即未提供劳动期间的工资）；

（8）因劳动者个人过失原因，造成企业停工停产期间。

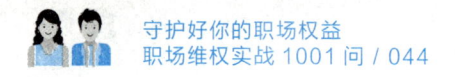

问题 10 > 仲裁或者诉讼期间的工资如何计算？

《最高人民法院关于审理劳动争议案件适用法律问题的解释（二）》（征求意见稿）第二十五条："用人单位作出解除、终止劳动合同决定被确认违法且劳动合同可以继续履行，劳动者请求用人单位支付上述决定作出后至仲裁或者诉讼期间工资的，用人单位应当按劳动者提供正常劳动时的工资标准向劳动者支付上述期间的工资。双方都有过错的，应当各自承担相应的责任。人民法院可以根据劳动者怠于申请仲裁及提起诉讼、劳动者在争议期间向其他用人单位提供劳动等因素综合确定用人单位、劳动者的过错程度。"

问题 11 > 正常工作期间的工资的地方性规定有哪些？

（1）广东深圳中院：前12个月的平均正常工作时间工资。

（2）广东东莞中院、仲裁委：正常满勤月份，且对劳动者非正常出勤一般不区分原因。

（3）内蒙古和浙江：正常工作状态下12个月的平均工资，不含医疗期。

（4）浙江宁波中院：如因员工请假较多、单位停业等，应扣除上述月份。

（5）广西柳州中院：以离职前12个月实际转账数据计算，金额为0也用于计算，相关案例如［（2019）桂02民终642号］。

（6）广西北海中院：未满12个月工作期限的，以实际工作月数平均工资为基数计算，相关案例如［（2017）桂05民终241号］。

问题12 正常工作期间的工资的各地司法裁判口径是什么？

（1）一般情况下，因企业或职工个人原因导致职工少量月份低工资的，法院在核算解除劳动合同前平均工资时，不予扣除低工资月份工资，而直接推算月平均工资。

（2）特殊情况下，明显因企业原因故意减少劳动报酬，意在拉低解除劳动合同前平均工资，进而降低补偿金或迫使劳动者离职的，司法实践中法院可能再往前推12个月或扣除低工资月份以推算月平均工资。

（3）特殊情况下，因劳动者个人客观原因导致多数月份工资低的，实践中往往再往前推相应月份或扣除低工资月份以推算月平均工资。

问题13 周工作时间是40小时还是44小时？月工作时间是20.83天还是21.75天？

（1）标准工时制的周工作时间是40小时。

（2）20.83天是用来计算上班时间的，比如综合计算工时制中，就是以月20.83天来统筹计算工作时间的，2025年起改为20.67天。

（3）21.75天是用来计算劳动报酬，比如月工资标准为5000元，计算出来工作时间为15天，那么15天的工资为5000÷21.75×15。

问题14 如何理解"前12个月的平均工资"？

前推至正常提供劳动的、12个自然月的、正常工作期间的、双方确认的平均工资，相关案例如［（2020）桂02民终78号］。

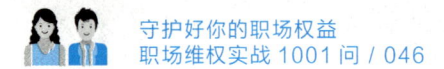

问题15　工资支付的周期有什么统一规定吗？

（1）至少每月支付一次；
（2）实行周、日、小时工资制的可按周、日、小时支付。

问题16　工资支付中遇节假日或休息日，如何发放？

应提前而非延后支付。

问题17　公司有权单方面对员工工资项目进行拆分吗？

不可以。这属于变更劳动合同，应与劳动者进行充分协商，否则对劳动者不发生法律效力。

问题18　公司根据劳动合同约定调整员工工作时间，员工可以不服从吗？

用人单位可根据劳动合同的约定对劳动者的工作时间进行调整，劳动者应当遵守，否则用人单位可依据规章制度的规定对劳动者进行处理。

问题19　综合工时制不审批也有效吗？

根据最高院的司法解释，约定有效。

问题20 派遣员工是否适用用工单位的综合计算工时制度？

综合计算工时制度针对的是特定工作岗位，而非区分岗位上的劳动者；申请人的工作岗位属于审批实行综合计算工时制的工作岗位之一的，应适用综合计算工时制度。

问题21 保安申请综合计算工时制合法吗？

（1）需根据保安的具体工作内容、工作时间、休息情况而定；

（2）目前实践中司机申请不定时工时制的较多，保安执行标准工时三班倒的较多；

（3）实践中劳动监管部门一般不会给予审批通过。

问题22 关于最低工资标准有哪些特别规定？

（1）试用期工资不得低于最低工资标准；不得低于本单位相同岗位最低档工资或劳动合同约定工资的80%。

（2）解除或终止劳动合同的经济补偿的月工资标准不得低于最低工资标准。

（3）解除劳动合同代通知金不得低于最低工资标准（如江苏规定）；代通知金为上一个月工资，不能反映正常工资水平的，按合同解除前12个月的月平均工资确定。

（4）竞业限制经济补偿的月标准不得低于最低工资标准。

（5）工伤职工的伤残津贴不得低于最低工资标准；低于的，一至四级伤残的，由工伤保险基金补足差额；五至六级的，由用人单位补足差额。

（6）劳务派遣员工无工作期间的工资不得低于最低工资标准。

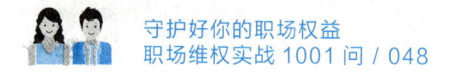

（7）失业保险金最低不得低于最低工资标准（如江苏规定）；最高不得超过当地城市居民最低生活保障标准的1.5倍。

（8）依法扣除劳动者工资后，发放的工资不得低于最低工资标准；每月扣除的部分不得超过劳动者当月工资的20%。

问题23 最低工资标准包括五险一金吗？

（1）最低工资不包括社会保险费和住房公积金，如北京、上海、安徽规定。

（2）最低工资剔除住房公积金，如江苏规定。

（3）最低工资是否包含三险一金要分情况，如新疆规定。

（4）最低工资包括个人应缴纳的社会保险费，如江西、湖南、宁夏规定。

（5）最低工资包括个人应缴纳的社会保险费和住房公积金，如重庆、四川、山东、浙江、河北、内蒙古、贵州、云南、天津、黑龙江规定。

（6）山西、湖北、陕西、河南等多地基本上与《最低工资规定》第十二条的规定类似；而吉林、青海、福建、广西等地则没找到相关规定。

问题24 哪些情况下可以低于最低工资标准发放工资？

（1）病假工资；

（2）待岗工资；

（3）事假或者旷工按天扣除后可低于最低工资；

（4）其他特殊情形。

问题25 劳动合同履行地与用人单位注册地不一致的，最低工资标准如何确定？

（1）最低工资标准按劳动合同履行地执行；

（2）用人单位注册地的有关标准高于劳动合同履行地，且双方约定按照用人单位注册地的有关规定执行的，从其约定。

问题26 最低工资标准包括加班工资、高温费吗？

不包括加班工资、高温/低温/井下/有毒有害等特殊津贴。

问题27 用人单位违反最低工资标准支付工资，需要承担什么法律责任？

由劳动保障行政部门责令其限期补发所欠劳动者工资，并可责令其按所欠工资的0.5~1倍支付劳动者赔偿金。

参考北京怀柔某案例［（2013）二中民终字第08466号］，用人单位低于最低工资标准支付工资，劳动者据此提出解除劳动合同的，用人单位应支付经济补偿金。

问题28 关于第二倍工资的计算基数是如何裁定的？

（1）部分地区以应得工资为基数，包含加班费、年终奖等全部工资性收入；

（2）部分地区以应得工资为基数，包含加班费但不包括非按月固定支付的工资项目；

（3）部分地区以应得工资为基数，不包括加班费和非常规性奖金、津

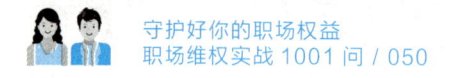

贴、补贴、福利；

（4）部分地区以双方约定的正常工作时间月工资来确定，不包括加班费，需扣除部分工资项目；

（5）部分地区以职工所在的岗位（职位）相对应的标准工资为基数；

（6）部分地区以劳动者提供正常劳动所得实际工资为基数，但不得超过用人单位所在的本地区上年度职工月平均工资的三倍。

问题29 关于第二倍工资是如何适用仲裁时效的？

（1）第二倍工资属于惩罚性赔偿，适用一般时效，自违法状态消失之日开始整体起算（如山东、浙江、云南规定）；

（2）第二倍工资属于惩罚性赔偿，适用一般时效，自用人单位应当支付第二倍工资之日起计算，逐月计算；

（3）第二倍工资属于劳动报酬，适用特殊时效，自劳动合同解除或终止之日起计算。

问题30 因员工原因造成公司损失的，公司可以扣除工资吗？

《工资支付暂行规定》第十六条："因劳动者本人原因给用人单位造成经济损失的，用人单位可按照劳动合同的约定要求其赔偿经济损失。经济损失的赔偿，可从劳动者本人的工资中扣除。但每月扣除的部分不得超过劳动者当月工资的20%。若扣除后的剩余工资部分低于当地月最低工资标准，则按最低工资标准支付。"（深圳规定为不超过当月工资的30%。）

问题31 ▶ 员工"停职反省"期间劳动关系是否存续？

虽然不到岗上班、不向用人单位提供劳动，但由于双方均未明确作出解除劳动合同的意思表示，故双方劳动关系仍然存续。

问题32 ▶ 员工"停职反省"期间用人单位应当支付工资、缴纳社保吗？

（1）由于员工"停职反省"期间劳动关系仍然存续，故应当继续支付工资、缴纳社保；

（2）员工停职反省期间未能提供劳动并非员工自身过错所致，而是因为被"剥夺"劳动权利所致，故用人单位应当支付该期间的工资；

（3）司法实践中法院一般是按照当地最低工资标准判令用人单位支付该期间的工资。

问题33 ▶ 员工"停职反省"期间，用人单位可以随时解除劳动合同吗？

不能。否则以违法解除劳动合同论，要求公司支付双倍经济赔偿金。

问题34 ▶ 约定将提成工资与经营风险挂钩合法有效吗？

应属合法有效。

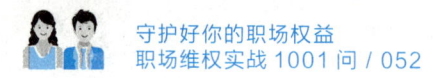

问题35 绩效工资和提成工资怎样支付才算合法合理？

（1）月绩效工资，在劳动者离职时或离职后的一个月内，均应结算完毕；

（2）提成工资、年终奖，原则上依合同约定或规章制度执行。

问题36 绩效工资和提成工资怎样举证？

（1）劳动者举证证明其应当领取绩效工资或提成工资的事实；

（2）用人单位则对绩效或提成工资的计算方式、计算标准等进行举证。

问题37 拖欠、克扣工资有什么法律后果？

（1）根据《中华人民共和国劳动合同法》第三十八条的内容，用人单位未及时足额支付劳动报酬的，劳动者可以解除劳动合同。

（2）根据《中华人民共和国劳动合同法》第八十五条的内容，未按照劳动合同的约定或者国家规定及时足额支付劳动者劳动报酬的，限期支付；逾期不支付的，责令用人单位按应付金额50%～100%的标准向劳动者加付赔偿金。

问题38 员工互相打听、比较、泄露薪资信息，可以因此解除劳动合同吗？

（1）经民主程序制定了相应的规章制度即可；

（2）工资的分配方法、工资标准、工资项目、工资形式等应当公示的内容，不应纳入保密范畴；员工即使披露，也不能对此进行处罚；

（3）薪酬保密制度应考虑合理性，不应苛之过严，否则也有违法之虞。

问题39 > 劳动者违反薪酬保密制度是否属于严重违反单位规章制度？

（1）用人单位因员工违反薪酬保密制度解除劳动合同的情况下，如员工主张的其他合法权益较之用人单位的薪酬保密管理更具有保护价值，则有可能构成违法解除劳动合同（广东，2017年）。

（2）如较之员工违反薪酬保密制度的行为而言，用人单位通过薪酬保密制度进行合理的用工管理更具有保护价值，则当劳动者违反薪酬保密制度的情况下，用人单位可以据此解除劳动合同（上海，2017年）。

（3）员工违反薪酬保密制度行为的情节轻重也是裁判考量的重要因素，如存在一定过失但情节轻微的，直接给予辞退处理往往不会得到支持；如员工在争取个人合法权益时超过了必要的限度，令无关人员知悉薪酬，则支持用人单位根据薪酬保密制度进行处罚（广东，2017年）。

问题40 > 离职员工的工资应该在多久时间内结清？可否和正常员工一起在月末统一发放？

既可月末统一安排发放，亦可自劳动关系解除或者终止之日起三个工作日内一次付清；实践中一般不超过一个月。

问题41 > 具有长期激励性质的递延奖金，员工提前离职时用人单位必须发放吗？

（1）基于对员工未来留用和工作表现的激励，是一种不确定性的期待

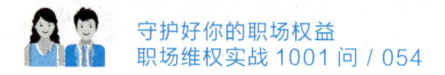

权益，而非仅仅是广义工资；即使奖金的数额和发放时间确定，仍然有权将提前离职设置为不予发放条件。

（2）基于员工过往某段时期的工作表现而给予的奖励，包括但不限于年终奖、季度奖金、月度奖金等绩效奖金，一般不能将提前离职设置为是否发放的条件（视为福利待遇则不同）。

（3）递延奖金争议案件中一律设定不得提前离职等条件，该条件大概率会被认定无效。

问题42 递延发放的绩效奖金，若满足一定条件，法院会支持将员工不提前离职作为发放条件吗？

有可能。如证券行业的一些情形：
（1）40%以上应采取延期支付的方式，且延期支付期限不少于3年；
（2）证券行业具有高风险性，且风险爆发具有滞后性；
（3）为了获取高水平的业绩及个人收入，证券行业从业人员在从事业务活动过程中可能会忽视合规和风险控制等，忽视单位面临的风险和长期利益。

问题43 规章制度内容、程序不合法，递延奖金规定合法吗？

不支付递延奖金有法律风险：
（1）用人单位规章制度的适用主体范围须明确；
（2）员工违规行为的罚则须全面、系统；
（3）相关规章制度在制定后须经过公示告知程序。

问题44 公司向员工允诺的"十三薪"是否必须发放？

"十三薪"是福利待遇，并非月工资，公司有权自主决定是否发放"十三薪"：

（1）公司不仅有权规定是否发放，也有权规定发放条件与规则；

（2）公司有权根据员工的工作表现来调整此类福利待遇发放的金额；

（3）对于严重违反公司规章制度的员工，公司完全可以取消发放；

（4）如果双方约定的是"基本工资+绩效奖金"，而非福利待遇，则用人单位不得规定"中途离职员工不享有绩效奖金"，因为绩效奖金是工资报酬的组成部分。

问题45 年终考核未经员工确认，有效吗？

（1）凡是涉及劳动者切身利益的各项规章制度，都应经过民主程序制定，并公示或告知劳动者，方能对劳动者生效。

（2）绩效工资属于工资构成部分，应严格按照考核标准考核并据考核结果予以发放。

（3）绩效工资并非年终奖，用人单位以企业经营亏损，不符合发放奖金条件为由不发放绩效工资的，不能成立。

问题46 先于年终奖发放时间离职的职工还能追索年终奖吗？

（1）以业绩指标或项目完成程度作为年终奖考核标准的，建议职工依据其在职期间工作业绩考核结果或项目考核成绩，追索相应比例年终奖。

（2）以工作时限作为年终奖考核标准的，建议职工依据其在单位实际工作时限，按比例追索年终奖。

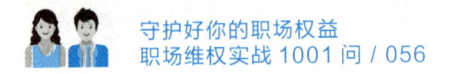

（3）用人单位因公费培训、涉密等事由，与职工约定最低服务年限；如职工违反约定，提前离职，且用人单位将该事项作为严重违反单位规章制度，不得支付年终奖情形的，可不予支付年终奖。

（4）如职工因其他违法或严重违反单位规章制度等重大过错导致离职的，司法实务中，如用人单位将违反规章制度作为不予发放年终奖条件的，一般也不支持员工继续追索。

问题47 职工离职时年终奖金额度能否作为经济补偿金计算基数？

根据《中华人民共和国劳动合同法实施条例》第二十七条，年终奖作为奖金形式的，属于职工应得工资，可作为经济补偿金计算基数。

问题48 年终奖究竟是福利待遇还是工资性质？

反方：年终奖虽然被列入工资总额范畴，但其性质属于用人单位对于员工奖励、激励的自主分配方式；故奖金的支付条件当以劳动合同约定或者用人单位规章制度规定为准。

正方：年终奖是工资总额中的非法定、非固定组成部分，而不是用人单位的福利；是基于用人单位和劳动者约定（协议或制度）而产生且受法律保护的劳动报酬，企业只对其享有一定程度的自主权。

问题49 年终奖发放谁说了算？

企业可充分利用年终奖的自主权，对当年度是否设立年终奖及年终奖总额设置产生条件、享有权利、总额比例、考核标准、支付条件等，支付条件达成则必须支付，支付条件不达成则员工难获支持。相关案例如广东广州

[（2023）粤01民终6274号]、天津北辰[（2023）津02民终2914号]和北京朝阳[（2023）京03民终2125号]。

问题50 企业能以经营亏损为由，拒发年终奖吗？

虽然主流观点认为企业有权根据自己的生产经营状况及员工工作业绩等自主决定是否发放，但是企业并不能理所当然地认为可以随意不发放，否则会存在违法风险。因此，企业应做到以下几点：

（1）企业应在规章制度或劳动合同中，将年终奖发放条件与经营状况及业绩考核挂钩；

（2）企业应当举证证明确实存在亏损事实；

（3）企业应严格按照规章制度进行绩效考核，并留存考核依据。

问题51 离职员工可以享受年终奖吗？

只要职工在自然年度或一个年终奖年度内在职，不能因次年度离职就减扣其年终奖，如山东两案例[（2022）鲁1092民初721号]和[（2022）鲁10民终2999号]。

问题52 年终奖的举证责任是怎样规定的？

（1）若职工有证据证明有年终奖的约定、规章制度规定或发放惯例，在发生年终奖支付争议时，企业对职工是否享有年终奖承担举证责任。

（2）企业举证不能（即无法证明职工不符合享有或应扣减其年终奖条件的证据），则法院支持职工关于年终奖的诉求。

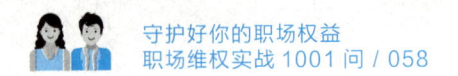

典型案例之北京［（2015）二中民终字第03710号］：

年终绩效考核应遵循考核程序，故判决××信托公司应当支付胡×2013年度年终奖金。

问题53 没有年终奖的书面规定的，年终奖如何发放？

没有规定，但每年发放已形成惯例，劳动者已产生合理预期的，应该发放，如北京某案例［（2019）京03民16224号］。

问题54 绩效考核不合格可以不发放年终奖吗？

如果规定绩效考核不合格则不发放年终奖，且能举证的，可以不发放，如北京某案例［（2019）京01民终10336号］。

问题55 年终奖与年休假只能二选一吗？

（1）年终奖是工资性质的，必须享有；年休假是休息休假权利，必须享有。

（2）二者在法律性质和意义上完全不同，因而在支付上也不存在重复支付或二选其一的情形。

问题56 年终奖争议的仲裁时效是多久？

适用劳动仲裁特殊时效制度，即双方劳动关系解除后一年内提出即可。

问题57 > 高温津贴属于工资还是福利?

是工资而非福利。实操指引如下:
（1）计算解除或终止劳动合同的经济补偿金时,工资基数要将高温津贴计算入内;
（2）每年工资总额申报,计算社保缴费基数时,也应当把高温津贴计算入内;
（3）用人单位不支付高温津贴,劳动者有权解除劳动合同,索要经济补偿金;
（4）劳动关系存续期间,因高温津贴发生争议,仲裁适用的是特殊时效制度,即双方劳动关系解除后一年内提出主张有效。

问题58 > 高温津贴就是防暑降温费吗?

高温津贴不等于防暑降温费:高温津贴系津贴的一种,属于劳动报酬的组成部分;而防暑降温费属于福利待遇。

问题59 > 用人单位一定要发高温津贴吗?

高温津贴属于工资,符合条件的,都要发放,即"日最高气温达到35℃～37℃时的户外露天作业劳动者（限制夏季室外作业）"。

问题60 > 用人单位不发高温津贴会受到什么处罚?

（1）行政处罚:责令限期改正,给予补发;逾期未改正的,处2000元以上10000元以下罚款。

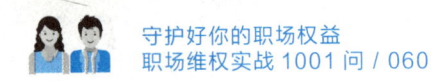

（2）以用人单位克扣或者无故拖欠劳动者工资报酬论，由劳动保障行政部门分别责令限期支付劳动者的工资报酬；逾期不支付的，责令用人单位按照应付金额50%以上100%以下的计算标准，向劳动者加付赔偿金。

问题 61 不发高温津贴，可以以用人单位未及时足额支付劳动报酬为由主张被迫解除劳动合同，并要求经济补偿金吗？

高温津贴仅面向某些特殊人群，即高温作业者，不具有普遍性。

例如广东规定，劳动者以用人单位未及时足额支付高温津贴为由主张解除劳动合同的，不予支持；深圳规定，劳动者以用人单位未依法支付高温津贴为由提出被迫解除劳动合同并要求经济补偿的，不予支持。

问题 62 上夜班职工有没有高温津贴？

夜班劳动者如果符合规定，也可以享受高温津贴；用人单位不可因劳动者上夜班就剥夺其享受高温津贴的权利。

问题 63 坐办公室有没有高温津贴？

如果双方发生争议，应由企业对于"已经采取措施将温度降低到规定温度即33℃以下（不含33℃）"进行举证，否则企业将承担不利后果。

问题 64 "一半时间在室内工作"是否可发一半高温津贴？

（1）企业工会组织可以代表职工与公司平等协商，制订公平合理的具体方案。

（2）如果职工的工作岗位被设定为高温岗位，就应全额发放高温津贴。

（3）如果职工的工作岗位未被设定为高温岗位，但按规章制度应支付一定数额的高温津贴的，按企业规章制度执行。

（4）日常坐办公室的职工经常外出开会或办事，一般可按企业依法制定的规章制度执行。

问题65 职工未出勤能否扣除相应的高温津贴？

视单位有没有通过民主程序制定相应的规则。

问题66 餐费需要扣缴个税吗？

（1）误餐费：不属于工资，不扣缴个税。

（2）午餐费：属于工资，应该扣缴个税。

（3）加班餐费：属加班补贴的范畴，应该扣缴个税。

问题67 企业组织员工旅游是否需要扣缴个税？

是。对员工享受的此类奖励，应与当期工资薪金合并，按所得项目征收个税。

问题68 向员工发放通讯费是否需要扣缴个税？

（1）手机由公司购买，员工使用产生的通讯费由公司承担，发票开给

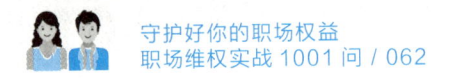

公司，不需扣缴个税。

（2）手机用于公司业务，凭发票报销通讯费，超标准部分并入工资薪金所得，需扣缴个税。

（3）现金发放通讯补贴，应并入工资薪金所得，扣缴个税。

问题69 为员工提供住房补贴是否需要扣缴个税？

以现金形式发放住房补贴，需并入工资薪金所得，扣缴个税。

问题70 向员工发放交通费是否需要扣缴个税？

（1）企业配备车辆接送员工上下班，不需扣缴个税。

（2）给员工发放交通补贴，标准内不需扣缴，超标的并入工资薪金所得，应扣缴个税。

（3）员工私人车辆用于公司经营活动，没有签订租车合同或协议，直接报销相关费用的，应并入工资薪金所得，扣缴个税。

问题71 向员工发放劳保用品是否需要扣缴个税？

（1）个人因工作需要，从单位取得并实际属于工作条件的劳保用品，不扣缴个税。

（2）以劳动保护名义发放的实物及货币性资金，应当并入当月工资薪金，扣缴个税。

问题72 ▶ 向员工发放实物、购物卡等是否需要扣缴个税？

应并入工资薪金所得，扣缴个税。

问题73 ▶ 为企业股东报销其购买私人用品所产生的费用是否需要扣缴个税？

应按股息红利所得扣缴股东个人所得税。

问题74 ▶ 解除劳动关系的补偿金是否需要扣缴个税？

因解除劳动合同或劳动关系而取得的一次性经济补偿，应按工资薪金所得项目扣缴个税。但并非全部补偿金都需扣缴个税，有三个减除项：

（1）补偿金收入在当地上年度职工平均工资三倍数额以内的部分，免征个人所得税，超过的部分计算征收个人所得税；

（2）按照国家和地方政府规定的比例实际缴纳的住房公积金、医疗保险费、基本养老保险费、失业保险费，可以在计征其一次性补偿收入的个人所得税时予以扣除；

（3）企业依照国家有关法律规定宣告破产，企业职工从该破产企业取得的一次性安置费收入，免征个人所得税。

问题75 ▶ 哪些补贴或补助可免去个税？

（1）按国家统一规定发放的补贴、津贴；

（2）延长离退休年龄的高级专家从所在单位取得的补贴；

（3）独生子女补贴、托儿补助费；

（4）生活补贴；

（5）救济金；

（6）抚恤金；

（7）工伤补贴；

（8）差旅费津贴；

（9）误餐费；

（10）离、退休人员生活补助；

（11）公务用车、通信补贴收入；

（12）生育津贴；

（13）军粮差价补贴、军人职业津贴、专业性补助等；

（14）商业健康保险；

（15）供暖费补贴；

（16）个人举报或协查各种违法、犯罪行为而获得的奖金。

问题76 > 公司拖欠工资有什么严重后果？

（1）全日制用工超过30天、"临时工"超过15天未发放工资，视为拖欠。

（2）公司拖欠工资，责令限期支付后逾期不支付的，按应付金额50%~100%的标准加付赔偿金。

（3）构成恶意欠薪的，以拒不支付劳动报酬罪论处，可处3年以下有期徒刑、拘役、罚金，或3~7年有期徒刑。

第五章
加班工资篇

问题1 加班费基数应该如何确定？

（1）约定了计算基数，且不低于最低工资标准的，从其约定；

（2）未约定的，按集体劳动合同确定；

（3）无集体劳动合同的，按应得工资确定；

（4）应得工资难以确定的，以前12个月的平均工资（含奖金）确定；

（5）月平均工资不能确定的，再扣除法定的和自行给付的福利待遇，以及非工资性补贴，但不得低于最低工资标准。

问题2 劳动合同中约定以基本工资作为加班费计算基数，合法吗？

大多数地区支持：

（1）北京、上海、广东［（2018）粤民再295号］、山东［（2020）鲁民申1441号］、广西以及郑州、西安（约定/70%/最低）、杭州（约定/岗位+技能/70%/最低）等21个省区和城市均予支持；

（2）但个别地区或案例不支持该约定，如深圳某案例［（2021）粤03民终20230号］。

问题3 周一至周五安排劳动者加班的，可以调休或补休吗？

不能。必须支付150%的加班费。

问题4 周六周日安排劳动者加班的，可以调休或补休吗？

应优先安排调休或补休，不能调休或补休的则应支付200%的加班费。

问题5 ▶ 法定节假日安排劳动者加班的，可以调休或补休吗？

（1）应将法定节假日视为正常出勤，故除支付正常工资之外，还应另行支付300%的加班费，即员工该法定节假日的收入总额应为100%有薪假工资＋300%法定节假日加班工资＝400%的法定节假日工资总收入。

（2）根据《对〈工资支付暂行规定〉有关问题的补充规定》（1995）第二条第一款的内容，安排在法定休假节日工作的，应另外支付给劳动者不低于劳动合同规定的劳动者本人小时或日工资标准300%的工资。

问题6 ▶ 安排综合工时制员工某天或某几天按12小时/天上班，合法吗？

不适于生产一线工人，仅适用于如下人员；同时，制造业很难获得综合工时制的审批：

（1）交通、铁路、邮电、水运、航空、渔业等行业中因工作性质特殊，需连续作业的职工；

（2）地质及资源勘探、建筑、制盐、制糖、旅游等受季节和自然条件限制的行业的部分职工；

（3）其他适合实行综合计算工时工作制的职工。

问题7 ▶ 不定时工作制的员工法定节假日加班，是否支付加班费？

（1）人社部：不支持，根据《工资支付暂行规定》第十三条。
（2）北京市：不支持，《北京市工资支付规定》第十四、十七条。
（3）辽宁省：不支持，《辽宁省工资支付规定》第二十一条。
（4）广东省：不支持，《广东省工资支付规定》第二十、二十三条。
（5）深圳市：支持，《深圳市员工工资支付条例》第二十条。

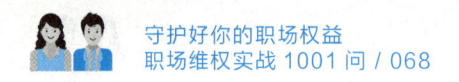

（6）上海市：支持，《上海市企业工资支付办法》第十三条。

问题8 加班事实由谁举证？

（1）《中华人民共和国劳动合同法》实行的是举证责任倒置的"我主张、你举证"，加班事实举证是少有的"谁主张、谁举证"的例外。

（2）根据《最高人民法院关于审理劳动争议案件适用法律问题的解释（一）》（法释〔2020〕26号）第四十二条内容，劳动者主张加班费的，应当就加班事实的存在承担举证责任。但劳动者有证据证明用人单位掌握加班事实存在的证据，用人单位不提供的，由用人单位承担不利后果。

（3）如山东滨州某案例〔（2022）鲁1603民初2933号〕。

问题9 员工仅提供电子考勤记录而主张存在加班事实的，能否获得支持？

不能。因不符合证据的真实性、合法性、关联性即三性原则。

问题10 哪些情况下企业不得安排员工加班？

（1）怀孕7个月以上的女职工（怀孕女职工建议采取自愿原则加班，体弱或怀孕7个月以上的，强制不得加班）。

（2）哺乳未满一周岁婴儿的女职工。

（3）在校实习生。

（4）怀孕不满3个月的女职工。

（5）日最高气温达到35℃～37℃时的户外露天作业劳动者（限制夏季室外作业）。

第（1）（2）（3）种情形，用人单位绝对不得安排加班；第（4）

（5）种情形，部分省份（安徽、江西、河南、河北、陕西、江苏、山东、广东）规定不得安排加班。

问题11 ▶ 哪些加班员工不得拒绝？

根据《关于〈中华人民共和国劳动法〉若干条文的说明》（1994）第四十二条和《〈国务院关于职工工作时间的规定〉的实施办法》（1995）第六条的内容：

（1）发生自然灾害、事故或者因其他原因，威胁劳动者生命健康和财产安全，需要紧急处理的。

（2）生产设备、交通运输线路、公共设施发生故障，影响生产和公众利益，必须及时抢修的。

（3）在法定节日和公休假日内工作不能间断，必须连续生产、运输或者营业的。

（4）必须利用法定节日或公休假日的停产期间进行设备检修、保养的。

（5）为完成国防紧急任务的。

（6）为完成国家下达的其他紧急生产任务的。

问题12 ▶ 员工拒绝加班，能解除劳动合同吗？

（1）天津第二中院：属于违法解除。

（2）深圳中院：属于违法解除。

（3）苏州中院：违反法律规定。

（4）上海第一中院：不符合法律规定。

（5）镇江中院：属于违法解除。

（6）重庆第三中院：属于违法解除。

问题13 > 加班与值班有什么区别？

项目	加班	值班
概念	延长的工作时间里继续从事本职工作	从事安全、消防、节假日等与本职工作无关的任务（天津：值班不应与本职工作有直接关系）
工作内容	继续从事本职工作	值班期间可以休息
报酬待遇	加班费：1.5倍/2倍或补休/3倍工资	值班补贴：规章制度规定或劳动合同约定
支付依据	《劳动法》《工资支付暂行规定》	规章制度规定或劳动合同约定

问题14 > 劳动合同中约定"月工资已包含加班费"是否有效？

有以下特点的，约定无效：

（1）按照法定标准折算后基本工资低于最低工资标准的；

（2）劳动者总工时超过法定工作时长的；

（3）约定内容违反劳动法相关强制性规定的。

有以下特点的，约定有效：

（1）明确约定加班工资和加班时长的；

（2）约定"月工资已包含加班费"的加班时间，最多不得超过每月36小时的加班时长限额的；

（3）折算后正常工作时间工资未低于当地最低工资标准的。

问题15 > 加班工资、年休假工资、未签劳动合同双倍工资、解除劳动合同经济补偿金的基数标准一致吗？

（1）加班工资基数：劳动合同约定工资；

（2）年休假工资基数：日工资标准；

（3）未签劳动合同双倍工资基数：月应发工资标准；

（4）解除劳动合同经济补偿金标准：解除合同前12个月（不含离职当月）的平均工资。

问题16 加班需以劳动者自愿为前提吗？

（1）加班原则上是自愿的。

（2）加班必须是双方的自愿行为或以协商为基础。

（3）司法实践中员工一方一般没有选择，而主要看是否有加班薪酬；一般有则加班是合法的，但不得超过法定时间（36小时/月）。

问题17 加班费追诉一般不超过两年吗？

（1）劳动者对加班事实应尽到初步举证责任；但其有证据证明用人单位掌握加班事实存在的证据而不提供的，由用人单位承担不利后果。

（2）加班费超过两年也可追诉；但用人单位对两年内的加班费负有严格的证明责任，若举证不能，需承担不利后果。

（3）劳动者对超过两年的加班费负有举证责任。

（4）劳动仲裁时效为一年；劳动者追诉用人单位所拖欠的工资的，不受两年期限的限制（浙江明确规定适用两年时效），而适用特殊仲裁时效。

（5）《最高人民法院关于审理劳动争议案件适用法律问题的解释（二）》（征求意见稿）第五条："劳动者主张用人单位支付未休年休假工资报酬、加班费的仲裁时效适用劳动争议调解仲裁法第二十七条第四款规定的，人民法院应予支持。"由此可知，未休年休假工资、加班费不受一年仲裁时效限制。

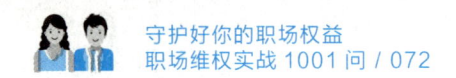

问题18 公司安排超时加班的法律责任是什么？

由劳动行政部门给予警告，责令限期改正，并可按照受侵害的劳动者每人100元以上500元以下的计算标准，处以罚款。

问题19 公司安排加班不支付加班费的法律责任是什么？

由劳动行政部门责令限期支付，逾期不支付的，责令用人单位按应付金额50%以上100%以下的标准向劳动者加付赔偿金。

问题20 高薪者主张加班工资能得到支持吗？

湖南长沙中院某案例中，陈×收入水平远高于一般劳动者，其通过延长工作时间以提升工作业绩而产生的劳动价值已通过公司发放的绩效工资得以实现，故上述时间段不宜认定为加班时间。

问题21 用人单位能否通过规章制度延迟发放加班工资？

（1）工资必须在约定日期支付；如遇节假日或休息日，只能提前不能延后。

（2）通过职代会等形式协商制定的工资支付制度，应告知全体劳动者。

（3）加班费属于工资的组成部分，应随工资按月或按约定支付。

（4）规章制度中约定"发放时未在职则不予发放"等其他苛刻条件的，约定无效，须承担赔偿责任。

问题22 "996工作制"是否违法？

（1）违反《中华人民共和国劳动法》和《国务院关于职工工作时间的规定》相关内容，即职工每天工作不超过8小时、每周工作不超过40小时、每周至少休息1天。

（2）违反《中华人民共和国劳动法》第四十一条相关规定，即延长工作时间一般每日不得超过1小时；因特殊原因需要延长的，每日不得超过3小时，每月不得超过36小时。

（3）实行"996工作制"且不支付加班费的，绝对违法。

问题23 "自愿加班并放弃加班费"的约定是否有效？

约定无效。

问题24 周末安排开会、培训、出差算加班吗？

（1）确实需要在周末安排，事后又无法安排补休时，应依法支付加班工资。

（2）若非工作安排，只是鼓励和推荐劳动者参加的话，用人单位也应向劳动者明示，事前充分赋予其自由选择权，事后不得对未参加人员进行变相处罚；在此情况下，劳动者为提高工作能力和自身素质自愿参加的，不必支付加班工资。

问题25 公司利用员工休息时间组织培训，算加班吗？

须根据以下问题综合判定：

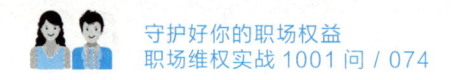

（1）是否基于用人单位生产经营需要？
（2）公司是否强制要求参加？
（3）是否在双方约定的工作时间之外进行？
若是，则属加班。

问题26 ▶ 安排产假员工提前到岗，是否需要支付加班工资？

（1）如天津某案，以员工未提供证据证明产假期回来上班系用人单位原因为由，不予支持。
（2）如烟台某案，以无法律规定为由，不予支持。
（3）如武汉某案，认为产假属于法定休假日，用人单位安排上班应当计付加班费。

问题27 ▶ 国庆长假必须支付加班费吗？

一般需要支付，但也有例外：
（1）出差途中的时间，期间并未向单位提供劳动，且途中可以休息，故法院会驳回仲裁请求；
（2）值班时间（如上海、南京规定）；
（3）计算周期内工作时间，如实行综合计算工时制周期内；
（4）未超劳动定额的工作时间（如上海规定）；
（5）"自动加班"时间，非经安排，用人单位没有支付加班费的义务。

问题28 员工超时加班，用人单位可能将面临哪些法律风险？

（1）劳动监察的风险。
（2）被举报的风险。
（3）被罚款的风险。
（4）仲裁和诉讼的风险：员工能够以"单位规章制度违反法律、法规的规定，损害劳动者权益"的法定理由被迫解除劳动合同并向单位提起仲裁和诉讼。

问题29 员工签字确认工资已全部发放，视为公司已足额支付加班费吗？

劳动报酬中包含加班费，劳动者签字确认，说明认可公司已经足额支付全部劳动报酬（包含加班费）。

问题30 领导在证明加班的一条朋友圈下点了赞，法院会判决支付加班费吗？

如果公司从未对员工实行过考勤，也未提交真实全面的考勤记录，那么，根据员工提供的微信截图、公司管理人员在微信朋友圈点赞等证据，结合其陈述，有理由判决公司支付加班费。

问题31 综合工时制下，法定节假日加班的3倍工资包括员工本来的那份工资吗？

法定休假日安排劳动者加班的，应另外支付不低于工资的300%的工资报酬，因此，不包括当天应视为正常出勤的工资（有薪部分）。

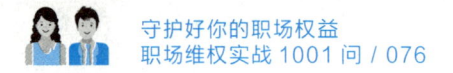

问题32 公司不支付加班费如何维权？

（1）向公司所在地劳动监察部门投诉举报；

（2）向公司所在地劳动仲裁委员会申请劳动仲裁；

（3）自己对仲裁结果不满意的，到人民法院起诉；公司拒不执行仲裁结果的，向人民法院申请强制执行；

（4）员工应当就加班事实存在承担举证责任，但员工有证据证明公司掌握加班证据而不提供的，由公司承担不利后果；

（5）加班费计算标准：周一到周五，1.5倍工资，不可调休；周六周日，2倍工资，可以调休；法定节假日，另外支付3倍工资，不可调休。

第六章
五险一金篇

问题1 单位按最低基数缴纳社保，员工工伤后能找单位补差吗？能到法院起诉吗？

能。属于劳动争议，能提请仲裁、起诉。

问题2 单位未按员工实际工资缴纳工伤保险费，导致其伤残补助金减少的，可以向单位主张差额吗？

可以主张。在实践中，部分地区支持补差，如广东省；部分地区不支持补差，如浙江省。

问题3 单位未按职工实际工资缴纳工伤保险，导致职工医疗补助金和就业补助金减少的，可以向单位主张差额吗？

（1）以省级统筹地区月平均工资为基数支付的，则该省份发生的争议不支持医疗补助金差额；以职工本人工资为基数支付的，则该省份发生的争议支持医疗补助金差额。

（2）关于就业补助金差额，同上述医疗补助金差额标准。

（3）采用定额方式确定医疗补助金和就业补助金标准的省份，不支持医疗补助金和就业补助金差额。

问题4 未为职工缴纳社保，职工患病支出的医疗费用由谁承担？

可报销金额部分由用人单位承担。

问题 5 员工要求单位不缴社保，后又以未缴社保为由提出解除劳动合同并主张经济补偿的，能否得到支持？

《最高人民法院关于审理劳动争议案件适用法律问题的解释（二）》（征求意见稿）第二十三条："用人单位与劳动者有关不缴纳社会保险费的约定无效。劳动者与用人单位约定不缴纳社会保险费，劳动者以用人单位未依法缴纳社会保险费为由请求支付经济补偿的，人民法院应予支持。用人单位补缴社会保险费后，请求劳动者返还已给付的社会保险补偿的，人民法院应予支持。"

问题 6 劳动者以单位未足额缴纳社会保险费提出解除劳动合同，能否得到支持？

（1）法律审查重点在于用人单位是否参加社保，即是否办理了社保申报缴费手续。

（2）如用人单位在劳动者离职前已经办理了参保手续的，不予支持。

（3）用人单位存在"未及时参保""未足额缴费""社保欠费"等情形的，劳动者依法可通过行政救济途径即行政复议、行政诉讼、行政赔偿维护其社保权益，但不属于可以提出解除劳动合同的事由。

（4）从北京、江苏、广东的裁审口径来看，用人单位依法为劳动者建立了社保账户，已经履行社保缴纳义务，即使"未足额缴纳"社会保险，实践中一般不轻易认定为"未依法缴纳社会保险"，继而支持劳动者关于主张经济补偿金的请求。上海、浙江方面，则要看用人单位是否存在"主观恶意"。

问题 7 有劳动者以单位未足额缴纳社会保险费提出解除劳动合同，且能得到支持的反例吗？

有。《深圳经济特区和谐劳动关系促进条例》第十五条规定："用人

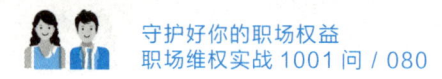

单位和劳动者应当依法参加社会保险。用人单位未依法为劳动者缴纳社会保险费的，劳动者应当依法要求用人单位缴纳；用人单位未在一个月内按规定缴纳的，劳动者可以解除劳动合同，用人单位应当依法支付经济补偿。"如案例[（2019）粤03民终31552号]。

问题8 ▶ 劳动者自己缴纳社保后，能否要求单位赔偿未缴纳社保的损失？

如因公司未缴而劳动者已经自行缴纳的，单位需承担相关赔偿责任。

问题9 ▶ 外籍员工能否以公司未缴社保为由离职并要求经济补偿金？

外籍人员（不含港澳台）获得《外国人工作许可证》，享有劳动法规定的劳动者权益。

问题10 ▶ 混同经营、混同用工的社保缴纳有什么风险？

属于混同经营、混同用工的，发生劳动争议（社保缴纳争议）时，只需确立与其中一家企业存在劳动关系，其他企业则承担连带赔偿责任。

问题11 ▶ 原单位社保不断，新公司是否可以签订劳动合同？

可以签订，但会存在如下问题：
（1）新公司未依法缴纳社保，若员工发生工伤时将无法申报工伤保险，故风险极大；
（2）劳动关系主体和社保缴纳主体不一致，涉嫌因社保"代缴"而导致的欺诈及不诚信问题；

（3）劳动者随时都可以依据《中华人民共和国劳动合同法》第三十八条内容，以未依法为劳动者缴纳社会保险费为由主张被迫解除劳动合同的经济补偿金。

问题12 当月离职的员工，公司还需要为其缴纳社保吗？

（1）离职日期跨社会保险扣费日期的，应当缴纳当月社保费；
（2）离职日期在社会保险扣费日期之前的，可以不缴纳当月社保费；
（3）双方违反实际情况约定缴纳或不缴纳的，该约定无效。

问题13 自愿放弃社保协议被认定无效后对单位有何影响？

（1）单位依然负有补缴社保义务，并有承担行政处罚的风险；
（2）劳动者可主张单方解除，要求支付经济补偿金（根据《中华人民共和国劳动合同法》第三十八条及四十六条）；
（3）员工发生工伤后，单位承担全部责任。

问题14 超过退休年龄无法为员工缴纳社保，发生工伤后公司担责吗？

（1）有法院认为，虽非因公司的原因导致劳动者未缴纳工伤保险，但公司在聘用劳动者时即应知晓该风险；故公司依法应按照《工伤保险条例》规定的工伤保险待遇项目和标准支付费用及相关工伤待遇。
（2）《最高人民法院关于审理劳动争议案件适用法律问题的解释（二）》（征求意见稿）第六条："达到法定退休年龄但是尚未享受基本养老保险待遇的劳动者为用人单位提供劳动，劳动者请求参照适用劳动法律法

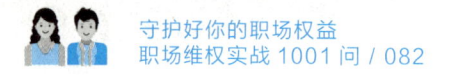

规处理劳动报酬、工作时间、休息休假、劳动保护、职业危害防护以及工伤保险待遇等争议的，人民法院应予支持。"

问题15 ▶ 双方协议不缴纳社保，而是约定每月随工资发放500元社保补贴；员工离职时要求补缴社保，约定有效吗？公司可否要求返还该社保补贴？

用人单位负有自行申报、按时足额缴纳社保的法定责任，该责任不能通过与劳动者的协议而免除，故该约定行为无效。

可以要求返还，但需要具备几个条件：
（1）必须证明向员工支付了社保补贴；
（2）支付的社保补贴必须是直接无条件发放的，而非劳动所得；
（3）员工在社保方面已不存在损失，即单位已补缴社保。

另外可以参考《最高人民法院关于审理劳动争议案件适用法律问题的解释（二）》（征求意见稿）第二十三条："用人单位与劳动者有关不缴纳社会保险费的约定无效。劳动者与用人单位约定不缴纳社会保险费，劳动者以用人单位未依法缴纳社会保险费为由请求支付经济补偿的，人民法院应予支持。用人单位补缴社会保险费后，请求劳动者返还已给付的社会保险补偿的，人民法院应予支持。"

问题16 ▶ 双方约定以"住房补贴"代替住房公积金缴存是否合法有效？事后员工反悔，能否要求补缴住房公积金？补缴后能否要求返还此前的"住房补贴"？

（1）因违反法律强制性规定，约定无效；
（2）员工可以要求企业补缴；
（3）企业补缴后可以要求员工返还补贴。

问题17 有什么文件支持员工追讨公司欠缴超过两年的社保吗？

（1）根据《最高人民法院行政法官专业会议纪要（七）》（工伤保险领域）第六条内容，法院支持追讨，当然能追。

（2）根据《人力资源社会保障部对十二届全国人大五次会议第5063号建议的答复》（人社建字〔2017〕105号）的相关内容，清缴企业欠费问题和地方经办机构追缴历史欠费均未设置追诉期，因此当然能追。

问题18 司法实践中社保拖欠保费超过10年、20年也能追诉吗？

支持两年后的追缴的案例有：

（1）广州铁路运输中级法院〔（2016）粤71行终1867号〕；

（2）广州中院〔（2017）粤71行终193号〕，支持离职16年后的追缴；

（3）重庆高院〔（2019）渝行申156号〕；

（4）重庆第一中院〔（2021）渝01行终52号〕，公司破产清算后，仍支持戴×等8人的补缴要求。

不支持两年后的追缴的案例有：

（1）深圳中院〔（2016）粤03行终262号〕；

（2）东莞中院〔（2016）粤19行终88号〕；

（3）广东高院〔（2019）粤行申1444号〕；

（4）浙江高院〔（2020）浙行申121号〕；

（5）江苏高院〔（2020）苏行申284号〕。

此外，山东青岛中院、河北石家庄中院也有案例不支持两年后追缴。

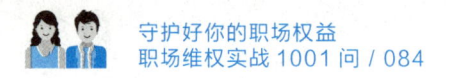

问题19 ▶ 各地法院、人社部门等关于补缴社保是否受时效限制的裁判口径有哪些？

（1）最高人民法院：人民法院应当判决责令有关劳动保障行政部门履行相应查处职责。

（2）人社部（2017）：地方经办机构追缴历史欠费并未限定追诉期。

（3）全国人大法工委（2017）：地方经办机构追缴历史欠费并未限定追诉期。

（4）重庆市北碚区人民法院（2020）：行政处罚有时效限制，行政征收不受时效限制。

（5）山东省高级人民法院（2020）：法律法规对追缴社保历史欠费并未限定追缴期。

（6）辽宁省高级人民法院（2020）：追缴社保费并不适用行政处罚相关追诉时效的规定。

问题20 ▶ 补缴社保不受时效限制的理由有哪些？

（1）《中华人民共和国社会保险法》没有规定受时效限制且明确规定了社保费非因不可抗力等法定事由不得缓缴、减免；

（2）社会保险费缴纳属于行政征收范畴，不适用行政处罚相关追诉时效的规定；

（3）责令补缴社保费不属于对劳动保障违法行为的查处，不适用劳动监察2年时效限制；

（4）社会保险具有基本保障属性；

（5）欠缴社保损害社会公共利益；

（6）违法行为一直在持续；

（7）社保经办机构不受劳动监察时效限制。

问题21 代缴社保有哪些风险？

（1）代缴企业会被处以罚款；

（2）会被没收所有违法所得，个人领取的保险待遇要退回社保基金；

（3）个人代缴形成的社会保险缴费期间不予认可，将直接影响个人退休工龄的计算；

（4）数额较大，情节严重的，可能构成诈骗罪。

问题22 代缴社保会坐牢吗？

（1）2011年7月1日起，《中华人民共和国社会保险法》对骗保及其刑责已经作出了原则性规定。

（2）2014年4月24日起，明确骗保入刑，将骗保定性为《中华人民共和国刑法》第二百六十六条之"诈骗公私财物"的行为，最高可处十年以上有期徒刑或者无期徒刑，并处罚金或者没收财产。

（3）2022年2月9日发布、2022年3月18日新修订的《社会保险基金行政监督办法》列出六种骗保情形："虚构个人信息""虚构劳动关系""提供虚假证明材料""虚构社会保险参保条件""违规补缴""骗取社会保险待遇"。

（4）根据《社会保险基金监督举报工作管理办法》相关内容，2023年5月1日起，举报违法违规可奖励10万元。

问题23 各地关于代缴社保的司法判例有哪些？

（1）北京：代缴违法［（2021）京01民终3734号］和［（2021）京03民终219号］。

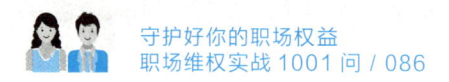

（2）上海：代缴违法［（2020）沪01民终3706号］和［（2019）沪0116民初11214号］。

（3）广州：代缴违法［（2017）粤71行终177号］。

（4）重庆："挂靠"违法［（2019）渝0105刑初4号］。

（5）青岛：代缴违法［（2023）鲁02民终4716号］。

（6）武汉：代缴违法［（2018）鄂01民终3245号］。

问题24 企业必须为所有城镇户籍员工缴存住房公积金吗？

是的。此外，上海、江苏、河南、云南以及福建厦门等地规定，农村户籍的员工，不作强制要求；重庆、山东、甘肃以及四川成都、陕西西安，还有浙江温州、台州、永康等地规定，农村户籍的员工也应缴存。

问题25 住房公积金缴存的基数、比例和上下限是如何确定的？

（1）基数：包括计时、计件、加班加点、特殊情况下支付的工资、奖金、津贴和补贴。

（2）比例：5%～12%，最高不得超过12%；一家企业只能选择一个缴存比例；选择中如涉及对现有比例的调整，还应履行民主程序；缴存比例确定之后，在一个缴存年度之内不能更改。

（3）上限是指缴存基数的最高值，一般是按当地社会月平均工资的3倍计算；下限是缴存基数的最低值，一般不低于当地最低工资标准。

问题26 劳动者自行申请不缴纳住房公积金合法有效吗？

无效且违法。

问题27 > 港澳台员工必须缴存住房公积金吗？

支持缴存（如广州规定）。

问题28 > 外籍员工必须缴存住房公积金吗？

不作强制性规定。

问题29 > 新员工入职当月是否需要缴存住房公积金？

（1）新参加工作的，从第二个月开始缴存；
（2）新调入的员工，从入职当月开始缴存。

问题30 > 离职当月是否需要缴存住房公积金？

（1）离职日期跨公积金扣费日期的，应当缴存当月公积金；
（2）离职日期在公积金扣费日期之前的，可以不缴存当月公积金；
（3）双方约定不予缴存的，该约定不具法律约束力。

问题31 > 住房公积金缴存争议是否属于劳动争议范畴？是否有时效限制？

（1）北京：不属于劳动争议。
（2）天津：双方可以协商处分住房公积金。
（3）住房补贴属于工资总额的一部分，故住房补贴争议属于劳动争议范畴。

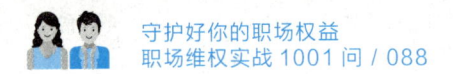

（4）员工应到当地住房公积金管理中心投诉举报。
（5）没有时效限制。

问题32 员工能否以企业未缴存住房公积金为由提出解除劳动合同并主张经济补偿金？

不能。解除劳动关系的经济补偿金，由《中华人民共和国劳动法》《中华人民共和国劳动合同法》《中华人民共和国劳动合同法实施条例》规定，目前"未缴存住房公积金"不是该三法规定的员工可以解除劳动合同的理由。

问题33 企业可否缓缴住房公积金？

或由住房公积金管理部门根据情况统一发布通知（例如因为疫情），或由单位提出缓缴申请，获得批准后方可进行。

问题34 什么情况下员工可以提取住房公积金存储余额？

根据《住房公积金管理条例》第二十四条内容，职工有下列情形之一的，可以提取职工住房公积金账户内的存储余额：
（1）购买、建造、翻建、大修自住住房的；
（2）离休、退休的；
（3）完全丧失劳动能力，并与单位终止劳动关系的；
（4）出境定居的；
（5）偿还购房贷款本息的；
（6）房租超出家庭工资收入的规定比例的。

问题35 > 企业欠缴公积金，在员工离职时协议以现金形式补偿，有效吗？

无效。此乃企业法定责任，并应以法定形式在住房公积金专户缴存；因违反住房公积金管理法律法规规定，有损公积金法益，故私下约定无效。

问题36 > 企业不办理住房公积金缴存登记或账户设立手续需承担什么责任？

由住房公积金管理中心责令限期办理；逾期不办者，处10000~50000元罚款。

问题37 > 企业不缴纳或少缴纳住房公积金需要承担哪些责任？

由住房公积金管理中心责令限期缴存；逾期仍不缴存的，申请人民法院强制执行。

问题38 > 什么是"补充住房公积金"？

（1）住房公积金的一种补充，并非强制性规定。
（2）本着自愿参加的原则，有条件的企业可以缴交。

问题39 > "补充住房公积金"有何特点？

（1）各省市相关规定不同。
（2）未缴纳"补充住房公积金"由公积金管理部门处罚或强制缴纳，但不属于劳动争议案件，仲裁委或法院不予受理。

问题40 拖欠24年的住房公积金，能追诉吗？

（1）根据建设部、财政部、中国人民银行《关于住房公积金管理若干具体问题的指导意见》第六条内容，单位从未缴存住房公积金的，原则上应当补缴自《住房公积金管理条例》（国务院令第262号）发布之月起欠缴职工的住房公积金。即单位最长的补缴年限可追溯到1999年4月3日，如广东东莞中院某案［（2017）粤19行终350号］。

（2）公积金管理中心依法追缴，依据的是《住房公积金管理条例》，既非劳动仲裁，也非民事纠纷，故既不适用劳动仲裁的1年时效，也不适用民事诉讼的3年时效——而适用自己的时效——那就是没有时效。

（3）如果个别住房公积金管理中心以《中华人民共和国行政处罚法》的2年追诉时效来拒绝追诉的话，可向其上级机关申请行政复议或向人民法院提起行政诉讼。

问题41 有追缴拖欠多年的住房公积金的成功案例吗？

（1）广东高院某案［（2017）粤行终347号］中，责令补缴1999年4月至2010年12月期间的单位应缴存部分住房公积金合计6750元。

（2）广东高院某两案［（2018）粤行申1182号］和［（2020）粤行申1906号］中，也确定缴纳住房公积金是强制义务，没有时效规定；法律没有规定住房公积金的追缴期限，住房公积金具有强制性、义务性和专属性；追缴决定并非行政处罚行为，不适用《劳动保障监察条例》规定的两年时效规定。

（3）北京第二中院某案［（2021）京02行终371号］中，确定住房公积金管理机构作出的责令限期缴存决定，不属于行政处罚，不适用《行政处罚法》的规定。

（4）部分可以追缴地区：湖北宜昌、河南许昌、江苏南京、江苏南通。

问题42 > 最高人民法院关于社保及住房公积金的裁定意见是什么？

（1）用人单位未为劳动者办理社保手续，社保机构又不能补办，导致劳动者无法享受社保待遇，劳动者要求用人单位赔偿损失而发生争议的，人民法院应予受理。

（2）用人单位已为劳动者办理了社保手续，但不按规定为其交纳社会保险金，无论欠缴社保费或拒缴社保费，社保管理部门均可依法强制征缴（法院不受理）。

（3）补缴社会保险金及住房公积金不属于人民法院受理劳动争议案件的受案范围。

问题43 > 劳动关系建立主体、工资发放主体和社保缴纳主体不一致有什么风险？

（1）社会保险行政部门、社会保险费征收机构、社会保险经办机构不予办理，将有关情况记入其信用档案；情节严重的，处涉案金额一倍以上五倍以下的罚款。

（2）以欺诈、伪造证明材料、虚构劳动关系或者其他手段骗取社会保险待遇的，由社会保险行政部门责令退还已骗取的社会保险待遇，并处骗取金额二倍以上五倍以下的罚款。

（3）社保缴纳地和公积金缴纳地若跨行政区域的话，因各地的劳动保护标准、参保比例与基数都有差异，会导致员工相关待遇的很大差异，故对劳动者不公平。

问题44 > 劳动者以社保未缴投诉企业索要赔偿，属敲诈勒索吗？

（1）深圳某案例：王某索要金额10万元，判敲诈勒索罪，处有期徒刑

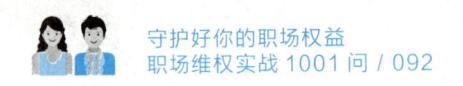

1年、处罚金2000元。

（2）上海某案例：钱某索要钱款人民币50万元后逃逸，被判敲诈勒索罪，判处有期徒刑11年，剥夺政治权利1年，罚金22000元。

（3）上海某案例：倪某某索要人民币20000元整，后主动投案自首，最终被判敲诈勒索罪，判处有期徒刑1年3个月，罚金4000元。

总的来说，此类刑事犯罪的共同点如下：

（1）以公司存在违法违规行为为要挟手段，向单位索取超过法定补偿标准的高额赔偿；

（2）辩护都主张索要钱财系基于劳动关系产生的合法赔偿，但远远高于法定补偿标准；

（3）认为举报投诉公司的不合法不合规是正当行为，但以此索取钱款的话，正当也变得违法；

（4）离职协商时受到员工威胁，无奈付出超额赔偿，此时用人单位完全可以维权。

问题45　涉及"五险一金"的纠纷都有哪些裁判规则？

（1）劳动者有权要求用人单位赔偿因未缴社保而造成的经济损失；

（2）为劳动者缴纳社会保险是用人单位的法定义务，双方协议约定现金补偿或其他规避缴纳义务的均为无效，劳动者自愿放弃社保的承诺也属无效；

（3）住房公积金纠纷，一般认为法院不能将其作为民事案件受理；

（4）劳动者要求企业补缴社保的案件不属于人民法院民事案件的受理范围；

（5）单位为劳动者缴纳社保后发生欠缴或拒缴的，不属于人民法院管辖；

（6）劳动者与用人单位对社保缴纳基数、年限发生的争议，不属于人民法院民事案件的受理范围；

（7）用人单位没有为劳动者办理社保手续的，劳动者起诉用人单位要求将应当缴纳部分以现金的方式补偿给个人的，于法无据，不予支持；

（8）已达到法定退休年龄但未享受养老社保待遇的人员与用人单位的关系应认定为劳动关系；

（9）用人单位与已经依法享有养老保险待遇或领取退休金的人员发生用工争议的，人民法院应按劳务关系处理；

（10）劳动者代用人单位缴纳保险费后可要求用人单位返还单位应缴纳部分；

（11）用人单位购买商业保险不能替代社会保险的缴纳；

（12）用人单位购买商业保险的受益人是劳动者时，不能抵偿用人单位的赔偿责任；

（13）用人单位应对未为劳动者缴纳社会保险造成的损失承担赔偿责任。

问题46 已达到法定退休年龄但未享受养老社保待遇的人员，与用人单位的关系应认定为劳动关系吗？

（1）根据《江苏省劳动人事争议疑难问题研讨会纪要》第一条第二项内容，用人单位与其招用的已达到或超过法定退休年龄但未享受基本养老保险待遇或领取退休金的人员发生用工争议，双方之间用工情形符合劳动关系特征的，应按劳动关系特殊情形处理。

（2）《最高人民法院民一庭关于达到或者超过法定退休年龄的劳动者（含农民工）与用人单位之间劳动关系终止的确定标准问题的答复》，在给山东省高级人民法院的答复中明确：对于达到或者超过法定退休年龄的劳动者（含农民工）与用人单位之间劳动合同关系的终止，应当以劳动者是否享受养老保险待遇或者领取退休金为标准。

（3）《最高人民法院关于审理劳动争议案件适用法律问题的解释（二）》（征求意见稿）第六条："达到法定退休年龄但是尚未享受基本养老保险待遇的劳动者为用人单位提供劳动，劳动者请求参照适用劳动法律法

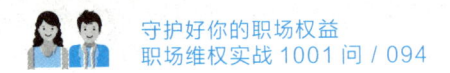

规处理劳动报酬、工作时间、休息休假、劳动保护、职业危害防护以及工伤保险待遇等争议的，人民法院应予支持。"

问题47 > 被迫离职可以领取失业保险金吗？

（1）单位已为员工缴纳失业保险满一年；
（2）被迫离职视为"非本人意愿中断就业"；
（3）员工已办理失业登记；
（4）如果公司未买失业保险，则由公司承担失业待遇损失。

问题48 > 公司不给交五险一金怎么办？违法吗？

绝对违法。违反《中华人民共和国劳动合同法》第三十八条，《中华人民共和国劳动法》第一百条，《中华人民共和国社会保险法》第十二、五十八、八十四条，《住房公积金管理条例》第十三、十四、十五、二十条。

那劳动者应该怎么维权？

（1）以单位未依法缴纳社保为由提出被迫解除劳动合同，要求经济补偿金；
（2）向住房公积金管理中心投诉举报，申请依法追缴；
（3）向社保部门投诉，要求单位补缴社保；
（4）向单位追讨补缴社保时万分之五的滞纳金；
（5）向单位追讨因为未缴纳社保造成的各项损失，包括但不限于医药费、工伤的全部损失、失业保险金、生育津贴、养老保险损失等。

第七章
病假医疗期

问题1 "医疗期"就是"病假"吗?

不是,但医疗期包含病休期,病休期未必包含医疗期。

问题2 医疗期期限有多长?病假工资怎么算?

一般工龄 (累计工龄)	本企工龄 (连续工龄)	医疗期 月数	累计病休 期间	病假工资计算规则
<10年	<5年	3个月	6个月内	①根据《关于贯彻执行〈中华人民共和国劳动法〉若干问题的意见》(劳部发〔1995〕309号)规定,病假工资或疾病救济费可以低于当地最低工资标准支付,但不能低于最低工资标准的80%; ②各省、自治区、直辖市另有具体规定的,其下限不得低于上述意见规定标准。
<10年	≥5年	6个月	12个月内	
≥10年	<5年	6个月	12个月内	
≥10年	10年>年限≥5年	9个月	15个月内	
≥10年	15年>年限≥10年	12个月	18个月内	
≥10年	20年>年限≥15年	18个月	24个月内	
≥10年	≥20年	24个月	30个月内	

问题3 医疗期内一定不能解除劳动合同吗?

不一定。比如严重违纪违规,就不受此限。医疗期是指企业职工因患病或非因工负伤,停止工作治病休息,不得解除劳动合同的时限,如案例[(2020)沪0115民初4194号]。

问题4 劳动合同期限届满,"医疗期"如何顺延?

(1)协议方式顺延,有被认定为签署了第二次固定期限劳动合同之嫌;

（2）采用"法定顺延"而"沉默"，亦有原合同继续存在之嫌；

（3）发放《劳动合同期限顺延/终止通知书》，一举多得、万无一失。

问题5 医疗期满后，劳动合同到期终止的，是否需支付疾病救济费？

（1）病假工资与疾病救济费二选其一；

（2）不能低于最低工资标准的80%。

问题6 如何支付医疗期工资或疾病救济费？

（1）国家层面规定，可以低于当地最低工资标准，但不能低于最低工资标准的80%。

（2）医疗期内企业为员工缴纳的社保及公积金等，是单位代扣后作为工资的一部分的。

问题7 各省市病假工资或疾病救济费的支付标准是什么？

（1）北京、上海、重庆、南京、青岛：不论是否超出医疗期，都需支付。

（2）山东：不超过/超过180天，70%的病假工资/60%的疾病救助费。

（3）深圳：正常工作时间工资的60%至最低工资的80%之间。

（4）贵阳：病假工资和病假津贴均不得低于当地最低工资标准的80%。

（5）浙江：病假在六个月以内的，按其连续工龄的长短发给病假工资，比例为50%~80%；病假在六个月以上的，按其连续工龄的长短改发疾

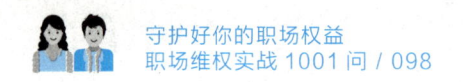

病救济费，比例为40%～70%。

（6）陕西：合同约定工资的70%至当地最低工资标准的80%之间。

（7）安徽：包括病假、工伤假工资，不得低于当地最低工资标准的80%。

（8）湖南：同安徽，病伤假工资或疾病救济费不得低于当地最低工资标准的80%。

（9）江西：在扣除其本人按规定应当缴纳的社保费用和其他费用之后，不得低于当地最低工资标准的80%。

问题8 解除患病或非因工负伤者的劳动合同，是否应当支付医疗补助费？

（1）员工患病或非因工负伤，还在医疗期内的，企业不能解除劳动合同。

（2）在医疗期满后员工不能从事原工作，也不能从事单位另行安排的工作的，单位可以提前一个月通知或额外支付一个月工资后解除劳动合同。

（3）解除合同应按员工在本单位的工龄，每满一年支付一个月的工资作为经济补偿金。

（4）合同期满终止劳动合同时，医疗期满或者医疗终结时被劳动鉴定委员会鉴定为5～10级伤残的，单位应当支付不低于6个月工资的医疗补助费，如案例［（2021）沪01民终11590号］。

问题9 如何计算医疗补助费？

（1）国家层面规定，合同期满终止劳动合同的，不低于6个月工资；对患重病或绝症的，还应适当增加医疗补助费。

（2）上海规定，6个月工资的医疗补助费。

（3）医疗补助费的上限：江苏无锡，一般最多为12个月工资；广东东莞地区，12个月工资。

（4）医疗补助费的基数：武汉、苏州、珠海地区案例，劳动者要求按照其病休前12个月的月平均工资标准计算违法解除劳动合同赔偿金的，没有法律依据，不予支持；重庆地区，以本人病休前12个月的月平均工资计算，不足12个月的按实际月份计算。

问题10 员工在休病假期间被发现从事其他有报酬的工作，可否停止支付其病假工资？

可以。但行动时应综合考虑员工工龄及工资总额情况，且审慎处理解除劳动关系事宜。

问题11 病假是否可以剔除节假日？

不可以（上海可以）；病休期间，公休、假日和法定节日包含在内。

问题12 医疗期期满后可否延长？

可以。

问题13 如何处理医疗期争议？

（1）单位未办理社保手续，社保机构又不能补办故导致无法享受社保待遇，劳动者要求赔偿损失而发生争议的，人民法院应予受理；

（2）单位已办理社保手续，但不按规定为员工缴纳社会保险金，无论欠缴或拒缴，社保征收部门均可依法强制征缴；

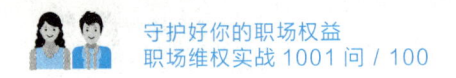

（3）征缴、补缴社保是行政行为，不属于人民法院受理劳动争议案件的受案范围。

问题14 单位有权要求员工到指定医院就诊吗？

（1）指定就诊剥夺了劳动者的就医选择权，缺乏法律依据，应当归于无效；

（2）知情同意权实际上包括了患者的知情权、同意权和对于同意权的选择权。

问题15 指定就诊属于用人单位的管理自主权范畴吗？

是的。

问题16 合法、合理的指定就诊必须满足哪些必要条件？

（1）被指定医院合法及符合相关资质（如医保定点）；

（2）指定医院就诊在劳动合同或规章制度上有约定或规定；

（3）被指定的就诊医院具有便利性；

（4）用人单位依法支付病假工资待遇；

（5）对多次病假，长时病假存疑的，企业可要求提供指定医院的诊断书及病假证明；

（6）员工事先书面同意指定就诊的（合同约定或制度规定），应遵守约定。

问题17 员工因病休假需要以公司批准为前提吗？

不需要。因病休假乃员工法定权利；是否病休以病情（紧急程度等）及医院证明为准。

问题18 病假和医疗期有什么联系和区别？

病假	员工因患病或非因工负伤，需要停止工作医疗时，企业给予的一定的医疗假期
医疗期	员工因患病或非因工负伤，停止工作治病休息时，不得解除劳动合同的时限
联系	医疗期是以病假为基础的，当病假期限＜医疗期时，劳动合同在病假期限内不得解除或终止；当病假期限＞医疗期时，在医疗期满后符合法律法规的，劳动合同可以解除或终止
区别	（1）性质不同：病假是生理概念，事实期间；医疗期是法律概念，法定期间。 （2）期限不同：病假是弹性的时间段，其长短需根据劳动者的病情而定；医疗期则是刚性的时间段，其长短有法定标准。 （3）内涵不同：病假更多属于用人单位用工管理的范畴，它强调了劳动关系的存续；医疗期是法律对劳动者的一种特殊保护，强调了劳动关系的解除和终止。 （4）计薪不同：病假期内可以计算病假工资，医疗期内不得计算病假工资。 （5）适用不同：病假可以适用于多种情形，而医疗期主要适用于患病或非因工负伤的情形。

问题19 如何延长医疗期？

（1）国家层面：劳动鉴定委员会进行劳动能力鉴定。

（2）北京：医疗期后仍然不能痊愈的，可以申请延长6~24个月，具体长度根据个人病情和工龄确定。

（3）广州、深圳：医疗期后仍然不能痊愈的，可以申请延长6~18个月，具体长度根据个人病情和工龄确定。

（4）江苏：只要医疗期未超过24个月，特殊疾病的医疗期均可自动延

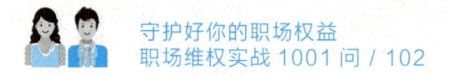

长而无需任何审批或鉴定程序。

（5）重庆、武汉：企业和劳动部门批准。

问题20 ▶ 医疗期已超过24个月的，是否可以继续延长？

根据《关于贯彻〈企业职工患病或非因工负伤医疗期的规定〉的通知》相关内容，对某些患特殊疾病（如癌症、精神病、瘫痪等）的职工，在24个月内尚不能痊愈的，经企业和当地劳动部门批准，可以适当延长医疗期。

问题21 ▶ 患病或非因工负伤致残，经鉴定完全丧失劳动能力的，医疗期满后能否解除劳动合同？

（1）最长可以享受24个月医疗期；
（2）医疗期满后，可依法解除劳动合同，并支付经济补偿金；
（3）但无需支付医疗补助费。

问题22 ▶ 职工已经通过城镇居民医疗保险等其他保险报销医疗费用，用人单位是否可以免除赔偿责任？是否还要承担其他保险已经报销的医疗费用？

（1）法院均是扣除其他医疗保险已经报销的医疗费用后予以判决；
（2）这是因为损失赔偿本身系弥补、填平性质，职工不能重复主张而因此获利。

问题23 医疗期内可以解除劳动合同吗？

（1）可以解除的情况：劳动者提出解除（辞职）；双方协商解除；用人单位依据《中华人民共和国劳动合同法》第三十九条解除（过失性解除）。

（2）不可以解除：不得依据《中华人民共和国劳动合同法》第四十条（非过失性解除）、第四十一条（经济性裁员）解除。

（3）医疗期满不能继续工作的，属合法解除，只需支付经济补偿金；医疗期内解除或终止的，属违法解除，需支付经济赔偿金。

问题24 医疗期可以重复享受吗？

实践中，有两种理解和做法：

（1）医疗期可以重复享受：当计算周期期满劳动者医疗期未满或虽然医疗期期满但劳动者可以复工上班的，则医疗期归零，劳动者再次病休的，开始计算另一个医疗期统计周期，即可以重复享受（如江苏省大部分地区）。

（2）医疗期只能享受一次：职工在一个单位的劳动关系存续期间只能享受一次医疗期保护，而不可重复享受（如上海）。

问题25 医疗期内治病终结怎么办？

（1）不能从事原工作，也不能从事另行安排的工作的，由劳动鉴定委员会进行劳动能力鉴定；

（2）被鉴定为一至四级的，应退出劳动岗位，解除劳动关系，办理退休退职手续，享受退休退职待遇；

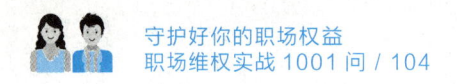

（3）被鉴定为五至十级的，解除劳动合同，支付经济补偿金、医疗补助费，以及提前30日通知或额外支付一个月工资。

问题26 如果医疗期撞上休息日、节假日，该如何计算？

（1）大部分地区未将休息日、节假日另行剔除；
（2）上海地区较为特殊，规定医疗期应扣除休息日、节假日；
（3）大部分地区，在没有特别规定的情况下，病假满30天，计为一个月；
（4）上海地区，由于剔除双休日和法定节假日，故依照月工作日20.83天（2025年起改为20.67天，一般四舍五入为21天）计为一个月。

问题27 员工患上精神方面疾病，能否以此解除劳动合同？

（1）如员工正处于医疗期内，不得解除劳动合同。
（2）如医疗期满后，员工不能从事原工作及另行安排的工作的，进行劳动能力鉴定：一至四级的，应退出劳动岗位，解除劳动关系，办理退休退职手续，享受退休退职待遇；五至十级的，解除劳动合同，支付经济补偿金、医疗补助费，以及提前30日通知或额外支付一个月工资。
（3）医疗补助费的支付标准：不低于六个月工资的医疗补助费；对患重病或绝症的，还应适当增加医疗补助费。

问题28 抑郁症属于精神病吗？能享受24个月医疗期吗？

对某些患特殊疾病（如癌症、精神病、瘫痪等）的职工，在24个月内尚不能痊愈的，经企业和劳动主管部门批准，可以适当延长医疗期。

（1）只要身患特殊疾病，无论工龄长短，均可享受24个月的医疗期；在此基础上需要延长医疗期的，则需企业和劳动主管部门批准（如北京、上海、江苏）。

（2）24个月内尚不能痊愈的，指的是患病的持续状态而非医疗期；换言之，医疗期仍需根据本人工龄和单位工龄计算；24个月内不能痊愈的经批准延长（如广东、山东、浙江）。

（3）关于抑郁症是否属于精神病，有两种看法：抑郁症就是精神疾病的一种，应当按特殊疾病处理；抑郁症属于精神类疾病，但病情较轻，经过治疗短期内可以康复的，不应当认定为特殊疾病。

第八章
工伤工亡篇

问题1 认定工伤的七种法定情形是什么？

（1）在工作时间和工作场所内，因工作原因受到事故伤害的；

（2）工作时间前后在工作场所内，从事与工作有关的预备或者收尾性工作受到事故伤害的；

（3）在工作时间和工作场所内，因履行工作职责受到暴力等意外伤害的；

（4）患职业病的；

（5）因工外出期间，由于工作原因受到伤害或者发生事故下落不明的；

（6）在上下班途中，受到非本人主要责任的交通事故或者城市轨道交通、客运轮渡、火车事故伤害的；

（7）法律、行政法规规定应当认定为工伤的其他情形。

问题2 视同工伤的三种法定情形是什么？

（1）在工作时间和工作岗位，突发疾病死亡或者在48小时之内经抢救无效死亡的；

（2）在抢险救灾等维护国家利益、公共利益活动中受到伤害的；

（3）职工原在军队服役，因战、因公负伤致残，已取得革命伤残军人证，到用人单位后旧伤复发的。

问题3 最高法院司法解释中认定工伤的四种情形是什么？

（1）职工在工作时间和工作场所内受到伤害，用人单位或者社会保险行政部门没有证据证明是非工作原因导致的；

（2）职工参加用人单位组织或者受用人单位指派参加其他单位组织的活动受到伤害的；

（3）在工作时间内，职工来往于多个与其工作职责相关的工作场所之间的合理区域因工受到伤害的；

（4）其他与履行工作职责相关，在工作时间及合理区域内受到伤害的。

问题4 国务院法制办有关答复中认为可认定工伤的情形有哪些？

（1）根据《工伤保险条例》第十四条第六项的内容，职工在上下班途中，受到机动车事故伤害的，就应当认定为工伤。例如某案中职工李某从单位宿舍至其父母家的情形，属于《工伤保险条例》第十四条第六项规定的"在上下班途中"，认定为工伤。

（2）因为单位的工作安排，职工参加体育训练活动而受到伤害的，应当依照《工伤保险条例》第十四条第一项中关于"因工作原因受到事故伤害的"的情形，认定为工伤。

问题5 最高人民法院行政庭相关答复中认定工伤的七种情形是什么？

（1）根据《工伤保险条例》第二条、第六十一条等有关规定，离退休人员受聘于现工作单位，现工作单位已经为其缴纳了工伤保险费，其在受聘期间因工受到事故伤害的，应当适用《工伤保险条例》的有关规定处理。

（2）职工受单位指派外出学习期间，在学习单位安排的休息场所休息时受到他人伤害的，应当认定为工伤。

（3）个人购买的车辆挂靠其他单位且以挂靠单位的名义对外经营的，其聘用的司机与挂靠单位之间形成了事实劳动关系，在车辆运营中伤亡的，应当适用《中华人民共和国劳动法》和《工伤保险条例》的有关规定认定是

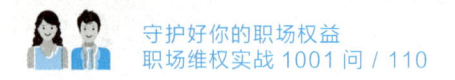

否构成工伤。

（4）低温雨雪冰冻灾害期间，用人单位为维护国家利益和公共利益的需要，在恢复交通、通信、供电、供水、排水、供气、道路抢修，保障食品、饮用水、燃料等基本生活必需品的供应，以及组织营救和救治受害人员等过程中，临时雇用员工受到伤害的，可视为工伤，参照《工伤保险条例》的规定进行处理。

（5）如某案中，××市公安局××分局××派出所临时聘用的、未参加工伤保险的、不是正式干警的司机××在单位突发疾病死亡，应由××市劳动和社会保障局参照《工伤保险条例》认定是否属于工伤以及确定工伤待遇的标准。有关工伤待遇费用由聘用机关支付。

（6）用人单位聘用的超过法定退休年龄的务工农民，在工作时间内、因工作原因伤亡的，应当适用《工伤保险条例》的有关规定进行工伤认定。

（7）职工因公外出期间死因不明，用人单位或者社会保障部门提供的证据不能排除非工作原因导致死亡的，应当依据《工伤保险条例》第十四条第五项和第十九条第二款的规定，认定为工伤。

问题6 超过退休年龄可认定工伤的三种情形是什么？

（1）单位招用已达到、超过法定退休年龄或已经领取城镇职工基本养老保险待遇的人员且招用单位已按项目参保等方式为其缴纳工伤保险费的，工作期间受到事故伤害或患职业病的。

（2）达到或超过法定退休年龄，但未办理退休手续或者未依法享受城镇职工基本养老保险待遇，继续在原用人单位工作期间受到事故伤害或患职业病的。

（3）超过退休年龄进城务工农民工工作期间受到事故伤害或患职业病的。

问题7 不能认定工伤的九种情形有哪些？

（1）在工作时间和工作场所内，非因工作原因受到伤害的；
（2）在工作时间和工作场所内，不是履行工作职责受到暴力伤害的；
（3）因工外出期间从事个人活动受到伤害的；
（4）在上下班途中发生交通事故但本人负主要责任或全部责任的；
（5）在工作时间和工作岗位，突发疾病抢救无效在48小时后死亡的；
（6）非因工作原因对遇险者实施救助导致伤亡又未经有关部门认定为见义勇为的；
（7）故意犯罪导致伤亡的；
（8）醉酒或者吸毒伤亡的；
（9）自残或者自杀的。

问题8 工伤费用包括哪些？

（1）1～10级一次性伤残补助金：《伤残鉴定结论书》作出后，由工伤保险基金支付，如［（2021）粤03民终21678号］。

（2）1～6级伤残津贴：1～4级由工伤保险基金按月支付；5～6级继续在岗则在工资之外由企业按月支付，解除劳动关系时由企业一次性支付。

（3）5～10级一次性工伤医疗补助金和伤残就业补助金：前者解除劳动关系后由工伤保险基金支付；后者解除劳动关系时由企业支付，如［（2021）粤03民终21678号］。

（4）停工留薪期工资，主流做法：按工伤前12个月平均工资确定，如［（2021）粤03民终21678号］。

（5）停工留薪期护理：如单位未安排护理，则由单位支付护理费［（2021）粤03民终21678号］。

（6）评残后的护理费：确认需要生活护理的，由工伤保险基金按月

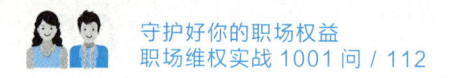

支付，其中生活完全不能自理的，按社平工资×50%；生活大部分不能自理的，按社平工资×40%；生活部分不能自理的，按社平工资×30%，如［（2021）粤03民终648号］。

（7）住院伙食补助费：多数地区由工伤保险基金支付；合理的交通及食宿费由企业承担，如［（2021）粤03民终21678号］。

（8）医疗费：超出工伤保险诊疗项目目录、药品目录、住院服务标准的由谁承担，各地处理不同；需要综合考虑各因素判定企业和职工负担比例，如因何受伤、职工个人是否要求过度医疗、病情需要等因素。

（9）工伤康复费：由工伤保险基金支付。

（10）辅助器具费：一般应限于辅助日常生活及生产劳动之必需，并采用国内市场的普及型产品的，由工伤保险基金支付；选择其他型号产品的，费用高出部分由个人自付。

（11）工伤复发待遇：享受工伤医疗费、辅助器具费，停工留薪期工资。

（12）因工死亡待遇：丧葬补助金，6个月上年度职工月平工资；供养亲属抚恤金，配偶、孤寡老人、孤儿为职工工资的40%/月，其他亲属为30%/月；一次性工亡补助金（逐年增加），2024年标准为1036420元。

问题9　停工留薪期工资的计算基数怎么确定？

按照工伤职工前12个月的平均月工资计算。

问题10　工伤停工留薪期期限怎么确定？

由设区的市劳动能力鉴定委员会确认。

问题11 工伤职工在非定点医院开具的休假证明是否一概无效？

因地制宜，综合考虑。

问题12 停工留薪期工资是否属于劳动报酬？

主流观点认为，仅属于工伤保险待遇赔偿项目之一；江苏地区认为，属于劳动报酬。

问题13 无病假条及任何收入证明材料，如何确定停工留薪期期限和基数？

参考行业标准。

问题14 单位多支付的停工留薪期工资是否应当返还？

不支持企业要求返还。

问题15 公司关于停工留薪期的相关规定与法律法规相冲突怎么办？

以法律法规为准，就高不就低。

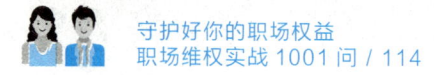

问题16 第三人侵权已获误工费，工伤停工留薪期工资是否双得？

是。停工留薪期工资不属于工伤医疗费用范畴。

问题17 企业支付的生活费、营养费等是否可以冲抵停工留薪期工资？

（1）工伤待遇中并无此项目，所以不支持冲抵；
（2）住院伙食费有法律规定，生活费无法律规定；
（3）营养费根据医嘱酌定。

问题18 未经劳动能力鉴定委员会申请延期的，超过12个月的休假是否计算病假工资？

应计算病假工资。

问题19 停工留薪期经劳动能力鉴定委员会批准延期的，期限怎么计算？

（1）继续按停工留薪期间计算；
（2）未批准延期、医院也未出具病休证明的，属于"泡工伤假"，构成旷工。

问题20 雨天路滑，上下班摔伤算不算工伤？

单位外部，不能认定工伤；单位内部，可以认定工伤。

问题21 > 高温天气下工作中暑算不算工伤？

职业性中暑才算工伤。

问题22 > 工作原因导致腰椎病、颈椎病、视力下降算不算工伤？

上述疾病都不在《职业病分类和目录》中，故既不能算职业病，也不能认定为工伤。

问题23 > 外派出差受伤算不算工伤？

高铁上被开水烫伤，或酒店洗澡时突发心脏病死亡等情况，可以认定为工伤或因工死亡。

问题24 > 工作岗位突发疾病去世算不算因工死亡？

（1）在工作时间内和工作岗位上，突发疾病死亡或者在48小时之内经抢救无效死亡的，视同工亡；

（2）经抢救超过48小时后死亡的，不能算"因工死亡"，如[（2019）苏民申3868号]；

（3）在办公室自杀身亡的，也不能认定为"因工死亡"。

问题25 > 病人已脑死亡或医院已告知医治无效仅靠医疗手段维持昏迷状态，家属在抢救时间临界48小时前放弃治疗的，算工亡吗？

多数地区法院支持视同工亡，如江西大余某案〔（2018）赣07民终572号〕。

问题26 > 参加年会演出受伤算不算工伤？

职工参加单位（包括单位工会、单位认可的兴趣小组等）组织的各种业余文体活动中受伤的，都可以认定为工伤。

问题27 > 判断是否属于工伤的依据有哪些？

《工伤保险条例》第十四条规定了应当认定工伤的情形；第十五条规定了视同工伤的情形；第十六条规定了不属于工伤的情形。

问题28 > 精神类疾病属于工伤吗？

我国目前相关法律均未将精神类疾病纳入职业病的范畴，因此，除非能够证明该精神疾病是在工作期间、工作场所、工作原因等情形下的事故造成的伤害，或能被诊断、鉴定为职业病，否则就不能认定为工伤。

问题29 《职工工伤与职业病致残程度鉴定标准》（GB/T16180-2014）中是否已经明确将精神类疾病列入工伤致残等级？

是的。但这是认定工伤后的伤残认定标准，而不是将精神病性症状作为认定工伤的情形。

问题30 事关工伤认定的"三工"要素中，哪个因素可能导致精神损害？

工作原因是工伤认定之核心要件，工作期间与工作场所是用以佐证工作原因的重要要素：

（1）工伤本身的生理损害导致的精神损害，如［（2020）京01行终204号］；

（2）工作内容、工作环境导致的精神损害；

（3）与工作有关的事件导致的精神损害。

问题31 最高人民法院关于精神类疾病是否属于工伤有判例吗？

有。［（2018）最高法行申332号］行政裁定书认为：

（1）精神分裂症和躁郁症不属于工伤或职业病性症状；

（2）因此，工作环境恶劣与精神分裂症之间并不具有直接因果关系，不能认定其所患精神分裂症系由工作原因引起；

（3）张××的自残、自伤系由精神分裂症导致；既然精神分裂症不认定为工伤，自残、自伤亦不应认定为工伤。金昌市人社局对张××的割腕伤及烧伤不予认定工伤，并无不当。

问题32 > 各地关于精神类疾病是否属于工伤的司法裁判口径有哪些？

（1）工作伤害引起的抑郁后自杀，属于工伤，如［（2019）闽04行终13号］；

（2）工作原因而遭受性暴力伤害，以及进而导致抑郁症，被认定为工伤，如［（2018）湘01行终398号］；

（3）工作中所发生的事故引发抑郁，视为工伤，如［（2016）吉0702行初19号］；

（4）工作期间发现患有重度抑郁症伴发精神分裂症，未认定为工伤，如［（2014）一中行监字第3656号］。

问题33 > 食堂吃饭被鱼刺卡也属于工伤吗？

（1）成都市人力资源和社会保障局认为：与工作无关，不应认定为工伤；

（2）成都市高新区法院认为：在从事单位安排工作中，因生理需要就餐中受伤与工作有关，属于职工在参加用人单位组织或者受用人单位指派参加其他单位组织的活动受到伤害的情形，应当属于工伤。

问题34 > 女员工值夜班上卫生间时遭遇性侵，能否认定为工伤？

可以认定为工伤。"上卫生间"是员工必要的、合理的生理需求，与劳动者正常的工作密不可分，属于在工作场所履行工作职责，根据法律规定可认定为工伤。

问题35 > 员工试用期第一天发生工伤，单位需承担主体责任吗？

（1）判断用人单位和劳动者是否建立劳动关系，应当看是否符合确立劳动关系特征，而不是是否订立书面劳动合同。

（2）劳动者因工外出期间，由于工作原因受到的伤害属于工伤，应享有工伤保险待遇。

（3）某案中，由于公司未及时办理招录用手续，也未依法为林某缴纳社会保险，公司需要按照《工伤保险条例》规定的工伤保险待遇项目和标准向林某支付相关的费用。

问题36 > 小区保安上厕所时突发疾病死亡，是否视同工伤？

在某案中，法院裁判：

（1）一审法院：在"工作岗位"上突发疾病，强调的是工作状态；在厕所突发疾病，而非在工作岗位上；上厕所属于解决个人必须的生理需求，属工作岗位延伸的理解，缺乏依据。

（2）二审法院：在工作时间内，就近选择厕所解决正常生理需要符合常理；是为维持持续、有效的工作所必需，与正常工作密不可分；可以视为是在工作岗位上突发疾病。

问题37 > 职工早退，回家途中发生交通事故（对方全责）算工伤吗？

（1）提早下班应属擅自离岗行为，该行为不属于职工正常的上下班范畴，不符合上下班途中的时间要求，故不能认定为工伤（如广州、佛山、肇庆、上海）。

（2）早退只是违反了单位的劳动纪律，而违反劳动纪律并不属于《工

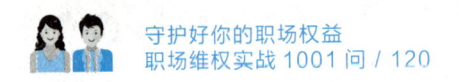

伤保险条例》第十六规定的不得认定为工伤或视同工伤的情形，应当认定为工伤（如河南［（2020）豫08行终124号］、江西、山东、青海、湖南）。

（3）法院持肯定观点。主要原因有：

第一，员工提前下班的行为并不会使其增加在途的潜在危险，与事故的发生与否也没有直接的因果关系；

第二，员工提前下班并不能改变其在进行工作后返回住处这一"下班"根本特征，员工受到意外伤害与从事工作仍具有直接相关性；

第三，该种情况不属于规定的不构成工伤的法定情形；

第四，工伤认定采用无过错补偿原则，在一般的工伤事故中，如操作失误这种因严重过错导致的受伤均不影响工伤的认定；相对而言，员工提前下班过错小，应一样构成工伤。

问题38 员工主动加班受伤，能否认定为工伤？

（1）职工在正常工作时间之外，但工作内容是直接为了单位利益；

（2）未经单位安排自觉延长工作时间或者主动加班，只要是在从事工作受到事故伤害的，应认定为在工作时间和工作场所内，因工作原因受到事故伤害。

问题39 参加本单位组织的出国旅游活动时受伤，是否属于工伤？

（1）单位组织的旅游属于单位活动，旅游期间受伤是否属于工伤，关键点在于单位组织的旅游活动是否属于工作原因；

（2）用人单位组织旅游更多的是出于团队建设的目的，可以视为"与工作相关"的活动；

（3）如果员工在单位组织的旅游活动中，脱离团队，私自活动期间受伤则不属于工伤。

问题40 兼职期间发生工伤算谁的责任？

兼职期间与原单位毕竟存在劳动关系，故发生工伤仍应由原单位承担工伤保险责任。

问题41 管理者与被管理者因发生争执而打架，是否属于工伤？

不一定。需要判断这种伤害是否与直接管理有因果关系，如果管理过程中自身有过错，因扩大了争议从而导致伤害，就难以被认定为工伤。因此，把握冲突中的自我防卫与防卫过当又成为一个问题。

问题42 发生交通事故，无法认定责任，是否能认定工伤？

能。理由如下：

（1）工伤认定部门认为，申请一方须提供"非本人主要责任"的证据，否则不予认定工伤；

（2）而在司法解释上，如果没有"本人主要责任"的证据，则推断为"非本人主要责任"，故应当认定为工伤。

问题43 因自行车发生的事故，是否能认定工伤？

能。因其符合工伤认定诸要素，即"非本人主要责任""交通事故""车辆""道路"等。同理，走路上班掉水沟中受伤不是工伤；如果骑单车上班掉水沟中受伤，则是工伤。

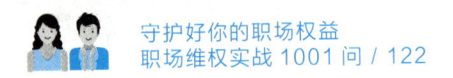

问题44 下班去父母家或女朋友家，发生交通事故是否认定工伤？

去父母家是，去女朋友家、男朋友家或兄弟姐妹家则不是。因为认定工伤必须满足在合理时间内往返于工作地与配偶、父母、子女居住地的合理路线的上下班途中。

问题45 去外地出差时，从事个人活动受到的伤害能否认定工伤？

不能。需要满足外出学习或者开会期间，从事与工作职责有关的活动。

问题46 工伤处理的全部程序应该是怎样的？

（1）正确参加或取消工伤保险，确保工伤发生时保险关系处于存续期间。

（2）积极救治工伤职工，且应在正规医疗机构就医。

（3）收集能证明工伤事实的证据。

（4）补缴工伤保险（有的省市可补缴，有的省市不可补缴）。

（5）收集申请工伤所需材料。

（6）在三个法定时限内提出工伤申请：①一个月内（用人单位一方的申请时限）；②一年内（可由工伤职工或者其近亲属、工会组织申请的时限）；③特别情形下，可超过一年（不属于职工或者其近亲属自身原因）；④认定工伤最长不超过60日。

（7）发生工伤，但无直接劳动关系证据时，需通过仲裁或诉讼确立劳动关系。

（8）因工伤认定决定有争议，可提请行政复议或行政诉讼，要求撤销决定书。

（9）向人社局申请并到其指定的劳动能力鉴定委员会接受伤残鉴定。

（10）企业未参加工伤保险，且拒绝支付医疗费等工伤待遇，但职工被认定工伤的，可向劳动仲裁委员会申请先予执行。

（11）企业拒绝支付工伤待遇的，申请调解。

（12）协商及调解均未达成一致的，提起劳动争议仲裁、诉讼、执行。

（13）职工超时申请工伤认定被不予受理的，可经司法鉴定致残等级后直接提请人身损害赔偿，或提请仲裁、诉讼，要求参照工伤保险规定赔偿。

问题47 提请人身损害赔偿的仲裁、诉讼等，各地流程相同吗？

司法实践中有不同的处理模式：有的地方一裁二审，有的地方仲裁不受理。

问题48 工伤可以私了吗？

如重庆二审法院判例，工伤私了金额低于法定标准75%的，一律无效。

问题49 工伤认定有哪些注意事项？

（1）由劳动部门负责听取事故，并结合有关证据制作"工伤证明"；

（2）劳动主管部门发布的工伤认定属于行政行为，用人单位或者受损害人不同意的，可以提起行政复议和行政诉讼；

（3）只做工伤认定，不能确定具体的赔偿标准，因此还需要进行劳动

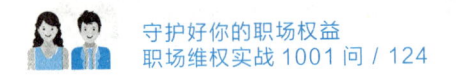

能力鉴定。

问题50 劳动能力鉴定有哪些注意事项？

（1）认证机构通常是由劳动主管部门指定的机构；
（2）申请认证时，必须提交工伤认定书作为凭证；
（3）劳动能力鉴定结果分为10个等级，所得结果只能用于工伤处理的计算和确定，不能用于人身损害赔偿的计算。

问题51 伤残鉴定有哪些注意事项？

（1）类似劳动能力鉴定，分为10个等级，但鉴定标准与劳动能力鉴定完全不同；
（2）一般是由司法机关之登记鉴定机关进行鉴定，需要收取相应的鉴定费；
（3）评估的最终结果是计算和确定人身伤害赔偿案件的赔偿金额。常见于交通事故纠纷和生命权、健康权、身体权等纠纷。

问题52 工伤认定、劳动能力鉴定、伤残鉴定的联系和区别是什么？

联系：

（1）都需要由具有相应资格的专业人员进行；
（2）都必须依据一定的标准进行；
（3）很多情况特别是受害人重伤的情况下，往往会出现受害人残疾，或双方均伤残的情形出现；
（4）作为案件中的证据之一，评定结论和鉴定结论的法律地位相等；

（5）从性质上来说，劳动能力鉴定是伤残等级鉴定的基础；从程序上来说，是先鉴定后评残；从范围来说，劳动能力鉴定范围更大一些，即除对工伤（含职业病）进行鉴定外，还包括对因病或非因工负伤导致的暂时或永久丧失劳动能力的鉴定；

　　（6）对于明显的工伤（职业病）案例来说，伤残等级鉴定可以与劳动能力鉴定同时进行。

　　区别：

　　（1）确定的时间不同；

　　（2）提出鉴定的时间和机关不同；

　　（3）目的不同；

　　（4）标准依据不同；

　　（5）使用目的不同；

　　（6）等级划分不同。

问题53 "醉酒"在工伤认定中的法律规制是什么？

　　在适用"醉酒排除事由"时，除了要符合一般工伤认定要件外，还应符合以下特殊要件：

　　（1）职工应达到醉酒状态，即参照车辆驾驶人员的检测标准认定为醉酒；

　　（2）关于"醉酒"的认定应以相关的第三方权威部门依法出具的结论为依据，如公安机关出具的事故责任认定书、酒精含量检测报告、医疗机构的诊断报告、已生效的法院判决书等；

　　（3）职工伤亡与醉酒之间存在因果关系；

　　（4）由用人单位对职工是否醉酒进行举证。

　　只有以上要件同时具备时，方可适用"醉酒排除事由"排除工伤认定。

问题54 实习生、快递员、超过法定退休年龄人员等可以参加工伤保险吗？

（1）上海：超过法定退休年龄就业人员和实习生可以单险种参保。

（2）天津：超龄从业人员和实习生可以参保。

（3）广东将八类未建立劳动关系的特定人员纳入工伤保险参保范围：从业单位工作的超过法定退休年龄人员；已享受一级至四级工伤伤残津贴或病残津贴人员；实习学生；单位见习人员；在家政服务机构从业的家政服务人员等；村（社区）两委人员；提供网约车、外卖、快递劳务等的新业态从业人员；志愿者等。

（4）海南：保障实习生、见习人员、超龄从业人员参加工伤保险。

（5）四川：在校学生、医学在读研究生可以参加工伤保险。

（6）浙江：将大龄劳动者、实习学生、见习人员、新就业形态劳动者、家政服务人员、在职村干部和专职社区工作者、群众演员等七类人员纳入工伤保险保障范围。

（7）江苏将七类人纳入工伤保险保障范围：用人单位固定职工、建设工程一线劳动者、超龄劳动者、实习生、非全日制劳动者、多重劳动关系劳动者、基层快递网点快递员。

问题55 48小时内抢救无效死亡必须是在特定的工作时间和工作岗位上突发疾病吗？

正例之浙江宁波[（2022）浙02民终2856号]：

朱××、王×、陈××三人合伙承包了几条生产线进行作业，但未注册营业执照；用工期间，员工苏××猝死，遂提起工伤保险待遇纠纷案诉讼。宁波中院终审判决：维持一审原判，判决三人向苏××家属支付1323520元。

反例之北京怀柔[（2021）京03行终429号]：

（1）根据《工伤保险条例》第十五条第一款第一项内容，在工作时间和工作岗位上突发疾病死亡，视同工伤情形；

（2）相关规定并未要求住院时间要在工作时间，亦未要求突发疾病系由于工作原因引起；

（3）疾病发生、病程进展、死亡结果往往因为疾病的种类及病人的身体状况不同而存在个体差异；

（4）该案中，劳动者在住院后陈述心前区疼痛一天并不影响其在工作时间、工作岗位突发疾病的认定。

问题56 > 48小时内抢救无效死亡必须是直接导致不能坚持工作，需要当场抢救或紧急就医的疾病吗？

（1）反例1：相关规定并没有限定突发疾病死亡的地点必须在工作岗位或者医院内，也没有要求职工发病后必须由单位直接送往医院抢救且在48小时内死亡才属于视同工伤的情形，如［（2017）京02行终1298号］。

（2）反例2：工作原因并非视同工伤的认定标准，［（2020）京01行终40号］。

问题57 > 48小时内抢救无效死亡指该疾病必须是导致当场死亡或当场开始抢救无效死亡的后果吗？

（1）正例：上班期间感到身体不适请假回家48小时内死亡的，不认定为工伤，如［（2017）最高法行申3687号］。

（2）反例1：最高人民检察院支持和肯定一直靠机器维持生命体征，抢救超过48小时的认定为视同工伤；曾有相关案例因办理效果良好，被最高检列入"工伤认定和工伤保险类行政检察监督典型案例"。

（3）反例2：在某些情形下，劳动者被宣布临床死亡时间超过48小时，是其家属在其已无存活可能的情况下，本着尽最大努力维持生命的期望，不愿放弃呼吸机、心外按压等抢救手段的结果。在劳动者危重之际，其家属坚持抢救、不离不弃，亦属人之常情，符合社会伦理道德。此种情形符

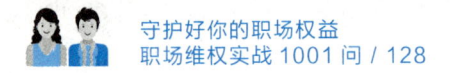

合《工伤保险条例》第十五条第一款第一项中有关"在48小时之内经抢救无效死亡"规定的基本内涵及立法本意，应予适用，如[（2019）京0108行初1045号]。

问题58 48小时内抢救无效死亡，不包括家属放弃治疗导致的死亡吗？放弃治疗不包括在医院经过诊断，确定职工没有继续存活的可能性，家属放弃治疗后导致的死亡吗？

均不包括。

反例：在劳动者危重之际，其家属坚持抢救、不离不弃，亦属人之常情，符合社会伦理道德，如[（2019）京0108行初1045号]。

问题59 48小时内抢救无效死亡指"脑死亡"吗？

（1）最高院（2012年）：脑死亡应当是人死亡的标准，对"48小时"内脑死亡、"48小时"后停止呼吸者予以认定为工伤。

（2）河南高院：在适用时不宜作出对劳动者不利的解释……因此医疗机构病历记载有"脑死亡"和"临床死亡"不同时间的，工伤认定时应当以"脑死亡"的时间为死亡时间。

（3）山东维坊中院：脑死亡具有不可逆性，应当按照脑死亡而非仅以临床死亡认定死亡时间，如[（2016）鲁07行终149号]。

（4）部分采用"脑死亡"而非"心肺死亡"说，并不以"死亡证明"开具时间为准的地区：内蒙古呼伦贝尔，山东济南、日照、潍坊，河南郑州，陕西西安，湖南长沙、常德，江西赣州、遂川，广东韶关。

问题60 ▶ 48小时内抢救无效死亡时间应以医疗机构出具的证明为准吗?

（1）最高院（2012年）：死亡时间的认定应当以医疗机构出具的证明为准；如确有证据证明医疗机构涂改病历、违规操作的，以鉴定机构的认定为准。

（2）河南高院：48小时的起算时间，以医疗机构的初次诊断时间作为突发疾病的起算时间；通常情况下，如无相反证据证明，一般应以医疗机构出具的病历等材料为准。

（3）广州中院：应以病历记载的客观事实而非仅以《居民医学死亡证明书》认定死亡时间，如［（2014）穗中法行终字第662号］。

（4）部分采用"心肺死亡"而非"脑死亡"说，以"死亡证明"开具的时间为准的地区：江苏苏州、连云港，甘肃陇南，四川峨眉山，广东东莞、深圳。

问题61 ▶ 关于在工作时间和工作岗位，突发疾病死亡或者在48小时之内经抢救无效死亡，各地裁判口径是什么?

（1）江苏：强调专业人员、特定场所、专业手段和方式才能认定为抢救的观点，于法不合，于理不通，于情相悖，如［（2022）苏06行终415号］；48小时内死亡的，多数地区法院支持视同工亡，如江苏淮安［（2015）通中民终字第01015号］。

（2）陕西及最高院：并不要求突发疾病直接导致不能坚持工作，需要当场抢救或者紧急就医；并不强调事发的紧迫性与救治的连贯性，如［最高院（2018）最高法行申10600号］。

（3）北京：未直接前往医院进行救治并不必然影响"视同工伤"的认定，如［（2020）京01行终612号］。

（4）重庆："视同工伤"认定应综合考量生活情理与立法意旨，如

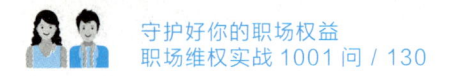

[（2020）渝行再1号］。

（5）河南：当法律、法规、技术规范对相关标准没有规定或者规定不明确时，为保护劳动者的合法权益，应作出对劳动者有利的解释，如［（2019）豫行再154号］。

（6）山东：职工在工作时间和工作岗位突发疾病后下班回家，立即接受医生到家中诊治……不予认定工伤，既有悖于人之常理又不符合劳动法关于保护劳动者合法权利的基本原则，如［（2020）鲁行再31号］。

问题62 以拖欠停工留薪期工资为由解除合同，公司是否应支付经济补偿金？

（1）江苏：持支持观点。
（2）浙江：持否定观点。
（3）上海：持否定观点。

问题63 超出工伤保险医疗目录的医疗费用，由谁承担？

主要有以下几种处理方式：
（1）原则上不应由用人单位承担；
（2）由职工和用人单位共同承担；
（3）根据接受治疗方是否确认区分处理；
（4）根据是否有急救、抢救治疗区分处理；
（5）回避争议，不予受理。

问题64 工伤保险待遇与哪些待遇可以兼得？或不可兼得？

可以兼得的情形：
（1）工伤保险待遇与安全生产责任保险经济赔偿可同时享受；

（2）工伤保险与职业病民事赔偿可同时享受；

（3）工伤保险和商业保险可双赔。

不可兼得的情形：

（1）工伤保险伤残津贴与基本养老保险待遇不能同时享受；

（2）工伤保险丧葬补助金、供养亲属抚恤金和基本养老保险丧葬补助金、抚恤金不能同时领取；

（3）工伤保险丧葬补助金与失业保险丧葬补助金不能同时领取。

问题65 工亡补助金全国统一吗？

（1）侵权有城镇和农村户口之差，尚有地域之别；

（2）工亡则是同命同价，全国统一标准。

问题66 工亡补助金的标准是依据什么确定的？

上一年度全国城镇居民人均可支配收入的20倍。2024年一次性工亡补助金为51821元×20＝1036420元。

问题67 死者的债权人可以主张工亡金清偿债务吗？

工亡补助金不是遗产，工亡补助金是对死者家属的补偿，因此，死者的债权人主张工亡金清偿债务的请求得不到支持。

问题68 工亡补助金如何分配？

（1）实务中常见公婆与丧偶儿媳争工亡补助金；

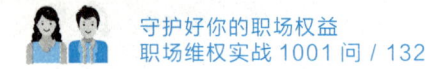

（2）工亡补助金是死者近亲属因其死亡导致生活资源减少和丧失的补偿，因此其分配也并不一定是均分，而是要根据死者近亲属的生活来源等实际情况进行合理分配。

问题69 > 工亡补助金由由谁支付？

（1）单位缴了工伤保险，工亡补助金由工伤保险基金支付；
（2）单位没有缴纳工伤保险，工亡补助金由单位赔偿。

问题70 > 单位无力支付工亡补助金的，怎么办？

家属可以要求社保基金先行执行垫付。

问题71 > 第三人侵权导致工亡的，死亡赔偿金和工亡补助金可以兼得吗？

是的。

问题72 > 单位参加了商业保险的，工亡补助金和商业保险可以兼得吗？

是的。

问题73 > 工伤职工在停工留薪期内因工死亡的，近亲属享受一次性工亡补助金吗？

是的。

问题 74 一至四级工伤职工在停工留薪期后因工伤死亡的，近亲属有丧葬补助金、供养亲属抚恤金和一次性工亡补助金吗？

有丧葬补助金和供养亲属抚恤金，但不能获得一次性工亡补助金。

问题 75 超龄人员工亡的，近亲属可以获得工亡补助金吗？

只要认定为工伤，近亲属可以获得工亡补助金。

问题 76 职工因工外出期间或抢险救灾下落不明被宣告死亡的，近亲属可获得工亡补助金吗？

是的。

问题 77 职工工亡后，近亲属在与公司达成协议后反悔的，可以撤销吗？

在一年内可以撤销。

问题 78 承担用工主体责任的用人单位（发包人或被挂靠人）赔付工亡补助金后，可以向包工头或挂靠人追偿吗？

可以。

问题79 社保中心可以在催缴社会保险费决定程序中对劳动关系予以直接确认吗？

可以。

问题80 人力资源和社会保障部门具有撤销（改正）劳动能力再次鉴定结论的法定职责吗？

没有。

问题81 因工与同事发生争执打斗导致死亡，与工作职责具有直接关联性吗？

没有。不属于因履行工作职责受到的暴力伤害。

问题82 因急性酒精中毒死亡，属于法律规定不得认定为工伤的情形吗？

属于。

问题83 在没有任何法定有权机构对双方是否存在劳动关系作出确认的情况下，人社局可以直接作出认定工伤的结论吗？

不可以。

问题84 职工或其近亲属认为是工伤，用人单位不认为是工伤的，谁举证？

由用人单位承担举证责任。

问题85 员工自愿放弃社保后，会影响工伤认定吗？

不影响。认定工伤并不以用人单位是否缴纳工伤保险费为前提。另外，职工在被认定为工伤后可以依法请求用人单位承担相应的工伤保险待遇。

问题86 侵权与工伤的区别是什么？

（1）赔偿对象：侵权行为是对他人的合法权益造成侵害的情况，受害人有权向侵权方主张赔偿；而工伤是发生在工作场所的人身损害，受伤人可以向雇主主张工伤赔偿。

（2）赔偿责任：侵权行为的责任主体是侵权方，即犯罪者或侵权者，他们需要承担损害赔偿责任；而对于工伤，雇主则需要提供工伤保险以应对工伤引发的赔偿需求。

（3）赔偿范围：侵权行为的赔偿范围通常包括因侵权行为引起的实际损失以及精神上的痛苦和折磨；而工伤的赔偿范围则主要以医疗费用、伤残津贴和丧葬补助金等实物赔偿为主。

问题87 工伤职工达到法定退休年龄后，能否主张一次性工伤医疗补助金和一次性伤残就业补助金待遇？

不予支持。

问题88 工伤职工被单位以《中华人民共和国劳动合同法》第三十九条规定解除劳动合同的，能否享受一次性工伤医疗补助金和一次性伤残就业补助金待遇？

予以支持。

问题89 职工在同一用人单位连续工作时多次发生工伤，应该如何赔偿？

领取相关待遇时，按照其在同一用人单位发生工伤的最高伤残级别，计发一次性伤残就业补助金和一次性工伤医疗补助金。

问题90 核定的各供养亲属的抚恤金之和高于因工死亡职工生前工资的，是否划分各供养亲属应享受抚恤金的具体金额？

（1）原则上无论各供养亲属的抚恤金之和是否高于因工死亡者生前工资，均应总体裁决；

（2）工亡职工相关待遇应当以死亡发生时的标准计算。

问题91 因公受伤后公司不配合做工伤认定怎么办？

（1）公司应在一个月内申请工伤认定；

（2）公司不配合认定，则员工及其近亲属、工会组织等可于一年内申请工伤认定；

（3）如公司未签劳动合同，则员工凭工资单、工单、工作证等申请劳动仲裁，请求认定事实劳动关系；

（4）如公司未购买工伤保险，则由公司承担全部工伤待遇；

（5）如公司拒绝支付工伤待遇，则申请劳动仲裁。

问题92 受了工伤公司不管怎么办？

（1）如果公司没签劳动合同，或签了但没有给到员工，那么至少需要准备好工资单、工单、工作证，前往仲裁委认定事实劳动关系；

（2）前往人社局申请工伤认定；

（3）向设区的市级劳动能力鉴定委员会申请劳动能力鉴定；

（4）根据伤残等级向单位追偿：一次性伤残补助金、伤残津贴（按月享受）、一次性工伤医疗补助金和伤残就业补助金、停工留薪期工资、停工留薪期护理费、评残后的护理费、住院伙食补助费、住院交通费、住院食宿费、医疗费、工伤康复费、辅助器具费等。

第九章
竞业限制篇

问题1 竞业限制是什么意思？

指用人单位和劳动者在意思自治之前提下，经协商达成一致，约定劳动者在双方劳动关系解除或终止后的特定期间内，在一定程度上放弃行使其所享有的合法的劳动自由权，以此为代价实现保护用人单位商业秘密之目的。

问题2 员工的竞业行为主要包括哪些？

（1）员工与有竞争关系的企业建立劳动关系，即入职竞争企业；

（2）员工通过劳务派遣公司为竞争企业提供服务或者通过劳务外包服务公司提供外包服务，或者直接或间接地提供咨询、技术等服务；

（3）员工直接或间接地投资设立竞争企业或者经营竞争业务；

（4）员工协助其近亲属投资设立竞争企业或经营竞争业务。

问题3 保密与竞业限制有什么不同？

区别点	保密协议	竞业限制协议
义务的基础不同	法定义务或无偿	约定义务且有偿
义务的侧重内容不同	不能"说"	不能"做"
义务的期限不同	长期、在职、离职	在职或离职后2年内
违约责任不同	实际损害	约定支付违约金

《最高人民法院关于审理劳动争议案件适用法律问题的解释（二）》（征求意见稿）第十八条："[竞业限制条款的效力]用人单位与高级管理人员、高级技术人员和其他负有保密义务的人员约定在职期间竞业限制条款，劳动者以在职期间不得约定竞业限制、未支付经济补偿为由请求确认竞

业限制条款无效的，人民法院不予支持。"

问题4 竞业限制与竞业禁止有什么不同？

区别	竞业限制	竞业禁止
约束对象不同	高级管理人员、高级技术人员和其他负有保密义务的人员	董事、监事、高级管理人员
法律依据不同	《中华人民共和国劳动合同法》：约定形成义务	《中华人民共和国公司法》：法定义务或附随义务
履行义务的期限不同	在职，或离职后不得超过二年	在职期间
不履行义务的法律后果不同	支付违约金或承担赔偿责任	承担赔偿责任
履行义务是否支付对价的不同	在职期间无须另行支付对价；但在劳动合同解除或终止后，应及时足额支付经济补偿金	无需支付经济补偿金或其他对价

问题5 员工配偶开设与原单位相竞争的公司，可否认定员工违反了竞业限制义务？

可以认定或无法认定。视该公司设立时间、员工在该公司是否发挥作用来认定是否违反义务。相关案例有［（2018）京0112民初27850号］、［（2019）沪01民终12654号］和［（2021）浙0109民初22584号］。

问题6 竞业限制的经济补偿或违约金应当如何约定？

经济补偿一般约定为员工离职前12个月工资总额的30%以上（国家标准），不能过低；发生违约时认定违约金过高显失公平的，法院将酌情调整。

问题7 员工支付了违约金，就可以不履行竞业限制义务了吗？

不，在竞业限制期限内，企业仍然有权要求其继续履行义务。

问题8 竞业限制补偿可否在职期间按月发放？

（1）约定在职期间支付竞业限制补偿金，违反法律规定，一般只能在员工离职后按月发放；

（2）但也有反例，如上海某案支持在职期间支付［（2021）沪01民终10801号］。

问题9 把工资的一部分作为竞业补偿是否有效？

（1）有效派："法无禁止即自由"，法律不禁止提前发放竞业限制经济补偿，劳动者签字确认的工资条中有"竞业限制经济补偿"项目，视为已通过实际履行方式对工资进行了明确，如［（2021）沪01民终10801号］。

（2）无效派：《中华人民共和国劳动合同法》明确规定竞业限制经济补偿要在劳动者离职之后发放，用人单位与劳动者约定工资包含竞业限制经济补偿，明显违反法律规定，如［（2014）穗中法民一终字第6155号］和［（2021）粤03民终31512号］。

（3）共存派：深圳地区同时存在竞业限制经济补偿可包含在工资内，以及不得包含在工资内的判例，如［（2017）粤03民终16473号］。

问题10 竞业限制协议一般什么时候签订？

开始接触公司商业秘密信息前，一般为入职时、岗位晋升时或调岗为三类人员（高级管理人员、高级技术人员和其他负有保密义务的人员）时，如［（2023）鲁02民终4018号］。

问题11 竞业限制期限、经济补偿及违约金怎样设置才合理？

（1）竞业限制期限不得超过2年；

（2）在国家层面规定中，经济补偿为劳动合同解除或终止前12个月平均工资的30%，与当地标准冲突时，就高不就低，如［（2016）粤民再177号］；

（3）发生违约时认定违约金过高显失公平的，法院酌情调整。

问题12 各地竞业限制的补偿标准有什么不同？

（1）北京：双方劳动关系终止前最后一个年度劳动者工资的20%～60%。

（2）上海：劳动者在职期间工资的20%～50%。

（3）广州、重庆：劳动者离职前12个月平均工资的30%。

（4）深圳、珠海、宁波：劳动者离职前12个月平均工资的50%，如［（2021）粤03民终16842号］。

（5）江苏苏州：劳动者离职前12个月的月平均工资的1/3。

（6）浙江：劳动合同终止前一个年度劳动者所获得报酬总额的2/3。

问题13 《保密与竞业限制协议》未约定竞业限制补偿金或约定标准过低，影响该协议效力吗？

（1）竞业限制补偿金的多少并不影响竞业限制协议的效力，因为国家层面有"劳动合同解除或终止前12个月平均工资的30%"的补偿金兜底保

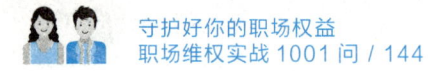

障，如［（2022）京03民终1156号］；

（2）职工可另行依法主张竞业限制补偿金。

问题 14 ▶ 除了高级管理人员、高级技术人员及负有保密义务的人员，与其他人员签订的竞业限制协议有效吗？

（1）法官不会主动进行审查。

（2）员工可以采用异议、仲裁或诉讼的方式使协议不生效。

（3）深圳：约定无效。

问题 15 ▶ 约定"用人单位未及时支付补偿金，竞业限制协议自动终止"，即以不作为的方式行使是否有效？

（1）上海、广西南宁、湖南湘潭：单方解除，必须明示，约定无效。

（2）北京、深圳：既然赋予单位单方解除权，那么双方约定有效。然而，"有效派"对3个月额外竞业限制补偿金又有重大分歧。

（1）武汉：不适用。

（2）乌鲁木齐、沈阳：无需承担。

（3）北京、江苏常州、江西赣州：应予支付。

问题 16 ▶ 竞业限制必须通过协议约定吗？

（1）也可通过劳动合同或《员工手册》等文件约定，但内容应合法合理；

（2）广东的司法案例中支持上述约定，但仍有悖常理。

问题17 劳动者履行义务后，要求单位支付经济补偿的，能否得到支持？

法院应予支持。

问题18 单位3个月未支付补偿，劳动者请求解除约定的，能否得到支持？

法院应予支持。

问题19 在解除协议时，劳动者请求单位额外支付3个月经济补偿金的，能否得到支持？

法院应予支持。

问题20 什么是服务期？

（1）用人单位与获得特殊待遇的劳动者在劳动合同或者其他协议中约定的劳动者应当为用人单位服务的期限。

（2）服务期内劳动者不能随意解除或终止劳动合同。

问题21 约定服务期的条件是什么？

（1）用人单位提供了培训费用；

（2）用人单位给员工提供的是除义务性培训以外的外部专业技术培训。

问题22 ▶ 服务期限怎么约定？

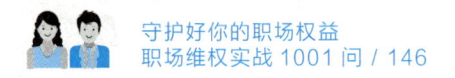

（1）应综合考量并包含在劳动合同约定的期限内；

（2）首次劳动合同期满而《培训与服务期协议》约定的服务期未满，企业以首次劳动合同期满提出解除劳动合同的，属于违法解除劳动关系。

问题23 ▶ 单位以解决户口或者提供住房等其他福利为由，能否约定服务期？

原本服务期约定是法定的，只有单位提供了外部专项技术培训，才可以与员工约定服务期。

《最高人民法院关于审理劳动争议案件适用法律问题的解释（二）》（征求意见稿）第二十六条："用人单位除向劳动者支付正常劳动报酬外，与劳动者约定服务期限并提供住房等特殊待遇，劳动者违反劳动合同约定提前解除劳动合同且不符合劳动合同法第三十八条规定情形时，用人单位请求劳动者折价补偿服务期限尚未履行部分应分摊费用或者赔偿造成的损失的，人民法院可以判令劳动者承担相应责任。"

问题24 ▶ 《中华人民共和国劳动合同法》规定的违约金的约定情形有几种？

（1）违约金的法定约定只有两种，即违反培训服务期约定和违反竞业限制协议，其他约定无效；

（2）培训费用应以实际为员工外部专项技术培训所支出的费用来约定违约金数额，普通、必要的职业培训支出不能约定违约金数额；

（3）违约金的具体数额应当合理，不得超过公司实际支出的培训费用；公司要求员工支付的违约金，亦不得超过服务期尚未履行部分所应分摊的培训费用。

第九章
147 \ 竞业限制篇

问题25 职工在《培训与服务期协议》约定的服务期内提出解除劳动关系，如何承担违约责任？

职工按未提供的服务期时间占约定服务期总时间的比例，承担相应的而非全部的违约金。计算公式如下：

违约金＝培训费用×（未履行服务期限÷服务期限）×100%

问题26 任何情况下，服务期履行期间，劳动者提出解除劳动合同都要支付违约金吗？

（1）不是，劳动者依《中华人民共和国劳动合同法》第三十八条的规定解除劳动合同的，用人单位不得要求劳动者支付违约金；

（2）用人单位依《中华人民共和国劳动合同法》第三十九条的规定解除劳动合同的，可以要求劳动者支付违约金。

问题27 签订保密协议时，直接约定违约金条款是否有效？

（1）保密协议中关于违反保密义务违约金的约定无效；

（2）用人单位与劳动者约定由劳动者承担违约金的情形仅限于劳动者违反培训服务期约定和违反竞业限制约定两种情形；

（3）劳动者违反保密义务给单位造成损失的，单位可以主张损害赔偿责任而非违约金。

问题28 用人单位可以与劳动者明确约定在职期间的竞业限制义务吗？

（1）这与劳动者的忠实义务相符。

（2）此前北京、广东、上海司法判决予以支持，即：双方意思表示真实的前提下，约定在职期间的竞业限制义务，该约定有效；如果员工在职期间违反竞业限制义务，应按照约定向用人单位支付违约金。

（3）《最高人民法院关于审理劳动争议案件适用法律问题的解释（二）》（征求意见稿）第十八条："用人单位与高级管理人员、高级技术人员和其他负有保密义务的人员约定在职期间竞业限制条款，劳动者以在职期间不得约定竞业限制、未支付经济补偿为由请求确认竞业限制条款无效的，人民法院不予支持。"

问题29 用人单位可否与签订劳务合同的人员签署竞业限制协议？

可以。

问题30 用人单位可否将新员工同意签署竞业限制协议作为新员工录用条件之一，在员工招聘时就告知应聘者该事项？

可以。

问题31 用人单位要求员工应聘时必须告知竞业限制情况，员工未如实告知其竞业限制情况的，单位有何处置权利？

后续可以以员工在订立劳动合同时存在欺诈为由主张劳动合同无效。

问题32 用人单位明知员工的前雇佣单位为竞争企业，员工承担竞业限制义务而仍然录用的，有何法律风险？

可能依照《中华人民共和国反不正当竞争法》承担相应的民事责任、行政责任；构成犯罪的，还可能承担刑事责任。

问题33 如果用人单位违法解除与劳动者的劳动关系，双方之间的竞业限制协议是否仍然有效？

仍然有效。

问题34 用人单位在其制定的劳动规章制度或员工手册中直接规定竞业限制义务，是否有效？

北京：对劳动者不具有拘束力。

问题35 如果劳动者违反竞业限制，用人单位能否要求其返还经济补偿金？

应当予以支持。

问题36 如果劳动者违反竞业限制，用人单位能否既主张违约金又主张赔偿损失？

（1）一般情形下，损失赔偿与违约金的诉讼请求只能择一主张；
（2）对于实际损失的认定，应由用人单位承担举证责任。

问题37 用人单位对于是否需要劳动者履行竞业限制义务有无选择权？

有选择权。

问题38 竞业限制纠纷属于劳动争议的范畴吗？是否需要仲裁前置？

（1）属于劳动争议范畴，应当适用仲裁前置程序；

（2）如果用人单位以劳动者侵犯商业秘密为由主张权利，则属于不正当竞争纠纷，可以直接诉至法院。

问题39 竞业限制纠纷的仲裁时效如何起算？是否适用"一裁终局"的范围？

（1）劳动者主张竞业限制经济补偿的，应适用一年的一般仲裁时效；

（2）适用"一裁终局"的范围。

问题40 竞业限制纠纷的举证责任如何分配？

（1）原用人单位主张劳动者违反竞业限制义务的，应当提交证据初步证明劳动者入职了与其有竞争关系的新单位。

（2）原用人单位完成初步证明后，劳动者作为直接接触并控制与新单位存在关系的证据一方，其应当提供证据证明其在新单位未从事与原单位竞业的行为。

（3）如劳动者未能有效举证的，应承担不利后果。

第十章
女性"三期"篇

问题1 ▶ 女职工在孕期、哺乳期禁忌从事的劳动作业有那些？

（1）作业场所空气中铅及其化合物、汞及其化合物、氯及其化合物、苯、镉、铍、砷、锰、氟、溴、氰化物、氮氧化物、一氧化碳、二硫化碳、己内酰胺、氯丁二烯、氯乙烯、环氧乙烷、苯胺、有机磷、甲醇、甲醛等有毒物质浓度超过国家职业卫生标准的作业；

（2）从事抗癌药物、己烯雌酚生产，接触麻醉剂气体等的作业；

（3）非密封源放射性物质的操作，核事故与放射事故的应急处置；

（4）高处作业分级标准中规定的高处作业；

（5）冷水作业分级标准中规定的冷水作业；

（6）低温作业分级标准中规定的低温作业；

（7）高温作业分级标准中规定的第三级、第四级的作业；

（8）体力劳动强度分级标准中规定的第三级、第四级体力劳动强度的作业；

（9）在密闭空间、高压室作业或者潜水作业，伴有强烈振动的作业，或者需要频繁弯腰、攀高、下蹲的作业；

（10）作业场所中锰、氟、溴、甲醛、有机磷/氯化合物等有毒物质浓度超过国家职业卫生标准的作业。

问题2 ▶ 违反女职工劳动禁忌相关规定的法律责任有哪些？

（1）违反规定，造成损害的，除承担赔偿责任外，还可能承担行政甚至刑事责任；

（2）违反规定，限期改正，并处以受侵害女职工每人1000～5000元的罚款；

（3）违反规定，限期治理，并处以50000～300000元的罚款；情节严重的，责令停止作业甚至关闭。

问题3 产假都有哪些规定？

（1）98天产假，其中产前可以休假15天；
（2）80天生育奖励假期（广东）；
（3）难产，增加产假30天；
（4）生育多胞胎，每多生育1个婴儿，增加产假15天；
（5）怀孕未满4个月流产的，享受15～30天产假；
（6）怀孕满4～7个月流产的，享受42天产假；
（7）怀孕满7个月流产的，享受75天产假。

问题4 产前检查和产前工间休息应算作劳动时间吗？

（1）产前检查（包括妊娠12周内的初查），应算作劳动时间。
（2）产前工间休息：怀孕七个月以上的，每天工间休息一小时，不得安排夜班劳动。

典型案例之北京［（2016）京02民终1329号］：
女职工孕期未到岗不能一概认定为旷工，故判决公司向李×支付违法解除劳动合同赔偿金。

问题5 授乳时间如何计算？

婴儿一周岁内每天两次授乳时间，每次30分钟，也可合并使用。

典型案例之内蒙古呼和浩特［（2023）内01民终2858号］：
员工王××于哺乳期因调岗、事假等原因未上班，被呼和浩特市××药房解除劳动合同。呼和浩特中院终审判决：维持一审原判，即判决××药房支付王××违法解除劳动合同经济赔偿金176100.36元。

问题6　产假工资和生育津贴的区别是什么？

（1）概念不同。生育津贴是女职工享受国家规定产假，并由国家给予的生活费用；而产假工资则是用人单位发放给休产假女职工的劳动报酬。

（2）发放主体不同。生育津贴一般是由社会保险机构发放给用人单位，再由用人单位支付给生育员工；产假工资则由用人单位直接发放给生育员工（浙江的生育津贴的做法是直接给到女员工，且无需申请）。

（3）享受条件不同。享受生育津贴的前提条件是单位必须参加生育保险，且部分城市规定必须缴纳生育保险费用满一定年限，例如一年；但用人单位即使没有参加生育保险，没有达到缴费年限，仍需发放产假工资。

（4）范围不同。在实行生育津贴制度的地区，生育津贴包含产假工资；当生育津贴高于产假工资时，由用人单位将生育津贴余额支付给职工；而当生育津贴低于职工工资标准时，差额部分则由用人单位补足，如〔（2023）京02民终4966号〕。

问题7　产假工资和生育津贴可以同时领取吗？

不可以。

（1）用人单位应按照劳动者的工资标准先行支付产假工资，后持劳动者提交的相应材料向生育保险经办机构申报生育保险待遇。

（2）当单位支付的产假工资高于劳动者可享受的生育津贴数额时，用人单位无需再将领取的生育津贴支付给劳动者（参考《女职工劳动保护特别规定》第八条）。

问题8 女职工的产假期限和产假工资有什么特别规定？

（1）产前检查和哺乳时间计为劳动时间。

（2）参加生育保险的，产假工资由生育保险基金支付；未参加的，由企业支付，如［（2016）粤0304民初7972号］。

（3）产假工资按产前平均工资计算，如［（2023）京02民终5035号］和［（2023）苏02民终2732号］。

问题9 与"三期"女职工有关的特别假期规定与待遇有哪些？

（1）产前假：如江苏，怀孕7个月以上（含7个月）女职工经单位批准后享受。

（2）孕期产前检查假：怀孕女职工在劳动时间内进行产前检查，所需时间计入劳动时间。

（3）经期假：休息1～2天；有条件的单位，可每月发放一定的卫生用品或费用。

（4）护理假（陪产假、看护假）：男方享受护理假7天，或15天、20天，江西、安徽、云南、河南、甘肃、西藏最长，达30天。

（5）女职工节育手术假：可享受2～21天的假期。

问题10 女职工生育津贴的发放标准是什么？

（1）根据《女职工劳动保护特别规定》第八条内容，对已经参加生育保险的，按照用人单位上年度职工月平均工资的标准由生育保险基金支付；对未参加生育保险的，按照女职工产假前工资的标准由用人单位支付。

（2）按休假前12个月的平均工资计算，包括福利待遇和全勤评奖（不

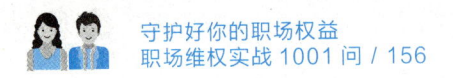

含加班工资）。

（3）高于原工资标准的，用人单位不能截留；低于的，差额部分由单位补足。

问题11 > 女职工生育津贴发放的时间是如何规定的？

单位先行逐月垫付，再由社保经办机构拨付给用人单位；或直接给到个人。

问题12 > 不支付或不足额支付产假工资有什么法律风险？

（1）劳动者可被迫辞职并主张经济补偿金；
（2）单位承担行政责任或刑事责任。

问题13 > 如何发放"三期"期间工资？

（1）不得在"三期"期间降低基本工资。
（2）产假期间照发全额工资（不含加班工资），不影响原有福利待遇和全勤评奖。
（3）产假后可请哺乳假至婴儿一周岁；期间工资不得低于原来工资的75%。
（4）产假期满上班，应允许有一至两周的适应时间；如有超过产假期间待遇的，按患病规定办理。

问题14 > 2023年全国婚假、产假、陪护假天数TOP3的省份是哪些？

（1）婚假：山西、甘肃，30天；河南，28天（参加婚检）；黑龙江，25天（参加婚检）。

（2）产假：吉林，158~365天；河南、海南，190天；江西、河北、内蒙古，188天。

（3）陪产假：江西、安徽、云南、河南、甘肃、西藏，30天；吉林、内蒙古、陕西、宁夏、广西，25天；辽宁、重庆、湖南，20天。

问题15 > 什么是女职工"三期"中禁止的"无过错性解除"？

女职工在孕期、产期、哺乳期的，用人单位不得依据《中华人民共和国劳动合同法》第四十条规定的情形解除劳动合同：

（1）劳动者患病或者非因工负伤，在规定的医疗期满后不能从事原工作，也不能从事由用人单位另行安排的工作的；

（2）劳动者不能胜任工作，经过培训或者调整工作岗位，仍不能胜任工作的；

（3）劳动合同订立时所依据的客观情况发生重大变化，致使劳动合同无法履行，经用人单位与劳动者协商，未能就变更劳动合同内容达成协议的。

问题16 > 什么是女职工"三期"中禁止的"经济性裁员"？

女职工在孕期、产期、哺乳期的，用人单位不得依据《中华人民共和国劳动合同法》第四十一条规定的"经济性裁员"的情形解除劳动合同：

（1）依照企业破产法规定进行重整的；

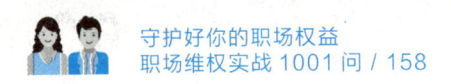

（2）生产经营发生严重困难的；

（3）企业转产、重大技术革新或经营方式调整，经变更劳动合同后，仍需裁减人员的；

（4）其他因劳动合同订立时所依据的客观经济情况发生重大变化，致使其无法履行的。

问题17 "三期"内的女员工在什么样的情况下可以被解除劳动合同？

（1）在试用期被证明不符合录用条件的；

（2）严重违反劳动纪律或者用人单位规章制度的；

（3）严重失职、营私舞弊，对用人单位利益造成重大损害的；

（4）劳动者同时与其他用人单位建立劳动关系，对完成本单位的工作任务造成严重影响，或者经用人单位提出，拒不改正的；

（5）因《中华人民共和国劳动合同法》第二十六条第一款第一项规定的情形（采用欺诈、胁迫的手段或乘人之危）致使劳动合同无效的；

（6）被依法追究刑事责任的。

问题18 违法解除临近退休的女职工的劳动合同，能赔偿了事吗？

如果劳动者确系管理或技术岗位的，可以主张恢复劳动关系，而非支付经济赔偿了事。

问题19 违法解除"三期"女职工劳动关系的后果及司法判例有哪些？

后果有：

（1）恢复与"三期"女职工的劳动关系；

（2）补足拖欠的相应工资及福利待遇；

（3）支付违法解除劳动关系赔偿金。

判例有：

（1）广州：赔偿产期工资，孕期及哺乳期按照20%工资比例赔付。

（2）深圳：只有主张继续履行劳动合同时才支持违法解除期间的工资损失。

（3）江苏：支持违法解除的赔偿金并支持违法解除前的工资损失。

问题20 > 生育津贴怎么核算？

（1）核算公式：

生育津贴＝女职工生育当月的缴费基数÷30（天）×假期天数

（2）生育津贴低于本人产假工资的，差额部分由用人单位补足；高于的，单位不得克扣。

问题21 > 所有产假均由生育保险基金支付生育津贴的地区有哪些？

北京、上海、天津、重庆、四川、云南、宁夏、山西、安徽、河北、陕西等地：所有产假（国家法定产假和地方生育奖励假）均由生育保险基金支付生育津贴。

问题22 > 生育奖励假期间由用人单位支付产假工资的地区有哪些？

江苏、浙江、福建、广东、广西、湖南、辽宁、青海等地：享受生育

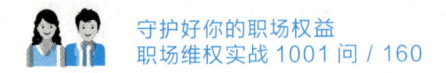

津贴的天数为98天，生育奖励假期间由用人单位支付产假工资。

问题23 各地生育津贴的支付方式是什么？

（1）企业给女员工，社保机构给企业；

（2）社保机构给企业，企业给女员工；

（3）社保机构给商业银行，商业银行给女员工。

问题24 是否为管理或技术岗位谁说了算？

（1）因是否属于管理或技术岗位而引发的争议，不属于劳动争议案件的受理范围。

（2）"三资"及民营企业：企业说了算（深圳）。

（3）国有企业：本级或上级组织说了算（上海）。

（4）女职工的最后一份劳动合同中的岗位约定说了算（北京）。

问题25 以保护名义单方对孕期女职工进行调岗是否合法？

符合《女职工劳动保护特别规定》第六条的规定，但这种单方调岗必须具备合理性，即：

（1）新岗位与原岗位具有相关性，调整后的女职工能够胜任新工作；

（2）相较原岗位，新岗位工作量减少、工作强度降低；

（3）调岗不具有侮辱性，如调岗降级幅度过大。

问题26 当前违反计划生育有关规定的司法裁判口径是什么？

（1）国家法律法规、地方行政法规中，并未明确说明（甚至删除了）违反计划生育有关规定属于违法且用人单位可以解除劳动关系，故据此解除，属于违法。

（2）基于目前鼓励生育的大趋势下，现时司法实践中，法院也不支持企业可以解除。

（3）《广东省高级人民法院、广东省劳动人事争议仲裁委员会关于劳动人事争议仲裁与诉讼衔接若干意见》（粤高法发〔2018〕2号）第十三条规定："用人单位以劳动者违反计划生育政策为由解除劳动合同的，应承担违法解除劳动合同的法律责任。"

问题27 对"三期"女职工违法调岗降薪的法律后果是什么？

对"三期"女职工违法调岗降薪的情形有：

（1）以照顾"三期"女职工身体健康为由，进行调岗降薪；

（2）以工作需要为由，安排"三期"女职工从事需要出差或较为繁重的工作；

（3）以女职工进入"三期"，故认定无法胜任工作而调岗降薪；

（4）产假返岗后以岗位已由其他员工替代而调岗降薪；

（5）以"三期"女职工拒绝调岗为由，安排女职工待岗并仅按当地最低工资标准的70%发放待岗期间生活费。

对"三期"女职工违法调岗降薪的后果是：

（1）女职工可以要求恢复原岗位原待遇，补发工资差额；

（2）劳动行政部门（劳动监察部门）责令用人单位限期支付工资差额，逾期不支付的，用人单位按应付金额50%～100%加付赔偿金；

（3）女职工可以以未及时足额支付劳动报酬为由与用人单位解除劳动

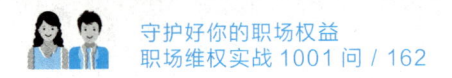

合同，并要求支付解除劳动合同经济补偿金。

问题28 哺乳期的女员工离职后，哺乳期是否可以延续到下一家公司？

（1）哺乳期是法律赋予女员工的权益，是依据生理条件来给予的；
（2）哺乳期间离职，哺乳期由下一家公司承继。

问题29 什么是孕期女员工"十不得"？

（1）不得限制员工的产检时间和次数；
（2）不得以员工产假未出勤而扣工资或扣发病假工资；
（3）不得随口拒绝员工的调岗申请；
（4）不得安排员工从事女职工在孕期禁忌从事的劳动；
（5）不得随意单方调岗；
（6）不得降低员工工资；
（7）不得随意安排员工加班；
（8）不得随口拒绝员工的保胎请求；
（9）不得到期终止劳动合同；
（10）不得随意解除孕期女员工。

问题30 怀孕期间被公司开除了应该怎么办？

（1）除非以下六种情形外，视为违法解除：试用期不合格、严重违纪违规、严重失职营私舞弊、双重劳动关系、欺诈胁迫或趁人之危、被追究刑事责任。
（2）如果公司违法解除，可以申请劳动仲裁，要求公司支付双倍经济赔偿金。

（3）实践中，绝大多数案例却并不要求公司解除劳动合同、支付双倍经济赔偿金，而是要求公司继续履行劳动合同，直至"三期"结束再作打算。

女性"三期"的工资、福利待遇是：

（1）适当减轻工作量；

（2）不得安排加班和夜班；

（3）女性较多的单位，应设立相关的休息室；

（4）禁止从事"三期"禁忌劳动；

（5）"三期"期间工资待遇不受影响；

（6）依法享受产假、生育津贴、生育医疗费、"三期"特殊劳动保护。

第十一章
休息休假篇

问题1 > 职工享受带薪年休假的条件及天数是什么？

（1）与单位建立劳动关系的人员；退休返聘人员、非全日制劳动关系人员不予享受；

（2）职工连续工作1年以上的，享受年休假；

（3）年休假天数：累计工作年限满1年不满10年的，年休假5天；已满10年不满20年的，年休假10天；已满20年的，年休假15天。

问题2 > 带薪年休假中"薪"的含义是什么？

（1）职工在单位支付其未休年休假工资报酬前12个月剔除加班工资后的月平均工资；

（2）这里的"薪"不是指基本和固定工资，而是指剔除加班费之外的所有工资性收入；

（3）日工资收入按照职工本人的月工资除以月计薪天数（21.75天）进行折算；

（4）计件工资、提成工资、绩效工资制的也按以上规则执行。

问题3 > 年休假是根据连续工龄确定，还是根据累计工龄确定？

（1）连续工龄（本企工龄）和累计工龄（一般工龄、社会工龄）都需要；

（2）累计工龄和连续工龄主要用来确定员工是否有资格休年休假（连续工作满12个月）；

（3）累计工龄同样用来确定员工能休多少天。

问题4 职工进入本单位前已连续在其他单位工作满1年，进入本单位后职工该年度年休假天数如何计算？

（1）按其与企业建立劳动关系后当年剩余日历天数折算确定，折算后不足1整天的不计。

（2）计算公式：

（当年度剩余日历天数÷365天）×员工本人全年应当享受的年休假天数＝当年度应休未休年休假天数

遇到临界点问题，则分段计算。

问题5 用人单位安排职工休年休假，但职工因本人原因没有休年休假的；未休假期间，单位是否需要支付未休年休假工资？

用人单位可不向职工支付未休年休假工资。但需证明：
（1）单位安排了职工休年休假；
（2）职工因个人原因未休；
（3）职工书面提出不休年休假。

问题6 双方解除劳动合同时，职工未休当年度年休假或者未休满当年度年休假的，应如何处理？

（1）应当按照职工当年已工作时间折算应休未休年休假天数并支付未休年休假工资报酬，但折算后不足1整天的部分不支付未休年休假工资报酬。

（2）计算公式：

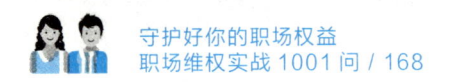

（当年度在本单位已过日历天数÷365天）×职工本人全年应当享受的年休假天数＝当年度应休未休年休假天数

（3）未休年休假工资的追讨，适用特殊仲裁时效，即自劳动关系终结之日起计算一年的时效。

问题7 试用期内是否享受年休假？

（1）若曾经连续工作满1年或在试用期内工龄刚满1年，职工有权享受年休假。

（2）如试用期内解除劳动合同，职工又符合条件，则根据职工在本单位工作的自然日历天数折算应当享受的带薪年休假的天数。

（3）如果是合格留用，试用期在年末或者跨年度，要么认可职工可以跨年度享受年休假，要么根据职工在本年度工作时间享受年休假或年休假工资。

问题8 职工提出年休假申请，由于生产工作较为繁忙，可否不予批准？

（1）用人单位在考虑职工意愿的情况下，可根据生产、工作情况统筹安排。

（2）用人单位对于职工提出的年休假申请有批准权。

（3）未经用人单位批准，职工不能自行休假。

问题9 年休假的享受条件"连续工作1年以上的"中的"1年以上"如何理解？如何核定？

"连续工作1年以上"，是指连续12个月不间断地工作，而且可以是在不同单位的工作，即既包括职工在本单位的工作时间（本企工龄、连续工龄），也包括在以前单位工作的时间（一般工龄、累计工龄）。案例如下：

（1）北京：只要曾经连续工作满12个月，即可享受年休假，如[（2022）京03民终307号]；入职前连续工作满12个月，入职后当年可享受带薪年休假，如[（2014）二中民终字第09206号]。

（2）上海、深圳：进入新公司前不能中断就业，即两个单位必须无缝对接，如[（2020）沪0104民初10号]、[（2020）沪0110民初22818号]和[（2016）沪0115民初51560号]。

（3）重庆：进入新公司前的中断就业时间不能超过一个月。

问题10 职工依法不能享受年休假的情形有哪些？

（1）依法享受寒暑假，其休假天数多于年休假天数的；
（2）请事假累计20天以上且单位按照规定不扣工资的；
（3）累计工作满1年不满10年，请病假累计2个月以上的；
（4）累计工作满10年不满20年，请病假累计3个月以上的；
（5）累计工作满20年以上的职工，请病假累计4个月以上的。

问题11 年休假是单位安排还是员工申请？

（1）需单位主动安排且保留《请假/休假申请单》证据；
（2）未能安排的需支付未休年休假工资。

问题12 单位因工作需要，可否安排在来年休假？

（1）只能跨1个工作年度安排；

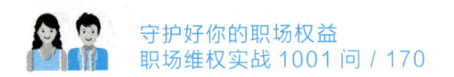

（2）应征得员工本人同意。

问题13 ▶ 用人单位既未安排年休假又不支付工资报酬的，承担什么责任？

需按未休年休假工资报酬标准支付300%的惩罚性赔偿金，即在已支付正常工作期间工资的基础上，再支付200%的未休年休假工资，如［（2021）粤03民终35463号］。

问题14 ▶ 哪些假期不包含在年休假假期内？

国家法定休假日、休息日、探亲假、婚假、丧假、产假、工伤停工留薪期间。

问题15 ▶ 年休假中的"年度"可以是劳动合同约定的年度吗？

不可以。此处"年度"为公历年度。

问题16 ▶ 劳动合同解除时员工已休完本年度应休年休假的，应如何处理？

已休完的，用人单位不能再扣回。

问题17 ▶ 员工因严重违纪违规被解除合同或主动提出辞职，是否还需支付其未休年休假工资？

仍须支付。

问题18 > 员工退休、中途死亡等，未休年休假还需要折现吗？

特定终止劳动合同的情形，应以劳动合同终止日期为限折现。

问题19 > 丧假是如何规定的？

（1）1~3天；
（2）含父母（公婆、岳父母）、配偶、子女。

问题20 > 季节性行业每年固定给员工的假期可否视为年休假？

可算作年休假。

问题21 > 单位每年春节给员工多放的几天假，可以算作年休假吗？

可以。但须有证据证明并清楚告知员工，以免误认为是单位统一安排的有薪假期。

问题22 > 单位以年为周期安排劳动者调休是否具有合理性？

合理，但要将部分加班时长安排在当年度进行调休，否则年终一并支付加班费。

问题23 全体公民放假的节日有哪些？

（1）元旦，1天（1月1日）；
（2）春节，4天（农历除夕和正月初一、初二、初三）；
（3）清明节，1天（农历清明当日）；
（4）劳动节，2天（5月1日、2日）；
（5）端午节，1天（农历端午当日）；
（6）中秋节，1天（农历中秋当日）；
（7）国庆节，3天（10月1日、2日、3日）。

问题24 部分公民放假的节日及纪念日有哪些？

（1）妇女节（3月8日），妇女放假半天；
（2）青年节（5月4日），14周岁以上的青年放假半天；
（3）儿童节（6月1日），不满14周岁的少年儿童放假1天；
（4）中国人民解放军建军纪念日（8月1日），现役军人放假半天。

问题25 不放假的节日都有哪些？

（1）二七纪念日；
（2）三月十二日植树节；
（3）五月十二日护士节；
（4）五卅纪念日；
（5）七七抗战纪念日；
（6）九月八日记者节；
（7）九月十日教师节；

(8）九三抗战胜利纪念日；
(9）九一八纪念日。

问题26 哪些假期遇到法定节假日需要顺延？

（1）产假：不顺延（江苏、上海的其中30天产假中，可顺延或补假）。
（2）生育假：顺延。
（3）看护假、陪产假、陪护假、护理假：顺延。
（4）婚假：不顺延。
（5）各地在3天的婚假外增加的7天婚假：顺延。
（6）丧假：不顺延。
（7）病假：不顺延但应剔除节假日。
（8）年休假：顺延，或节假日不计入年休假。

问题27 调休和补休有什么异同？

调休	调整休息时间	（1）国务院调整全民休息时间，即节假日挪假； （2）企业调整内部休息时间，主要表现为特殊工时制和标准工时制中的调休。
补休	弥补休息时间	（1）事后用其他时间来弥补之前该休而未休的时间； （2）用来弥补劳动者在休息日正常工作而失去的休息时间； （3）补休时间等同于加班时间。
加班时间一定可以用"补休"来弥补吗？		不一定，"补休"仅适用于公休日即周六周日加班。

问题28 劳务派遣员工有年休假吗？

（1）符合条件的，应当享受年休假；

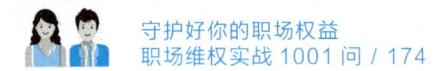

（2）无工作期间由劳务派遣单位依法支付劳动报酬的天数多于其全年应当享受的年休假天数的，不享受当年的年休假；

（3）少于其全年应当享受的年休假天数的，劳务派遣单位、用工单位应当协商安排补足被派遣职工的年休假天数。

问题29 年休假未申请的能过期作废吗？

不能。用人单位不支付未休年休假剩余200%工资的，需要同时满足三个要件：

（1）用人单位已主动安排了年休假；

（2）劳动者因个人原因放弃年休假；

（3）劳动者提出不休年休假的书面申请。

如山东、福建、广东。

问题30 "如未休完，放弃年假"，这一类"承诺书"是否具备法律效力呢？

如果不是因劳动者个人原因则不具备法律效力，劳动者可以追讨对应的薪酬。

未休年休假工资或加班费的追讨，适用特殊仲裁时效，即自劳动关系终结之日起计算一年的时效。因此，用人单位应当保留自劳动者入职以来享受带薪年休假的相关记录。

问题31 老人生病可以请假去陪护吗？

可以。

（1）根据《四川省老年人权益保障条例》相关规定，独生子女每年享有累计不超过15日的护理照料时间；非独生子女享有每年累计不超过7日的护理照料时间。

（2）护理照料期间工资福利待遇不变。

问题32 休了产假还能享受年休假吗？

（1）不影响休年休假；

（2）《企业职工带薪年休假实施办法》第六条："职工依法享受的探亲假、婚丧假、产假等国家规定的假期以及因工伤停工留薪期间，不计入年休假假期。"

问题33 可否以探亲假、婚丧假、产假、休息日、法定节假日、工伤停工留薪期等代替年休假？

除符合《职工带薪年休假条例》第四条规定的寒暑假、事假、病假之外，不可以用其他假期代替年休假。

问题34 休息休假权益被侵害该如何维权？

（1）可向单位工会反映，与单位协商解决；

（2）可向本单位劳动争议调解委员会申请协商调解解决；

（3）可拨打市人社局电话投诉；

（4）可向单位所在地劳动监察部门投诉；

（5）可向劳动合同履行地或者用人单位所在地劳动争议仲裁委员会申请仲裁。

第十二章
规章制度篇

问题1 规章制度应当如何制定才符合法定程序？

（1）公布草案征求意见，经职代会或全体职工讨论，提出方案和意见，平等协商确定，如［（2023）京02民终6815号］。

（2）决定实施中，工会或职工认为不适当的，有权提出，协商完善。

（3）应将直接涉及劳动者切身利益的规章制度公示或告知劳动者，如［（2023）京01民终3790号］。

（4）必须体现协商过程，对于职工、职代会、工会的合法合理意见，应当采纳。

（5）国有、集体企业的规章制度必须经职代会审议通过。

（6）规章制度的产生程序，要有保存记录的证据、工会参与的证据。

（7）公示告知可采用张贴、网络、邮件、培训等方式进行。

（8）员工签收时应载明其已全部知晓、认可及同意遵守所签收之规章制度。

问题2 规章制度的法定的协商制定及公示告知程序是什么？

民主讨论—提出方案—平等协商—共同确定—公示告知，如［（2021）京0118民初6656号］。

问题3 规章制度或《员工手册》的合法性指的是什么？

（1）程序合法即需民主程序+告知程序，如［（2015）三中民终字第02173号］。

（2）内容合法即不与现行法律法规相抵触，如［（2023）辽02民终3176号］。

（3）《员工手册》未经民主程序制定，或劳动者提出合理质疑，用人单位依此解除劳动合同违法，如［（2017）京02民终6959号］。

问题4 公司单方解除劳动合同一定要通知工会吗？

企业就算理据充分，单方解除劳动合同时如不通知工会，便意味着程序不合法，即视为违法解除。

问题5 公司单方解除劳动合同一定要将解除决定告知劳动者吗？

对，否则违法。

《最高人民法院关于审理劳动争议案件适用法律问题的解释（一）》（法释〔2020〕26号）第四十四条："因用人单位作出的开除、除名、辞退、解除劳动合同、减少劳动报酬、计算劳动者工作年限等决定而发生的劳动争议，用人单位负举证责任。"

问题6 规章制度的8大硬伤是什么？

（1）用人单位没有相关规章制度，无"法"可依；

（2）规章制度没有相关规定的，无的放矢，［（2014）朝民初字第33940号］；

（3）规章制度没有依民主程序制定，完全由用人单位单方制作，如［（2014）朝民初字第33940号］和［（2015）三中民终字第02173号］；

（4）规章制度没有公示或告知劳动者，或没有证据显示已经公示或告知；

（5）规章制度内容违法或不合理（如予以罚款、末位淘汰、限制如厕时间等）；

（6）规章制度内容相互冲突或与劳动合同约定不一致；

（7）没有证据证明员工有严重违规行为，如［（2023）沪01民终1344号］和［（2014）朝民初字第33940号］；

（8）员工的违规行为被一事二罚、重复处理，即同一违规行为不能受到一次以上的处分或一种以上不同形式的处分。

问题7 公司可以一年后对员工的违规行为作出处理吗？

可能视为用人单位放弃处分权。

问题8 公司可以对员工的违规行为进行累加记录吗？

要避免溯及既往劳动合同期间的违规行为。如果员工多次签订固定期限劳动合同，处分本合同期内发生的违规，应避免溯及前期合同内的违规，以及连续计算违规次数。

问题9 规章制度未经完全民主程序，是否有效？

原则上有效，但是应当告知劳动者（如广东）。

问题10 规章制度民主程序有瑕疵，但内容不存在明显不合理，是否有效？

仍然有效（如深圳，要求不违法、有公示）。

问题 11 〉 双方无法就规章制度的内容协商确定时，最终决定权在哪一方？

这是双决还是单决的问题。双方有争议，协商不成时，用人单位拥有最终决定权（如深圳）。

问题 12 〉 制定规章制度时不符合《企业民主管理规定》，必然导致无效吗？

不一定（如宁波，职代会可认定有效）。《企业民主管理规定》（2012年）主要是针对国有资产而言的。

问题 13 〉 所有的企业规章都需要经过民主程序吗？

不是（如《财务人员内部管理规定》）。

问题 14 〉 《中华人民共和国劳动合同法》实施前已经形成的规章制度，需补民主程序吗？

不需要（如北京、深圳）。

问题 15 〉 新劳动者入职，还需要对规章制度履行民主程序吗？

不需要。

问题16 需要经过民主程序的HR常规政策、制度有哪些？

（1）劳动报酬：《薪酬管理制度》与《绩效管理制度》。
（2）工作时间：《考勤与工时管理制度》。
（3）休息休假：《休息休假管理制度》。
（4）劳动安全卫生：《劳动安全卫生管理制度》。
（5）保险福利：《薪酬福利管理制度》。
（6）职工培训：《培训管理制度》。
（7）劳动纪律：《奖惩管理制度》。
（8）劳动定额管理：《计件管理制度》。

问题17 劳动争议裁判规则中，民主程序对规章制度有什么重要作用？

（1）旷工数月是否经过民主程序不影响定性。
（2）未举证经民主程序制定，不予采纳。
（3）考评制度未履行民主程序不合法。
（4）使用关联企业制度未履行民主程序不合法。
（5）关联公司之间不能混同履行民主程序。

问题18 用人单位可以对员工进行罚款吗？

（1）2008年已废止的《企业职工奖惩条例》第十一条规定：可以罚款。
（2）《中华人民共和国行政处罚法》规定：只有被授权的国家行政机关才有罚款权。
（3）《广东省劳动保障监察条例》第五十条规定：用人单位的规章制

度规定了罚款内容的，责令改正，给予警告；已对劳动者实施罚款的，责令限期改正；逾期未改正的，按照被罚款的人数每人2000～5000元的标准处以罚款。

（4）《深圳经济特区和谐劳动关系促进条例》第十六条、《深圳市员工工资支付条例》第三十四条：处分金额或经济处罚不超过当月工资的30%，且扣除后不得低于最低工资标准。

（5）《江苏省工资支付条例》第十二条第四项：给用人单位造成经济损失，用人单位按照劳动合同的约定以及依法制定的规章制度的规定需要从工资中扣除赔偿费的。

问题19 哪些地区用人单位无权对员工进行罚款？

参考以下地区案例：

（1）北京［（2023）京02民终7050号］和［（2023）京03民终6282号］；

（2）上海［（2019）沪01民终13217号］；

（3）广东［（2021）粤03民终33752号］和［（2020）粤04民终564号］；

（4）安徽［（2021）皖0604民初112号］；

（5）湖南［（2020）湘01民终5914号］；

（6）河北［（2020）冀01民终6827号］；

（7）内蒙古［（2019）内民申440号］。

问题20 哪些地区用人单位有权对员工进行罚款？

（1）四川成都。

（2）湖南岳阳。

（3）上海：要求规章制度制定合法，员工已经签收确认。

（4）北京：罚款条款已经过民主程序且公示的，合法，如［（2020）京03民终2629号］。

（5）江西：经济制裁是企业行使经营自主权的体现，这与国家机关面向不特定对象行使社会管理职权，作出罚款等行政或司法行为，有着本质区别，如［（2020）赣04民终74号］。

（6）浙江：依法制定并经职代会批准的厂规厂纪中明确规定可以扣减劳动者工资的，不属于《工资支付暂行规定》第十五条中所称"克扣"之情形，如［（2019）浙0902民初2874号］。

问题21 员工迟到、早退、旷工，公司相应扣减一定数额的绩效工资违法吗？

满足下列条件则不违法：

（1）制度经过民主程序制定；

（2）已经公示告知员工；

（3）扣减金额不超过员工当月工资的20%，且扣除后余额未低于最低工资标准。

问题22 迟到一次，罚款100元、200元或500元违法吗？

违法。用人单位不具行政处罚权，以及规章制度不具民主程序，未告知员工，如［（2022）沪01民终13168号］和［（2021）粤03民终7503号］。

问题23 旷工3天，视为自动离职有风险吗？

有风险。自动离职后职工未与其它单位建立劳动关系的，则与原单位劳动关系处于不确定状态，此期间发生的风险由原单位承担（包括工伤风险）。

问题24 绩效考核处于末位的员工，单位直接解除劳动合同违法吗？

末位淘汰及其变种竞争上岗均属违法。

问题25 工资中包含社保，违法吗？

缴纳社保是法定义务及责任，私下约定无效。

《最高人民法院关于审理劳动争议案件适用法律问题的解释（二）》（征求意见稿）第二十三条："用人单位与劳动者有关不缴纳社会保险费的约定无效。劳动者与用人单位约定不缴纳社会保险费，劳动者以用人单位未依法缴纳社会保险费为由请求支付经济补偿的，人民法院应予支持。用人单位补缴社会保险费后，请求劳动者返还已给付的社会保险补偿的，人民法院应予支持。"

问题26 员工劳动合同期内辞职，须交纳相当于一个月工资的违约金吗？

违法。仅外部专项技术培训服务期及竞业限制可以约定违约金。

问题27 由于岗位特殊，要求员工入职3年内不能结婚、怀孕，违法吗？

违法。侵犯了员工的婚姻自由权和生育权。

问题28 员工试用期期间不享受年休、病、婚、丧、产假，违法吗？

违法。只要符合条件，均可正常享受。

问题29 单位安排加班，员工应无条件服从，违法吗？

违法。

问题30 劳动者嫖娼被行政拘留，单位以旷工为由解除劳动合同合法吗？

（1）仅在劳动者的行为依法构成犯罪并被追究刑责时，用人单位才可解除劳动合同。

（2）被限制人身自由期间，是劳动者客观上无法到岗，应不属于旷工的范畴。

（3）用人单位在此期限内可以拒绝给付劳动报酬。

问题31 劳动者被追究刑事责任后服刑，双方劳动关系是否自动解除？

（1）劳动关系不会自动解除，除非有一方或双方作出解除的意思表示。

（2）劳动者被依法追究刑事责任后，用人单位可以依法与其解除劳动合同，但应当出具书面解除通知并送达劳动者。

（3）劳动者被判刑后，单位未主动解除的，导致争议后需要对劳动关系的解除进行举证。

（4）停发工资停缴社保并不能推导出双方劳动关系解除。

（5）双方均不能举证劳动关系解除情况的前提下，法院一般会认定系用人单位提出、双方协商一致解除劳动合同，用人单位需支付经济补偿金。

（6）法院在计算经济补偿金的年限时，应按照有关规定将劳动者的服刑期间予以剔除。

问题32　员工申请仲裁后不到岗上班，单位能否认定其旷工并解除合同？

（1）劳动合同一经建立，双方均应全面履行（仲裁期间亦不能离岗）。

（2）用人单位依法对劳动者享有用工管理权，劳动者无合理事由拒绝提供劳动的，用人单位可以据此认定其旷工并解除劳动合同。

（3）如果用人单位以劳动者旷工违反劳动纪律（《中华人民共和国劳动法》第二十五条）为由解除劳动合同，而非以严重违反规章制度（《中华人民共和国劳动合同法》第三十九条）为由解除劳动合同，大概率会得到法院支持。

问题33　员工群发对领导的不当言论，能否与其解除合同？

需综合判断规章制度中针对员工发表不当言论这一情形是否作出了明确规定，以及员工发表不当言论的行为的"严重"程度是否足以解除劳动合同。参考以下几点：

（1）员工的主观故意；

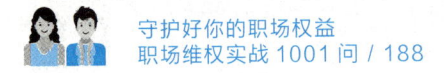

（2）不当言论的内容；

（3）不当言论的传播方法与途径；

（4）影响范围与结果。

问题34 商业秘密的三个构成要件是什么？

（1）秘密性；

（2）实用性；

（3）用人单位采取了保密措施。

问题35 员工拒绝在朋友圈转发工作信息构成违规吗？

（1）有单方变更劳动合同，增加员工义务之嫌疑；

（2）有强令员工加班之嫌疑；

（3）有侵犯私人空间和权利之嫌疑。

问题36 公司对未及时查看邮箱完成工作任务的员工能否解除劳动合同？

（1）认定员工属于"拒不服从合理的工作安排或工作指令"应具备如下要件：工作安排或指令具有合理性；员工明确知晓该工作安排或指令；员工确有拒不服从的主观故意。

（2）用人单位可通过工作邮箱向劳动者发送通知、布置工作任务。

（3）用人单位对劳动者进行管理处分应具有合理性：规章制度的内容必须具有合理性；可在规章制度中规定员工应每日查看工作邮箱；管理处分要与劳动者违反规章制度的严重程度相匹配。

（4）对重要文件进行公示或征求意见时，应采用多种途径：邮件、

OA、钉钉同步。

（5）用人单位在做出管理处分之前应听取员工的申辩意见。

问题37 消极怠工问题中，企业常见的败诉情形有哪些？

（1）无劳动合同及规章制度依据，且又不是以严重违反劳动纪律为由解除劳动合同；

（2）有多个处分的选项，比如有警告、记过、开除的对应选项，但却作开除处分；

（3）工作安排不合理，比如有侮辱性、惩罚性；

（4）没有通知工会，或在起诉前没有通知工会。

问题38 公司的廉洁与回避制度规定，员工之间恋爱或结婚将解除合同，是否有效？

（1）建立利益冲突回避制度时，将回避适用情形和干涉员工恋爱与婚姻自由相区别；

（2）规定直接上下级之间、财务人员与其他部门员工间须建立亲属任职的回避制度；

（3）建立对外业务往来中与亲属任职单位开展业务的回避制度；

（4）明确有关利益冲突情形下员工的报告义务，并可将该义务与违规情形相结合；

（5）员工违反有关制度的，可以调整一方至无利益冲突的岗位或协商解除劳动合同。

问题39 公司每天提前半小时下班，以此折抵年休假合法吗？

（1）年休假应当按"天"计算；

（2）侵犯了《中华人民共和国宪法》《中华人民共和国劳动法》所赋予员工的休息权利，对员工没有约束力；

（3）人事劳动保障部门责令支付年休假工资；公司按此数额加付赔偿金；拒不支付的，人事劳动保障部门或员工均可直接申请法院强制执行。

问题40 "违法兼职"是如何界定的？

（1）与本单位是全日制用工；

（2）与其他单位存在劳动关系；

（3）对本单位的工作造成严重影响或经劝阻后拒不改正。

问题41 公司规章制度规定不能违反公序良俗，什么是公序良俗？

（1）危害国家公序行为类型；

（2）危害家庭关系行为类型；

（3）违反性道德行为类型；

（4）射幸行为类型（例如赌博、买空卖空、彩票等，但经过政府特许的除外）；

（5）违反人权和人格尊重的行为类型；

（6）限制经济自由的行为类型；

（7）违反公正竞争的行为类型；

（8）违反消费者保护的行为类型；

（9）违反劳动者保护的行为类型；

（10）暴利行为类型。

问题42 用人单位是否必须制定劳动规章制度？

是的。《中华人民共和国劳动合同法》第四条第一款："用人单位应当依法建立和完善劳动规章制度，保障劳动者享有劳动权利、履行劳动义务。"

问题43 用人单位在劳动规章制度中规定某岗位实行"包薪制"，是否合法？

（1）可以依法规定某岗位实行包薪制；

（2）包薪制工资数额不得违反最低工资标准及《中华人民共和国劳动法》第四十四条关于加班工资最低计算标准的规定；

（3）违反上述标准的包薪制不具有法律效力，劳动者可以向用人单位主张工资差额；

（4）单位不得利用包薪制损害劳动者获得劳动报酬的权利；

（5）单位还可能因劳动规章制度违反法律、法规规定，承担相关行政责任。

问题44 劳动规章制度中规定劳动者因违反操作规程而发生工伤事故的，用人单位不承担工伤责任，是否具有法律效力？

规定无效：

（1）除了职工存在故意犯罪、醉酒或吸毒、自残或自杀情形之一的，都应当被依法认定为（视同）工伤；

（2）除了在上下班途中，受到非本人主要责任的交通事故或者城市轨

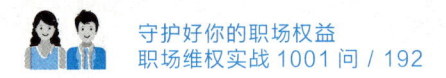

道交通、客运轮渡、火车事故伤害的情形外，违反操作规程等过错，并不影响工伤认定的结果；

（3）只要被认定为工伤，用人单位就应当按照相关项目和标准承担工伤赔偿责任；

（4）规定相关操作规程，是为了加强对劳动者的管理、规范经营秩序，而不能用来逃避工伤赔偿责任；

（5）劳动规章制度中工伤概不负责的规定，实际上否定了工伤认定书的法律效力，侵害了行政机关的法定权力；

（6）工伤概不负责也违反了《中华人民共和国劳动合同法》第二十六条第一款第二项规定，即用人单位免除自己的法定责任、排除劳动者权利的情形。

问题45 劳动规章制度中能否规定劳动者长期请事假，用人单位可不发放工资、不缴纳社会保险？

（1）规定合法有效；

（2）事假期间，劳动关系依然存续的，用人单位仍应为劳动者缴纳社会保险；

（3）双方以书面形式协商一致的，劳动合同可以中止；劳动合同中止期间，劳动关系保留，劳动合同暂停履行，用人单位可以不支付劳动报酬并停止缴纳社会保险费。

问题46 当劳动合同与规章制度相冲突时应如何适用？

（1）当劳动规章制度的规定与劳动合同产生冲突时，原则上应首先适用劳动合同的规定；

（2）特殊情况下，即劳动规章制度的规定对劳动者更为有利时，则按照"有利于劳动者"的原则适用劳动规章制度的相关规定。

问题47 母公司的规章制度能否适用于子公司的员工？

（1）母公司与子公司均是独立的法人，均是《中华人民共和国劳动法》中适格的用工主体；

（2）根据《中华人民共和国公司法》的规定，母公司、子公司依法各自独立承担民事责任；

（3）基于劳动合同的相对性，子公司的劳动者由子公司独立进行管理，与母公司无关；

（4）因此，母公司制定的规章制度并不当然地对子公司的员工具有约束力；

（5）只有子公司履行了《中华人民共和国劳动合同法》规定的规章制度生效的程序，将母公司的规章制度转化为自身的规章制度后，才可以作为规范子公司劳动者的依据。

问题48 员工可否以规章制度违法为由解除劳动合同？

（1）用人单位的规章制度违反法律、法规的规定，损害员工权益的，员工可以此为由解除劳动合同；

（2）员工若以此为由解除劳动合同的，单位须向其支付经济补偿金；

（3）员工以此为由解除劳动合同须具备两个条件：规章制度违反了法律、法规以及有关劳动政策的相关规定（内容违法或程序违法）；因规章制度违法而损害了员工的合法权益。

第十三章
工会职代会

问题1 《中华人民共和国劳动合同法》中有关工会的条款有哪些？

（1）根据第四条，工会在规章制度和重大事项决定实施过程中的建议权；

（2）根据第四十三条，工会在用人单位单方解除劳动合同中的知情权、建议权；

（3）根据第五十六条，工会依法责成用人单位承担侵权责任及依法申请仲裁、提起诉讼的权利。

问题2 司法实践中工会具有什么样的地位？

（1）在企业规章制度的制定或修订、通过、实施过程中的建议权；

（2）与政府、企业共同解决劳动关系的重大问题；

（3）帮助、指导员工与企业订立劳动合同；

（4）经济性裁员或企业单方解除合同时，必须通知并研究工会意见；

（5）代表员工签订集体劳动合同并对其争议进行协商、仲裁、诉讼。

问题3 工会有什么具体的作用？

根据《中华人民共和国劳动合同法》第四十三条内容，工会在劳动合同解除中有监督作用：

（1）用人单位单方解除劳动合同，应当事先将理由通知工会；

（2）用人单位违反法律、行政法规规定或者劳动合同约定的，工会有权要求纠正；

（3）用人单位应当研究工会的意见，并将处理结果书面通知工会。

《最高人民法院关于审理劳动争议案件适用法律问题的解释（一）》

（法释〔2020〕26号）第四十七条："建立了工会组织的用人单位解除劳动合同符合劳动合同法第三十九条、第四十条规定，但未按照劳动合同法第四十三条规定事先通知工会，劳动者以用人单位违法解除劳动合同为由请求用人单位支付赔偿金的，人民法院应予支持；但起诉前用人单位已经补正有关程序的除外。"

问题4 未建立工会组织的，单方解除劳动合同时是否需要通知工会？

（1）正方看法：即使单位尚未建立基层工会，也应当通过告知并听取职工代表的意见的方式或向企业所在地工会、总工会征求意见的变通方式来履行告知义务这一法定程序。

《江苏省劳动合同条例》第三十一条第二款："用人单位单方解除劳动合同，应当事先将理由通知工会；用人单位尚未建立工会的，通知用人单位所在地工会。"如［（2023）苏08民终353号］，与此裁判口径一致或近似的省市有：

安徽［（2021）皖03民终2845号］*；

福建［（2021）闽0213民初1404号］*；

天津［（2017）津01民终5399号］*；

江苏［（2014）锡民终字第0590］；

山东［（2022）鲁17民终2193号］；

辽宁［（2021）辽03民终3450号］；

四川［（2021）川01民终15768号］；

浙江［（2019）浙02民终403号］；

广东［（2019）粤04民终24号］；

山西［（2018）晋01民终311号］；

重庆［（2017）渝04民终1019］；

海南［（2016）琼民申898号］。

（2）反方看法：不应该对《最高人民法院关于审理劳动争议案件适

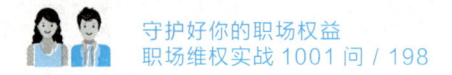

用法律问题的解释（一）》（法释〔2020〕26号）第四十七条作扩大性理解，未建立工会组织的用人单位在依法单方解除劳动合同时，"事先通知工会"不应作为必经程序。

认为"未建立工会或没有工会的用人单位则无此通知义务，不构成程序违法或违反禁止性规定"的典型判例有深圳［（2021）粤03民终14654号］：在上诉人陈×未能举证证实思×公司成立工会的情况下，其主张解除劳动合同未通知工会存在程序违法，本院不予采纳。与此裁判口径一致或近似的省市有：

安徽［（2020）皖02民终499号］*；

福建［（2019）闽05民终4127号］*；

天津［（2017）津0102民初149号］*；

天津［（2017）津01民终5399号］*；

北京［（2019）京02民终11084号］；

北京［（2018）京0102民初28505号］；

上海［（2019）沪民申849号］；

上海［（2018）沪02民终4123号］；

上海［（2018）沪0104民初16424号］；

山西［（2019）晋0702民初5549号］；

云南［（2018）云2504民初393号］。

（后缀"*"者为正反两方均有判例的省市。）

问题5　没有工会的企业能将解除劳动合同的理由事先通知同级工会吗？

可以参考以下案例：

（1）山西［（2018）晋01民终311号］；

（2）广东［（2019）粤04民终24号］；

（3）江苏［（2023）苏08民终353号］。

问题6 认为"未成立工会就能免除通知义务，一方面会助长企业跟风抵制成立工会，另一方面对于已经成立工会的企业，也不公平"的判例有哪些？

（1）安徽［（2021）皖03民终2845号］；
（2）四川［（2021）川01民终15768号］；
（3）辽宁［（2021）辽03民终3450号］。

问题7 认为"事先通知工会乃法定的必经程序，用人单位无论是否建立工会都应履行这一程序，否则构成违法解除劳动合同"的判例有哪些？

（1）广东［（2020）粤民申1407号］；
（2）广东［（2018）粤04民终2971号］；
（3）海南［（2016）琼民申898号］。

问题8 天津高院发布的《天津法院劳动争议案件审理指南》第二十一条第五项是什么内容？

主要内容为：

（1）已经建立工会的用人单位根据《中华人民共和国劳动合同法》第三十九条、第四十条的规定解除劳动合同，事先已经通知工会；或者虽未通知工会，但是在起诉前已经补正有关程序。

（2）未建立工会的用人单位根据《中华人民共和国劳动合同法》第三十九条、第四十条规定解除劳动合同，劳动者以其未通知所在地工会或者行业工会为由主张违法解除劳动合同的，不予支持。

相关判例有：

（1）天津［（2017）津0102民初149号］；
（2）天津［（2017）津0102民初149号］；

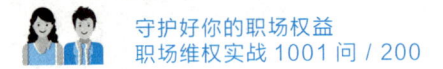

（3）天津［（2017）津01民终5399号］；
（4）江苏［（2017）苏01民终7497号］。

问题9 越级通知工会的判例有哪些？

湖北高院、江苏盐城中院：直接向上一级工会通知并征得同意，程序合法。

问题10 关于"事先通知工会"还有哪些观点？

（1）若严格执行《最高人民法院关于审理劳动争议案件适用法律问题的解释（一）》（法释〔2020〕26号）第四十七条，则不需要通知；因为只规定了有工会要通知，并没有规定无工会企业怎么通知。

（2）即使用人单位尚未建立基层工会，也应当通过告知并听取职工代表的意见的方式或者向当地总工会征求意见的变通方式来履行告知义务这一法定程序，如［（2021）辽03民终3450号］，其中"向当地总工会征求意见"就是越级。

问题11 职工代表大会在替代工会职能中的两次例外是什么？

（1）单位尚未建立基层工会的，可以通过告知并听取职工代表意见的方式或向所在地工会征求意见的变通方式来履行告知义务这一法定程序；

（2）单位尚未建立基层工会的，可以通过组建职工代表大会的方式来变通履行工会在规章制度制定、通过、施行过程中的法定程序。

问题12 可以随意调动工会主席的工作岗位吗？

工会主席、副主席任期内不得随意调动工作岗位，若调动应征得本级工会委员会和上级工会的同意，否则违法，如广东珠海某案［（2019）粤04民终1985号］。

问题13 工会主席、副主席或者委员的劳动合同期限怎么延长？

（1）工会专职主席、副主席或者委员自任职之日起，其劳动合同期限自动延长，延长期限相当于其任职期间；

（2）非专职主席、副主席或者委员，自任职之日起其尚未履行的劳动合同期限短于任期的，劳动合同期限自动延长至任期满。

问题14 什么是劳动合同的解除特别程序？

工会主席任职期间，单位解除其劳动合同的，须征得本级工会和上级工会同意，否则构成违法。

问题15 违法解除工会人员、参加工会活动员工劳动合同的风险是什么？

（1）违反任职期间劳动合同延长期限规定解除劳动合同，或解除或终止劳动合同未经本单位工会和上级工会同意的，要依照《中华人民共和国劳动合同法》规定支付违法解除劳动合同赔偿金；

（2）员工因参加工会活动、或因履行工会工作职责而被解除劳动合同的，除依照《中华人民共和国劳动合同法》规定支付违法解除劳动合同赔偿

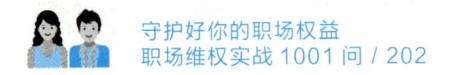

金外，另需依照《中华人民共和国工会法》规定支付被解除合同期间的劳动报酬或本人年收入二倍的赔偿金。

问题16 › 哪些人员不得担任工会委员会委员和主席、副主席？

《工会基层组织选举工作条例》第十一条："单位行政主要负责人、法定代表人、合伙人以及他们的近亲属不得作为本单位工会委员会委员、常务委员会委员和主席、副主席候选人。"

第十四章
劳务派遣篇

问题1 劳务派遣用工只能在哪些岗位可以使用？

临时性、辅助性或替代性的工作岗位：

（1）临时性工作岗位是指存续时间不超过六个月的岗位；

（2）辅助性工作岗位是指为主营业务岗位提供服务的非主营业务岗位；

（3）替代性工作岗位是指用工单位的劳动者因脱产学习、休假等原因无法工作的一定期间内，可以由其他劳动者替代工作的岗位。

问题2 用工单位使用劳务派遣工时，应遵守的内部程序是什么？

（1）用工单位决定使用被派遣劳动者的辅助性岗位，应当经职工代表大会或者全体职工讨论，提出方案和意见，与工会或者职工代表平等协商确定，并在用工单位内公示。

（2）用工单位违反此规定的，由人力资源社会保障行政部门责令改正，给予警告。

（3）给被派遣劳动者造成损害的，依法承担赔偿责任。

问题3 劳务派遣单位应当对被派遣劳动者履行哪些义务？

（1）如实告知被派遣劳动者工作内容、工作条件、工作地点、职业危害、安全生产状况、劳动报酬，以及被派遣者要求了解的其他情况、应遵守的规章制度及派遣协议的内容。

（2）建立培训制度，对被派遣劳动者进行上岗知识、安全教育培训。

（3）按照国家规定和劳务派遣协议约定，依法支付被派遣者的劳动报酬和相关待遇。

（4）按照国家规定和劳务派遣协议约定，依法为被派遣劳动者缴纳社会保险费，并办理社会保险相关手续。

（5）督促用工单位依法为被派遣劳动者提供劳动保护和劳动安全卫生条件。

（6）依法出具解除或者终止劳动合同证明。

（7）协助处理被派遣劳动者与用工单位的纠纷。

（8）法律、法规和规章规定的其他事项。

问题4 实际用工单位应当履行哪些用工义务？

（1）执行国家劳动标准，提供相应的劳动条件和劳动保护。

（2）告知被派遣劳动者的工作要求和劳动报酬。

（3）支付加班费、绩效奖金，提供与工作岗位相关的福利待遇。

（4）对在岗被派遣劳动者进行工作岗位所必需的培训。

（5）连续用工的，实行正常的工资调整机制。

（6）用工单位不得将被派遣劳动者再派遣到其他用工单位。

问题5 劳务派遣中对于同工同酬有哪些要求？

（1）被派遣劳动者享有与用工单位的劳动者同工同酬的权利。

（2）用工单位应当按照同工同酬原则，对被派遣劳动者与本单位同类岗位的劳动者实行相同的劳动报酬分配办法。

（3）无同类岗位劳动者的，参照用工单位所在地相同或者相近岗位的劳动报酬确定。

问题6 被派遣劳动者哪些情形下可以与劳务派遣单位解除劳动合同？

（1）用人单位与劳动者协商一致，可以解除劳动合同；

（2）用工单位未按照劳动合同约定提供劳动保护或者劳动条件的；

（3）未及时足额支付劳动报酬的；

（4）未依法为劳动者缴纳社会保险费的；

（5）用人单位的规章制度违反法律、法规的规定，损害劳动者权益的；

（6）因用人单位以欺诈、胁迫的手段或者乘人之危，使劳动者在违背真实意思的情况下订立或者变更劳动合同，导致劳动合同无效的；

（7）因用人单位免除自己的法定责任、排除劳动者权利，导致劳动合同无效的；

（8）因违反法律、行政法规强制性规定，导致劳动合同无效的；

（9）用工单位以暴力、威胁或者非法限制人身自由的手段强迫劳动者劳动的；

（10）用工单位违章指挥、强令冒险作业危及劳动者人身安全的；

（11）法律、行政法规规定劳动者可以解除劳动合同的其他情形。

问题7 劳动者有哪些情形用工单位可以将其退回，且劳务派遣单位亦可解除劳动合同？

（1）在试用期间被证明不符合录用条件的；

（2）严重违反用工单位的规章制度的；

（3）严重失职，营私舞弊，给用工单位造成重大损害的；

（4）劳动者同时与其他用人单位建立劳动关系，对完成本用工单位的工作任务造成严重影响，或经本用工单位提出，拒不改正的；

（5）劳动者以欺诈、胁迫的手段或乘人之危，使用人单位在违背真实意思的情况下订立或变更劳动合同，导致劳动合同无效的；

（6）被依法追究刑事责任的；

（7）劳动者患病或非因工负伤，在规定的医疗期满后不能从事原工作，也不能从事由用工单位另行安排的工作的；

（8）劳动者不能胜任工作，经过培训或调岗后，仍不能胜任工作的。

问题8 什么情况下，用工单位不得依据客观情况发生重大变化及经济性裁员退回劳动者？

（1）在本单位连续工作满15年，且距法定退休年龄不足5年的（老）；

（2）女职工在孕期、产期、哺乳期的（弱）；

（3）从事接触职业病危害作业的劳动者未进行离岗前职业健康检查，或者疑似职业病病人在诊断或者医学观察期间的（病）；

（4）患病或者非因工负伤，在规定的医疗期内的（病）；

（5）在本单位患职业病或者因工负伤并被确认丧失或者部分丧失劳动能力的（残）；

（6）法律、行政法规规定的其他情形。

问题9 派遣单位与员工之间是什么用工形式？劳动合同期限有什么要求？

（1）只能建立全日制用工形式；

（2）且必须签订2年以上的固定期限劳动合同。

问题10 跨地区派遣劳动者的劳动报酬按什么标准执行？如何支付？

（1）按用工单位所在地标准执行；

（2）按月支付；

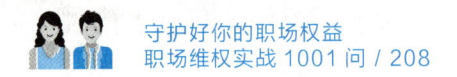

（3）无工作期间，按所在地最低工资标准支付。

问题 11 劳务派遣单位被依法宣告破产、吊销营业执照、责令关闭、撤销、决定提前解散或经营期限届满不再续营的，如何处理与被派遣者的劳动关系？

劳动合同终止，用工单位应当与劳务派遣单位共同妥善安置被派遣劳动者。

问题 12 哪些单位使用劳务派遣不受临时、辅助、替代性岗位和用工比例的限制？

（1）外国企业常驻代表机构；
（2）外国金融机构驻华代表机构；
（3）船员用人单位。

问题 13 将本单位员工派往境外或派往家庭、自然人处工作，是否属于劳务派遣？

不属于。

问题 14 单位可否以承揽、外包等名义，按劳务派遣用工形式使用劳动者？

不可以。

问题15 ▶ 境外劳务派遣能否要求员工支付押金？其劳动过程中产生的费用由谁承担？

（1）不得要求押金或担保；
（2）与工作无关的个人消费自行承担。

问题16 ▶ 劳务派遣单位未发放或未足额发放工伤停工留薪期工资，劳动者能否以未及时足额支付劳动报酬为由要求解除合同并支付经济补偿金？

（1）停工留薪期工资性质为工伤保险待遇；
（2）不属劳动争议，将不获支持。

问题17 ▶ 规章制度未明确规定、劳动合同亦未明确约定的情况下，劳动者严重违反劳动纪律（而不是规章制度），劳务派遣单位能否解除劳动合同？

可依据《中华人民共和国劳动法》第二十五条第二项的规定解除劳动合同。

问题18 ▶ 劳务派遣关系中用工单位的规章制度是否对劳务派遣工产生效力？

需在履行公示告知程序后方具有约束力，如［（2023）吉01民终501号］。

问题19 　劳动者无过错或轻微过错，需要承担赔偿责任吗？

（1）劳动者因故意或重大过失给用人单位造成经济损失的，应予赔偿；

（2）轻微过错，则无需担责，如广东深圳某案〔（2021）粤03民终24084号〕。

问题20 　确定劳动者赔偿金额的原则是什么？

应当根据劳动者过错程度、用人单位或其他配合者有无过错等原因，以及过错比例、损失大小、岗位职责、薪酬水平、劳动合同是否继续履行等因素来综合确定应承担责任的大小——即需遵循公平合理之原则，如〔（2017）京02民终223号〕。

问题21 　员工依法承担赔偿责任的各种情形及其具体处罚尺度是什么？

（1）一般过失性错误造成的损失，每月扣除部分不得超过劳动者当月工资的20%（深圳为30%），且扣除后剩余工资部分不得低于当地月最低工资标准。

（2）故意损坏财物造成重大损失甚至构成犯罪的，可报案追究刑事责任，并保留提起刑事附带民事要求赔偿经济损失之权利。

（3）违反保密义务造成损失的，按照保密协议约定要求支付赔偿损失。

（4）因劳动者过错造成第三人损失的，用人单位在赔偿第三人损失后，可依据劳动合同约定或规章制度规定要求劳动者赔偿。

问题22 除职业病及"三期员工"外，其他用工单位可以退工的情形有哪些？

（1）客观情况发生重大变化，致使劳务派遣协议无法履行，以及用工单位需要裁员的；

（2）用工单位被依法宣告破产、吊销营业执照、责令关闭、撤销、决定提前解散或经营期限届满不再续营的；

（3）劳动者严重违纪违规或不能从事、不能胜任工作的。

问题23 用工单位退工后，劳务派遣单位能否解除劳动合同？

原则上不能。除非有以下情形：

（1）劳动者严重违纪违规或不能从事、不能胜任工作；

（2）单位重新派遣时维持或提高劳动合同约定条件而被派遣者不同意的。

问题24 劳务派遣协议终止后用工单位继续用工，派遣劳动者有何权利？

（1）双方被视为成立事实劳动关系；

（2）用工单位不仅须承担社保、工伤赔付等，还有可能因双重劳动关系而承担赔偿责任。

问题25 关于劳务派遣之各地司法判例有哪些？

（1）不具劳务派遣资质：用工单位承担连带赔偿责任，如［（2022）湘07民终2179号］；

（2）假外包、真派遣：用工单位承担连带赔偿责任，如［（2022）鄂01民终11058号］；

（3）派遣单位未购买社保，用工单位承担连带赔偿责任，如［（2021）苏05民终2762号］；

（4）超时加班发生工伤，派遣单位承担连带赔偿责任，如［（2020）苏11民终909号］；

（5）超过退休年龄未享受养老保险待遇，派遣单位承担工伤责任，如［（2021）鲁02行终195号］；

（6）派遣单位与用工单位均无法确定责任大小，双方承担同等责任，如［（2021）鲁16民终1226号］；

（7）派遣单位与用工单位能够确定责任大小、双方按比例承担责任，如［（2019）陕08民终3781号］；

（8）派遣单位与用工单位对工伤责任最终分担进行约定的，约定有效，如［（2019）粤19民终665号］。

问题26 ▶ 关于劳务派遣之"逆向派遣"的司法判例有哪些？

（1）广东韶关［（2015）韶中法民一终字第251号］：由于法律上并未对逆向劳务派遣进行明确的规定，故朱××的主张没有法律依据，本院不予支持。

（2）江苏南京［（2014）宁民终字第5209号］：该逆向派遣行为颠倒了劳务派遣单位、用工单位与劳动者之间的关系，改变了劳动者劳动关系的归属，且损害了劳动者的利益，故应当认定任××与益×公司签订的劳务派遣合同无效。

（3）辽宁鞍山［（2014）铁东民一初字第00864号］：法院认定派遣无效，裁决被派遣工与用工单位建立无固定期限劳动合同关系。

问题27 什么情形下,被派遣劳动者与用工单位成立事实劳动关系,"用工单位"将承担"用人单位"的责任?

(1) 用工单位使用未取得经营劳务派遣业务行政许可资质的单位派遣的劳动者的;

(2) 用工单位使用未依法与劳务派遣单位订立书面劳动合同、劳动合同期满后超过一个月未续订劳动合同的被派遣劳动者的;

(3) 用工单位未与劳务派遣单位订立、续订劳务派遣协议而使用被派遣劳动者的。

问题28 被派遣劳动者在用工单位遭受事故伤害的,应当如何处理?

(1) 由劳务派遣单位申请工伤认定,用工单位予以协助;

(2) 劳务派遣单位承担工伤保险责任,但可以与用工单位约定补偿办法;

(3) 用工单位给被派遣劳动者造成损害的,劳务派遣单位承担连带赔偿责任;

(4) 故用人单位应当与用工单位在劳务派遣协议中约定工伤责任。

问题29 劳务派遣单位是否适用无固定期限劳动合同的规定?

(1) "劳务派遣单位应当与被派遣劳动者订立二年以上的固定期限劳动合同",此系针对劳务派遣关系的特别规定,而《中华人民共和国劳动合同法》第十四条乃一般规定;

(2) 按照特别规定优于一般规定的原则,除双方协商一致外,劳务派遣单位与劳动者无需订立无固定期限劳动合同(如江苏、浙江);

(3) 劳务派遣员工可适用《中华人民共和国劳动合同法》第十四条,

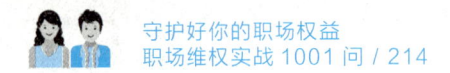

关于应当签订无固定期限劳动合同的规定（如广东、内蒙古）。

问题30 退回的劳动者，劳务派遣单位可以解除劳动合同吗？

（1）劳务派遣单位重新派遣时维持或者提高劳动合同约定条件，被派遣劳动者不同意的，劳务派遣单位可以解除劳动合同；

（2）被派遣劳动者因《劳务派遣暂行规定》第十二条被用工单位退回，劳务派遣单位重新派遣时降低劳动合同约定条件，被派遣劳动者不同意的，劳务派遣单位不得解除合同；

（3）但被派遣劳动者提出解除劳动合同的除外。

问题31 用人单位使用劳务派遣劳动者时，不得出现哪些行为？

（1）用工单位不得将被派遣劳动者再派遣到其他用工单位；

（2）用人单位不得设立劳务派遣单位向本单位或者所属单位派遣劳动者，其中，不得设立劳务派遣单位的主体不仅指本单位不得设立，而且本单位所属单位也不得出资或者合伙设立；

（3）用工单位应当按照《中华人民共和国劳动合同法》第六十二条的规定，向被派遣劳动者提供与工作岗位相关的福利待遇，不得歧视被派遣劳动者。

问题32 劳动者被违法解除劳动合同，是劳务派遣单位还是用工单位赔偿？

（1）劳务用工单位与被派遣者之间不存在劳动关系，真正的用人主体是劳务派遣单位；

（2）如果构成违法解除，应当由劳务派遣单位来承担支付赔偿金的法

问题33 被派遣劳动者如何与劳务派遣单位（用人单位）解除劳动合同？

（1）被派遣劳动者提前30日以书面形式通知劳务派遣单位，可以解除劳动合同；

（2）被派遣劳动者在试用期内提前3日通知劳务派遣单位，可以解除劳动合同；

（3）劳务派遣单位应当将被派遣劳动者通知解除劳动合同的情况及时告知用工单位。

问题34 劳务派遣单位如何为被派遣劳动者缴纳社会保险？

（1）劳务派遣单位跨地区派遣劳动者的，应在用工单位所在地为被派遣劳动者参加社会保险，缴纳社会保险费；被派遣劳动者按照规定享受社会保险待遇；

（2）劳务派遣单位在用工单位所在地设立分支机构的，由分支机构为被派遣劳动者办理参保手续，缴纳社会保险费；

（3）劳务派遣单位未在用工单位所在地设立分支机构的，由用工单位代劳务派遣单位为被派遣劳动者办理参保手续，缴纳社会保险费。

问题35 怀孕派遣女员工休假一直无法正常上班，可否退回劳务派遣单位？

（1）基于"三期"女职工特殊保护原则，不能简单将"三期"女职工退回劳务派遣公司；

（2）与派遣员工存在劳动关系的是劳务派遣公司，用工单位与派遣员

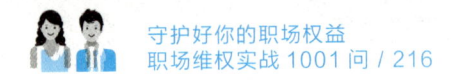

工仅是用工关系；

（3）"三期"女职工不能如正常时期一样提供劳动，用工单位将其退回劳务派遣公司后劳动关系并不必然解除，派遣员工仍可获得相应劳动报酬；

（4）因此，应当允许用工单位将其退回，这也符合劳务派遣用工的灵活性原则。

问题36 原劳务派遣员工转正后派遣工龄该不该承继？

"劳动者非因本人原因从原用人单位被安排到新用人单位工作"的情形包括：

（1）劳动者仍在原工作场所/岗位工作，劳动合同主体由原单位变更为新用人单位；

（2）用人单位以组织委派或任命形式对劳动者进行工作调动；

（3）因用人单位合并、分立等原因导致劳动者工作调动；

（4）用人单位及其关联企业与劳动者轮流订立劳动合同；

（5）其他合理情形。

因此员工在派遣期间的工龄应当计入其在用工单位的工龄。"劳动者仍在原工作场所、工作岗位工作"不应苛刻地理解为劳动者工作场所、工作岗位无任何变化。即便在同一家用人单位，公司根据业务发展对员工的工作进行适当调整也属合情合理；因此，只要劳动者转正前后的工作未发生本质变化，应当予以连续计算工龄。如［（2020）黔23民终2081号］、［（2022）鄂0881民初1895号］和［（2022）辽03民终2528号］。

第十五章
无固定期篇

问题1 固定期限劳动合同到期后不续签的，需要支付经济补偿吗？

（1）用人单位提出不续签的，需要支付经济补偿；

（2）用人单位降低待遇，劳动者不续签的，需要支付经济补偿；

（3）用人单位维持或提高待遇，劳动者不续签的，不需要支付经济补偿。

问题2 签订无固定期限劳动合同的条件是什么？

双方协商一致；以下情形之一的必须订立无固定期限劳动合同，除非劳动者不提出或不同意：

（1）在用人单位连续工作满10年的；

（2）初次劳动合同制或国企改制重订合同时，已连续工龄10年且距退休不足10年的；

（3）连续订立二次固定期限劳动合同，且无《中华人民共和国劳动合同法》第三十九条（单位可以解除的6种情形）和第四十条第一项、第二项情形的（不胜任和因病或非因工负伤导致的不胜任情形）。

问题3 劳动合同期限届满后，出现哪些情形而延续，致使劳动者在同一用人单位连续工作满10年，劳动者可以提出订立无固定期限劳动合同？

（1）从事接触职业病危害作业的劳动者未进行离岗前职业健康检查，或者疑似职业病病人在诊断或者医学观察期间的（疾病）；

（2）患病或者非因工负伤，在规定的医疗期内的（疾病）；

（3）女职工在孕期、产期、哺乳期的（弱势）。

问题4 > 什么样的情形下视为已订立无固定期限劳动合同？

（1）用人单位自用工之日起满一年不与劳动者订立书面劳动合同的；

（2）用人单位自劳动合同期满次日起满一年不与劳动者续订书面劳动合同，但劳动者继续在用人单位工作的；

（3）劳动合同期满前，符合订立无固定期限劳动合同条件的劳动者未书面提出订立固定期限劳动合同，也未书面提出终止劳动合同；劳动合同期满后继续在用人单位工作的。

问题5 > 劳动者连续工作年限满10年后变更用人单位的，连续工龄应当如何认定？

（1）广东、浙江、北京等地：工龄连续计算，经济补偿金不再重复支付。

（2）江苏：因改制重组变更单位，已支付经济补偿金，工龄不连续计算。

（3）上海：已支付经济补偿金，工龄不连续计算。

问题6 > 谁来举证无固定期限劳动合同订立中的"劳动者提出或同意续签劳动合同"？

（1）上海：劳动者就曾经提出及连续工作满10年承担主要举证责任；用人单位就存在特殊例外情形承担举证责任。

（2）广东省高院：某些情形下必须订立无固定期限劳动合同……并不以用人单位同意续订为前提条件；认为应当订立的前提条件之一是双方同意续订劳动合同，属适用法律不当。

（3）深圳中院：当事人举证。

（4）《江苏省劳动合同条例》第十八条：用人单位举证。

问题7 ▶ 无固定期限劳动合同的特殊例外情形有哪些？

（1）已经与用人单位签订了固定期限劳动合同且该劳动合同正在履行的，除非该劳动合同被证明系用人单位采用欺诈、胁迫、趁人之危等手段签订的（上海）；

（2）连续工作年限因原已订立劳动合同期限届满前出现法定续延事由而满十年，法定事由消失，劳动合同终止的（上海）；

（3）符合订立无固定期限劳动合同的情形下与用人单位签订固定期限劳动合同，该劳动合同期满，用人单位不再续订劳动合同的等情形。

问题8 ▶ 以变换用人单位的方式规避无固定期限劳动合同的如何认定？

有下列情形之一，劳动者非因本人原因从原用人单位被安排到新用人单位工作的，劳动者在原用人单位的工作年限合并计算为新用人单位的工作年限：

（1）用人单位以委派形式对劳动者进行岗位变动的；

（2）用人单位因资产业务划转、资产购并、重组等原因导致劳动者岗位变动的；

（3）用人单位安排劳动者在其下属分支机构或者关联企业间流动的；

（4）用人单位及其关联企业与劳动者轮流订立劳动合同的；

（5）法律、法规规定的其他情形。

问题9 ▶ 用人单位与符合签订无固定期限劳动合同条件的劳动者签订了固定期限劳动合同，合同效力如何认定？

如劳动者有证据证明用人单位存在《中华人民共和国劳动合同法》第

二十六条规定情形的（欺诈、胁迫手段或者乘人之危），仲裁机构应当认定固定期限劳动合同无效；反之，则应当认定双方签订的固定期限合同有效。

问题10 ▷ 什么情形下，劳动者可以解除无固定期限劳动合同？

（1）双方协商一致的；

（2）劳动者提前30日以书面形式通知用人单位的；

（3）劳动者在试用期内提前3日通知用人单位的；

（4）用人单位未按照劳动合同约定提供劳动保护或者劳动条件的；

（5）用人单位未及时足额支付劳动报酬的；

（6）用人单位未依法为劳动者缴纳社会保险费的；

（7）用人单位的规章制度违反法律、法规的规定，损害劳动者权益的；

（8）用人单位以欺诈、胁迫的手段或者乘人之危，使劳动者在违背真实意思的情况下订立或者变更劳动合同的；

（9）用人单位在劳动合同中免除自己的法定责任、排除劳动者权利的；

（10）用人单位违反法律、行政法规强制性规定的；

（11）用人单位以暴力、威胁或者非法限制人身自由的手段强迫劳动者劳动的；

（12）用人单位违章指挥、强令冒险作业危及劳动者人身安全的；

（13）法律、行政法规规定劳动者可以解除劳动合同的其他情形。

问题11 ▷ 什么情形下，用人单位可以解除无固定期限劳动合同？

（1）双方协商一致的；

（2）劳动者在试用期间被证明不符合录用条件的；

（3）劳动者严重违反用人单位的规章制度的；

（4）劳动者严重失职，营私舞弊，给用人单位造成重大损害的；

（5）劳动者同时与其他用人单位建立劳动关系、对本职工作造成影响且经提出后拒不改正的；

（6）劳动者以欺诈、胁迫手段或者乘人之危，使用人单位在违背真实意思的情况下订立或者变更劳动合同的；

（7）劳动者被依法追究刑事责任的；

（8）劳动者患病或非因工负伤，在规定的医疗期满后不能从事原工作，也不能从事另行安排的工作的；

（9）劳动者不能胜任工作，经过培训或者调岗后，仍不能胜任工作的；

（10）劳动合同订立时所依据的客观情况发生重大变化，致使劳动合同无法履行，双方协商未果的；

（11）用人单位依照企业破产法规定进行重整的；

（12）用人单位生产经营发生严重困难的；

（13）企业转产、重大技术革新或者经营方式调整，经变更劳动合同后，仍需裁减人员的；

（14）其他因合同订立时所依据的客观经济情况发生重大变化，致使劳动合同无法履行的。

问题12 > 劳动合同以期限划分有几种类型？

固定期限、无固定期限、以完成一定工作任务为期限的劳动合同。

问题13 > 应当签订无固定期限劳动合同但未签订的，有什么法律后果？

（1）自应订立无固定期限劳动合同之日起向劳动者每月支付二倍的工

资（最长11个月）；

（2）超过12个月仍未签订的，视为已订立了无固定期限劳动合同，如[（2014）二中民终字第03705号]。

问题14 ▶ 签订了无固定期限劳动合同就是"铁饭碗"吗？

当然不是。长期并不等于永久，满足一定条件同样可以解除，如问题10和问题11所述。

问题15 ▶ 连续订立两次以完成一定工作任务为期限的劳动合同，劳动者有权要求订立无固定期限劳动合同吗？

不可以。

问题16 ▶ 延长劳动合同期限，能否规避无固定期限合同？

（1）深圳、江苏、合肥、郑州：可以协商一致延长，但累计延长不得超过6个月。

（2）北京、山东：不得延长，否则视为续订劳动合同。

（3）如果视为续订，除上海地区外，意味着届时不仅不得终止，还应续签无固定期限合同。

问题17 ▶ 二次劳动合同期满时单位必须与员工签订无固定期限劳动合同吗？

除劳动者提出订立固定期限劳动合同外，必须订立无固定期限劳动合同。

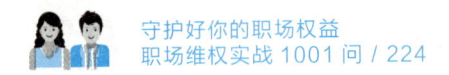

二次劳动合同期满，用人单位已无续签选择权，此类案例如［（2017）粤1971民初17088号］、［（2018）粤19民终71号］、［（2018）粤民申4594号］、［（2019）粤民抗2号］和［（2019）粤民再234号］。

问题18 二次合同期满时，用人单位是否需要主动通知劳动者有权签订无固定期限劳动合同？

（1）劳动者签订无固定期限劳动合同的方式既可以是劳动者提出的方式，也可以是用人单位提出后劳动者同意的方式。

（2）虽然用人单位应当与劳动者续签，但《中华人民共和国劳动合同法》并没有规定此情形下的续签必须是以用人单位同意续签为前提。

（3）认为《中华人民共和国劳动合同法》第十四条明确规定的应当订立无固定期限劳动合同的前提条件之一，是双方同意续订劳动合同，属于适用法律错误，如广东高院的案例［（2017）粤民再460号］、［（2020）粤03民终17549号］、［（2020）粤民申9383号］、［（2020）粤03民终14298号］和［（2020）粤0305民初5773号］。

（4）法律并没有规定劳动合同到期前双方必须提前通知，根据《中华人民共和国民法典》第五百零二条的内容，依法成立的合同，自成立时生效，但是法律另有规定或者当事人另有约定的除外。

问题19 二次劳动合同期满时用人单位有没有权利终止该合同？

（1）主流意见：无权。

（2）广东：有条件有权——允许用人单位在一定条件下终止劳动合同，甚至可能连经济补偿金都无需支付，如按不低于订立无固定期限劳动合同前的标准续订，劳动者拒不接受的，用人单位可以终止劳动合同，且无须向劳动者支付经济补偿金。

问题20 ➤ 二次固定期限劳动合同到期，如何避免用人单位单方违法终止合同？

（1）首次续订劳动合同时，就要做好合同到期后签订无固定期限劳动合同的准备。

（2）第二次固定期限劳动合同届满前，书面征询员工是否续订；员工要求签订无固定期限劳动合同的，应当签订；员工同意订立固定期限劳动合同的，留存相应书面证据。

（3）双方实际续订了固定期限劳动合同的，应当认定为双方之协商一致行为。

（4）对于要求续订无固定期限劳动合同的员工，如认为其存在违纪违规、不能胜任工作等可以解除劳动关系情形的，应证据充分，并在合同届满前告知员工不予续订之理由。

（5）对于要求续订无固定期限劳动合同的员工，应本着合法公平、平等自愿、协商一致、诚实信用原则与其协商确定劳动合同条款；协商不一致的，依集体合同或同工同酬原则确定。

问题21 ➤ 为什么说劳动合同期满的，劳动合同即告终止，用人单位无需另行提前通知，更无需支付1个月代通知金？

（1）劳动合同期限是劳动合同的必备条款；

（2）劳动合同双方对于合同何时到期均应明知；

（3）如果用人单位要续签的，需在劳动合同期满前30天通知劳动者的话，那么反过来说，用人单位不续签的，则无需通知。

问题22 ➤ 用人单位有没有主动通知的义务？

（1）是否需要签订无固定期限劳动合同，双方本就存在理解分歧。

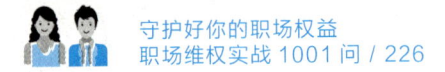

（2）法律并未规定单位必须主动通知；相反，双方协商订立新的固定期限劳动合同，并不违反法律规定。

（3）《江苏省劳动合同条例》第十八条："在《中华人民共和国劳动合同法》实施后，用人单位与劳动者连续订立了二次固定期限劳动合同，且劳动者没有《中华人民共和国劳动合同法》第三十九条和第四十条第一项、第二项规定情形的，用人单位应当在第二次劳动合同期满三十日前，书面告知劳动者可以订立无固定期限劳动合同。"

（4）与江苏类似做法的还有北京、黑龙江、吉林、辽宁、宁夏、新疆（含新疆建设兵团）。

问题23 续订无固定期限劳动合同是否需要协商一致？

（1）在符合订立无固定期限劳动合同的三种情形以及"视为用人单位与劳动者已订立无固定期限劳动合同"的三种情形下（根据《中华人民共和国劳动合同法》第十四条），原有劳动关系并不因劳动合同期限届满而必然终止；

（2）特定条件下，无固定期限劳动合同的订立无须协商一致——尤其是"视为用人单位与劳动者已订立无固定期限劳动合同"之情形。

问题24 用人单位负有强制缔约义务吗？

是的。连续签订二次固定期限劳动合同后，续订无固定期限劳动合同无需用人单位同意（根据《中华人民共和国劳动合同法》第十四条），相关案例见［（2017）粤1971民初17088号］、［（2018）粤19民终71号］和［（2019）粤民再234号］。

问题25 双方协商对履行中的劳动合同期限作出变更,是否认定属于签订了两次劳动合同?

如存在恶意规避签订无固定期限劳动合同的,应认定为构成连续两次订立劳动合同。

问题26 连续工作满10年未签无固定期限劳动合同,用人单位应该赔偿员工吗?

(1) 单位既拒绝签订无固定期限劳动合同,又未终止合同,主张二倍工资的差额能否获得法院支持,受诉讼时效和时效抗辩限制;

(2) 用人单位与劳动者协商一致终止劳动合同,用人单位应支付经济补偿金"N"(N指连续工作N年后需支付N月工资数额的补偿金);

(3) 视为已订立无固定期限劳动合同后,用人单位单方违法终止劳动合同的,劳动者可要求经济赔偿金"2N"。

问题27 无固定期限劳动合同可以终止吗?

下列情形之下可以终止:

(1) 劳动者开始依法享受基本养老保险待遇的;

(2) 劳动者死亡,或者被人民法院宣告死亡或者宣告失踪的;

(3) 用人单位被依法宣告破产的;

(4) 用人单位被吊销营业执照、责令关闭、撤销或者用人单位决定提前解散的;

(5) 法律、行政法规规定的其他情形。

问题28 > 无固定期限劳动合同可以变更吗？变更劳动合同未采取书面形式，有效吗？

（1）和其他类型的合同一样，也适用协商变更原则；

（2）变更劳动合同未采取书面形式，但已经实际履行了口头变更内容的劳动合同超过一个月，且变更后的劳动合同内容不违反法律、行政法规、国家政策以及公序良俗，当事人以未采取书面形式为由主张劳动合同变更无效的，人民法院不予支持。

问题29 > 公司应签未签无固定期限劳动合同，要赔双倍工资吗？

（1）第一次劳动合同到期，公司可以不续签，但需支付一年一个月的经济补偿金；

（2）第二次劳动合同到期，员工可以不续签，但公司需支付一年一个月的经济补偿金；

（3）第二次劳动合同到期，公司不可以不续签；

（4）第二次劳动合同到期，员工要求签订无固定期限劳动合同的，公司必须签订，否则，未签而又继续留用的，一是视为无固定期限劳动合同；二是将自应签而未签之日起，向员工支付双倍工资。

问题30 > 外国人可以签订无固定期限劳动合同吗？

（1）应当依法订立劳动合同；

（2）劳动合同期限最长不得超过5年；

（3）劳动合同期限届满即行终止，履行审批手续后可以续订；

（4）外国人没有无固定期限劳动合同；

（5）外国人仍需缴纳五险，但一金不作强制要求。

第十六章
特殊用工篇

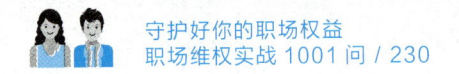

问题1 ▶ 非全日制用工有什么特点？

自1995年起，法律上再无"临时工"一说，其实质就是非全日制用工。

（1）合同形式：劳动合同，书面、口头均可。

（2）工作时间：平均每日工作时间不超过4小时，每周累计不超过24小时。

（3）工资形式和标准：计时或计件工资，小时计酬不得低于当地最低小时工资标准。

（4）工资发放：不得超过15日。

（5）加班费、年休假：没有。

（6）社保购买：须购买工伤保险。

（7）试用期：不得约定试用期。

（8）经济补偿：任何一方均可随时通知对方终止用工且无需支付经济补偿。

（9）劳动关系：允许劳动者建立双重或多重劳动关系。

（10）备案手续：用人单位招用非全日制工，应在录用后到当地劳动保障行政部门办理录用备案手续。

问题2 ▶ 非全日制用工的社保如何购买？

根据劳动和社会保障部《关于非全日制用工若干问题的意见》（2003）第十、十一、十二条的内容：

（1）基本养老保险原则上参照个体工商户的参保办法执行；

（2）基本医疗保险以个人身份参加；

（3）工伤保险费由用人单位缴纳。

问题3 > 标准劳动关系、灵活劳动关系、特殊劳动关系、民事劳务关系、其他用工关系的区别是什么?

类型	对象	性质	措施
标准劳动关系	全日制员工	劳动关系	劳动合同
灵活劳动关系	临时性、非全日制员工	劳动关系（多重劳动关系）	劳动合同（可口头）
特殊劳动关系	停薪留职、内退、下岗待岗、放长假、诉讼人员	不完全劳动关系	劳动合同＋社保协议
民事劳务关系	兼职、实习、个人承揽、退休返聘人员	民事雇佣关系	雇佣合同
其他用工关系	劳务派遣等人员	劳动关系（劳动关系主体与用工主体分离）	劳务派遣协议＋用工合同

问题4 > 什么是灵活劳动关系?

（1）指灵活就业中形成的劳动关系。

（2）灵活就业指在劳动时间、收入报酬、工作场地、保险福利、劳动关系等方面有异于传统主流就业方式的各种就业形式。

（3）以非全日制、临时性和弹性工作等为其特点。

（4）灵活劳动关系就业者画像：

①在各级档案寄存机构寄存档案的与用人单位解除或终止劳动关系的失业人员、辞职人员、自谋职业人员；

②档案寄存期间经劳动人事部门批准的退休人员；

③已办理就业失业登记的未就业人员；

④从事个体劳动的人员；

⑤个体经济组织业主及其从业人员。

（5）灵活劳动关系相关的地方法规：根据《广东省人力资源和社会保障厅关于就业困难人员认定管理的暂行办法》第一条内容，就业困难人员主要包括大龄失业人员、残疾人员、享受最低生活保障待遇人员等。

（6）所谓的"灵活劳动关系"在认定劳动关系上有一定的牵强之处。

问题5 什么是特殊劳动关系？

（1）地方法规：如《上海市劳动和社会保障局关于特殊劳动关系有关问题的通知》（沪劳保关发〔2003〕24号）。

（2）特殊劳动关系是现行劳动法律调整的标准劳动关系和民事法律调整的民事劳务关系以外的一种用工关系。

（3）用人单位使用下列人员之一的形成特殊劳动关系：协议保留社会保险关系人员；企业内部退养人员；停薪留职人员；专业劳务公司输出人员；退休人员；未经批准使用的外来从业人员；符合前条规定的其他人员。

（4）用人单位与劳动者形成特殊劳动关系的，应当参照执行以下劳动标准：工作时间规定；劳动保护规定；最低工资规定。

（5）似是而非的特殊劳动关系：在校生在外兼职（特点是"尚未毕业"，前提是"利用业余时间"，定位是"勤工助学"）；达退休年龄且享受社保待遇者的再就业；家政服务（其工作时间、福利待遇、劳动保障等，都无法用劳动法律法规来调整）；服务对象为自然人而非用人单位；保险、房产代理、房产经纪人员、邮政代办员、电信代办员、银行揽储员等（属于委托代理或代办关系，不属于劳动关系），如［（2016）粤0304民初15739号］；网络主播（与网络平台之间没有管理与被管理，支配与被支配的人身从属性），如［（2021）吉0102民初4780号］。

问题6 什么是民事劳务关系？

（1）一种准劳动关系；

（2）用工方不具备《中华人民共和国劳动法》中用人单位的主体资格，或者具备主体资格但工作内容具有临时性；

（3）由用工方提供工作环境和工作条件；

（4）根据用工方的指示从事生产经营活动；

（5）提供劳务一方因劳务工自己受到伤害的，根据双方各自的过错承担相应责任（根据《中华人民共和国侵权责任法》第三十五条）。

问题7 劳务派遣有什么特点？

（1）严格来说，劳务派遣关系亦可归于劳动关系；

（2）派遣单位与被派遣的劳动者依法签订了劳动合同，因此双方之间是劳动关系；

（3）劳动合同用工是我国的企业基本用工形式，而劳务派遣用工是补充形式，只能在临时性、辅助性或者替代性的工作岗位上来实施劳务派遣。

问题8 实习的依据是什么？

根据教育部等八部门印发的《职业学校学生实习管理规定》的内容，实习包括认识实习和岗位实习：

（1）认识实习指学生由职业学校组织到实习单位参观、观摩和体验，形成对实习单位和相关岗位的初步认识的活动；

（2）岗位实习指具备一定实践岗位工作能力的学生，在专业人员指导下，辅助或相对独立地参与实际工作的活动；

（3）职业学校、实习单位、学生以《职业学校学生岗位实习三方协议（示范文本）》为基础，签订三方协议；实习三方协议（示范文本）的内容不得删减。

问题9 勤工助学的依据是什么？

根据教育部、财政部印发的《高等学校学生勤工助学管理办法》

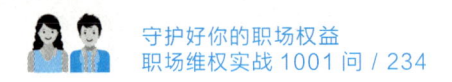

（2018年修订）的内容，勤工助学要注意以下规定：

（1）学生私自在校外兼职，做暑假工、寒假工的行为，视情况构成劳动关系或劳务关系；

（2）不得组织学生参加有毒、有害和危险的生产作业以及超过学生身体承受能力、有碍学生身心健康的劳动；

（3）学生参加勤工助学的时间原则上每周不超过8小时，每月不超过40小时；寒暑假勤工助学时间可根据学校的具体情况适当延长；

（4）校内勤工助学的临时岗位按小时计酬，小时酬金原则上不低于每小时12元人民币，校外则不得低于最低工资标准；

（5）在勤工助学活动中，若出现协议纠纷或学生意外伤害事故，协议各方应按照签订的有关协议协商解决。

问题10　学生私自在校外兼职，做暑假工、寒假工的，成立劳动关系吗？

依照《关于确立劳动关系有关事项的通知》（劳社部发〔2005〕12号）规定，同时具备下列情形的，成立劳动关系：

（1）双方均符合劳动用工主体资格；

（2）劳动者受制度约束、管理约束（人身从属性），提供有偿劳动（经济从属性）；

（3）劳动者提供的劳动乃用人单位业务之组成部分（组织从属性）。

问题11　实习与勤工助学的区别与联系是什么？

项目	实习	勤工助学
参与对象	16～18周岁，须取得监护人的知情同意	没有年龄上的具体规定

续表

项目	实习	勤工助学
工作时间	每日不超过8小时 每周不超过40小时 不得安排加班和夜班	每周不超过8小时 每月不超过40小时
工作报酬	不得低于同等岗位试用期工资的80%	校内：固定岗位，不得低于最低工资标准；临时岗位，不得低于12元/小时 校外：不得低于最低工资标准
备注	见习、认识实习、岗位实习	既不同于实习又不同于兼职打工

问题12　实习、勤工助学属于劳动关系吗？

（1）实习生、在校生不属于劳动者；

（2）社会实习安排、社会实践活动不认定为劳动关系；

（3）实习报酬、勤工助学所得均属于与任职、受雇无关的收入，按照现行《中华人民共和国个人所得税法》的规定，属于劳务报酬所得，参考《国家税务总局关于个人所得税若干业务问题的批复》（国税函〔2002〕146号）；

（4）见习、实习、勤工助学产生的争议不属于仲裁委、人民法院的劳动案件受理范围。

问题13　何谓混同用工、关联用工？

指劳动者已经与一家用人单位签订劳动合同或建立事实劳动关系后，被抽调、委派、借调到有关联的其它单位工作，或经常安排非本单位的工作任务。这可能存在劳动合同订立单位、社保参保单位、工资支付单位三位非一体的现象。

问题14 > 混同用工、关联用工有什么特点？

（1）混同用工、关联用工的各用人单位，工商登记名称虽各不相同，但注册地址、经营地址相同或相近，工作地点相同或相近，经营行业相同或相近，业务或财务均呈混淆状态；

（2）各自的工商登记的法定代表人、股东、高管人员、监事、董事成员存在交叉任职，或各成员又是家庭成员的现象。

问题15 > 混同用工、关联用工的表现形式及成因是什么？

（1）"一套人马，两块牌子"，也就是关联企业"人格混同"导致的混同用工、关联用工。两家或多家公司的法定代表人或实际控制人为同一人或具有亲属关系，两家公司的办公场所、人员、业务内容、财务等同一或高度混同，即财产、人事、财务、业务交叉重合，每个企业均丧失了人格独立性，其意志已化二（多）为一。

（2）利用总/分公司、母/子公司关系，交替用工，以此规避连续工龄（本企工龄）、降低企业经济补偿支出、规避无固定期限劳动合同。

（3）以"项目合作"之名行混同用工、关联用工之实。一旦发生纠纷后，关联公司往往主张相互之间存在"项目合作"关系，彼此否认用人单位身份。

（4）采用出租经营合同、承包合同等形式，隐蔽用工。

（5）利用逆向劳务派遣转移用工。

问题16 > 混同用工、关联用工中的劳动关系如何认定？

（1）劳动者未与任何一家公司签订劳动合同或劳动者与各公司之间的

劳动合同在期限上存在重合；

（2）用工管理（工资、社保）的主体，与劳动合同上用人单位的主体不一致（工资发放是否有重叠；社保清单的缴纳主体是否反复）；

（3）企业财务混同，各公司使用共同账户，资金来源及支配未作区分；

（4）先以劳动合同的签订主体作为劳动关系认定的依据；

（5）再以实际用工管理的主体作为劳动关系认定的依据。

问题17 混同用工、关联用工有哪些司法实践判例？

（1）劳动者请求两个或以上公司对混同用工行为承担连带责任的，应予支持，如［（2019）湘民再684号］。

（2）虽与其中一家用人单位存在书面劳动合同，但存在混同用工的，判令两公司承担连带责任，如［（2019）京民申2433号］。

（3）存在混同用工的，关联公司应当承担连带责任，如［（2021）鲁01民终8056号］和［（2019）鲁01民终3639号］。

（4）北京、吉林：订立劳动合同的，按劳动合同确认劳动关系；未订立劳动合同的，可据工资发放、社保缴纳等判断；交叉轮换使用劳动者的，由一家用人单位承担责任，或由多家用人单位承担连带责任。

（5）山东：在关联公司混同用工，劳动者与关联公司均符合劳动关系特征的情况下，对于劳动关系的确认享有选择权，但其劳动权益不能重复享受。

（6）浙江：劳动者被派往其他单位工作，并在其他单位领取工资或办理社会保险，因用工关系发生争议的，指派单位和实际用工单位应作为共同当事人并承担连带责任。

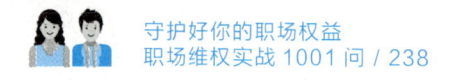

问题18 最高院关于混同用工、关联用工的司法解释是什么？

《最高人民法院关于审理劳动争议案件适用法律问题的解释（一）》（法释〔2020〕26号）第四十六条第一款："劳动者非因本人原因从原用人单位被安排到新用人单位工作，原用人单位未支付经济补偿，劳动者依据劳动合同法第三十八条规定与新用人单位解除劳动合同，或者新用人单位向劳动者提出解除、终止劳动合同，在计算支付经济补偿或赔偿金的工作年限时，劳动者请求把在原用人单位的工作年限合并计算为新用人单位工作年限的，人民法院应予支持。"

问题19 混同用工、关联用工中有哪些连带责任的司法实践判例？

（1）〔（2019）京01民终6248号〕：张×实际为两家公司提供劳动、两家公司为张×支付劳动报酬，并交叉轮换使用劳动者；故认定上述二公司构成混同用工，应当对张×的给付请求承担连带责任。

（2）〔（2018）沪02民终11618号〕：故岳××与遨×公司存在劳动关系，但威××公司作为关联公司应就遨×公司向岳××支付工资以及未签合同双倍工资差额承担连带责任。

（3）〔（2019）浙01民终9469号〕：判决锦×××公司、×××鼎公司连带支付陈××项目融资奖励。

（4）〔（2019）粤01民终23817-23820号〕：基于三公司之间的关联性，以及三公司存在对吕××混同用工的情况，本院支持吕××主张，三公司在本案中应就经济补偿金的给付共同承担相应责任。

（5）〔（2018）粤03民终13950号〕：由于上述三公司存在对谢×混同用工的事实，故谢×于三公司的工作年限应当连续计算；全××公司应向谢×支付解除劳动合同经济补偿，另二公司承担连带责任。

问题20 人社部共享用工新规有哪些亮点？

（1）共享用工方式获官方认可和支持；

（2）共享用工应签署合作协议以明确权利义务；

（3）共享用工的实施对象不包括劳务派遣员工；

（4）实施共享用工需征求员工意见，以协商一致为原则；

（5）共享用工期限不得超过原劳动合同期限；

（6）员工于企业停工期间自谋职业不属于共享用工；

（7）共享用工期间缺工单位应承担部分劳动法义务；

（8）提前中止共享用工需分类处理；

（9）共享用工期限届满的应及时厘清各方关系；

（10）用人单位不得以共享用工之名，行劳务派遣之实。

问题21 实际共享用工中，会产生哪些劳动关系的认定纠纷？

（1）认定员工与原来企业存在劳动关系的判例：[（2013）崇民初字第071号]和[（2019）闽01民终422号]。

（2）认定员工与缺工企业存在劳动关系的判例：[（2017）浙02民终1951号]和[（2019）苏0582民初4945号]。

（3）借用《工伤保险条例》第四十三条第三款的内容中，关于原用人单位与借调单位可以约定工伤补偿之办法，原来企业和缺工企业可以自由约定工伤保险的责任承担。

实践中，法院可能会要求缺工企业一方先行承担工伤保险赔偿责任，再依据借用协议向原来企业追偿，如[（2016）赣10民特4号]。

（4）认定员工与缺工企业存在劳动关系的，如[（2019）粤01民终8862号]，依据便是事实劳动关系认定的黄金三原则，如[（2021）粤03民终4456号]：

①双方均符合劳动用工主体资格；

②劳动者受制度约束、管理约束（人身从属性），提供有偿劳动（经济从属性）；

③劳动者提供的劳动乃用人单位业务之组成部分（组织从属性）。

问题22 共享用工还有哪些特殊判例？

（1）法院通过对劳动者与骑手公司之间的入职面试、工资发放、日常管理、社保缴纳等事实进行梳理，确认双方之间存在劳动关系；故即使用人单位与劳动者签订《工程分包协议》，也不能解除双方的劳动关系，如[（2022）鲁10民终849号]。

（2）订立经纪合同的网络主播与合作公司之间不成立劳动关系，如[（2021）吉0102民初4780号]。

（3）千变万变，劳动法规标准不变。无论何种形式用工，都须在"劳动合同单位、工资表和支付单位、社保参保单位、离职手续办理单位"上明确统一为同一个单位，并在此原则下管理劳动关系。

问题23 关联用工的常见类型有哪些？

集团公司、母/子公司之间的人员借调、委派。

问题24 关联用工问题中劳动关系如何认定？

相同观点：难以查明劳动者实际工作状况的，首先以劳动合同签订主体作为认定劳动关系的依据；未订立劳动合同的，可以根据发放工资主体、缴纳社会保险主体、工作地点、工作内容，作为判断是否存在劳动关系的因素，进行综合认定。

不同之处：劳动关系认定时各方的意思自治空间不同，如山东省给了劳动者个人更大的选择权，即在关联公司混同用工，劳动者与关联公司均符合劳动关系特征的情况下，劳动者对于劳动关系的确认享有选择权；但是，劳动关系项下的劳动权益不能重复享受。

问题25 ▶ 关联用工问题中劳动关系的判定逻辑是什么？

（1）劳动者未与任何一家公司签订劳动合同；

（2）对劳动者进行用工管理（如发放工资、缴纳社保等）的主体，与劳动合同上的用人单位主体不一致；

（3）在签订劳动合同的情况下，以劳动合同的签订主体作为劳动关系认定的依据；

（4）以实际用工管理的主体作为劳动关系认定的依据。

问题26 ▶ 关联用工问题中如何认定劳动合同签订的次数？

（1）浙江：累计计算。北京、广东、山东：均强调是否存在规避签订无固定期限劳动合同的恶意。

（2）劳动者前后的工作地点、内容等是否发生变化，如果劳动者前后的工作地点、岗位、内容等均未发生变化，而只是独立的关联企业之间轮流与劳动者签订合同，则应当认为用人单位存在恶意规避的情形。

（3）两家关联公司之间交替履行剩余合同期限的，不应视为两次签订固定期限合同。

问题27 > 关联用工问题中规章制度怎么适用？

（1）江苏高院：有独立法人资格的子公司执行母公司的规章制度，如子公司履行了民主程序，在子公司内向劳动者公示或告知的，其规章制度可以作为处理子公司劳动争议的依据。

（2）其他地区：原则上不能当然适用。个别案例中会对民主程序瑕疵有部分宽容，但在公示程序上，需要单独告知劳动者。

问题28 > 尚未纳入规范的还有哪些关联用工问题？

（1）工伤相关的社保问题（可以按照借用处理的除外）；
（2）工资发放的个人所得税扣除；
（3）在此前关联单位办理了离职手续的工龄和次数是否连续；
（4）涉及跨国公司之间调动的工龄和次数是否连续等。

问题29 > 关联用工问题中，如何应对未订立书面合同的二倍工资差额问题？

（1）一种情况为关联公司均未签订书面劳动合同：该种情况下，最终被认定与劳动者存在劳动关系的主体有义务与劳动者签订书面劳动合同，否则该主体需要向劳动者支付未签订劳动合同的双倍工资差额，另一混同用工主体将对此承担连带责任。

（2）另外一种情况，劳动者与其中一方签订书面劳动合同，与另一方未签订书面劳动合同：劳动者要求确认与另一方存在劳动关系，进而要求未订立书面劳动合同二倍工资；该种情况下，劳动者未签订劳动合同而要求支付二倍工资差额的主张不会得到支持。

问题30 > 关联用工问题中的给付责任的连带承担指的是什么？

（1）在确认存在混同用工的情况下，关联公司对应该支付的各项费用承担连带清偿责任；

（2）如果员工只要求其中一家公司承担责任，则可以由这一家公司承担责任。

问题31 > 关联用工问题中的工伤保险责任是什么？

（1）在关联公司借调使用员工的情况下，对外由原用人单位承担工伤保险责任，对内原用人单位与借调单位可以约定补偿办法；

（2）对于非借用关系的关联和混同用工，还应当首先确定劳动关系，再根据劳动关系确定工伤责任的承担；

（3）至于其他社保等问题，同样以劳动关系作为确认依据。

问题32 > 特殊人群的劳动用工风险是什么？

（1）"三期"女职工、工伤员工、医疗期员工等：工作时间有优待；工作岗位有限制；劳动合同解除或终止有限制。

（2）未成年工：工作岗位有严格的限制，有很多禁忌岗位；考虑到未成年工的身体发育，单位在安排工作时间时要尽量避免延长工作时间。

（3）非全日制用工：指以小时计酬为主，劳动者在同一用人单位一般平均每日工作时间不超过4小时，每周工作时间累计不超过24小时的用工形式。

（4）实习生：

①实习主体有限制：应年满16周岁且非一年级技校学生，且对16岁至

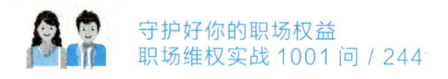

18岁期间的学生，应征得学生监护人签字同意；

②书面合同有限制：虽不签劳动合同，但需要在学生实习前，和学校及学生签订三方实习协议，协议的必备内容有明确规定；

③实习期限有限制：一般不超过6个月；

④工作时间有限制：不得安排学生在法定节假日实习，不得安排学生加班和夜班，且普通员工享有的休息休假规定也应当提供；

⑤工作岗位有限制；

⑥劳动报酬有限制：原则上不低于本单位相同岗位试用期工资标准的80%；

⑦保险缴纳有限制：需要为实习生投保实习责任保险。另一类是学生自主选择实习单位或普通院校与企业合作安排实习：即包含我们常说的非技校生顶岗实习，勤工俭学。

（5）退休返聘人员：权利义务书面约定清楚；事故赔偿责任分摊。

（6）灵活用工人群（劳务派遣人员；业务外包人员）：注意区分外包人员的身份；不要直接介入外包人员的管理；不能直接解除外包人员，须通过外包公司介入，或要求进行人员更换。

第十七章

劝退自离篇

问题1 ▶ 劝退和辞退的联系是什么？

（1）两者都无法可依：《中华人民共和国劳动法》或者《中华人民共和国劳动合同法》中均没有"劝退"这一法律概念；《中华人民共和国劳动法》第二十六条，或《中华人民共和国劳动合同法》第四十条提及的"N+1"条款，以及《中华人民共和国劳动合同法》第三十六条的协商条款，最为接近"劝退"的字面含义。

（2）"辞退"源于《国营企业辞退违纪职工暂行规定》，1986年7月12日由国务院发布，已于2001年10月6日废止。

（3）劝退与辞退的联系在于，两者都是用人单位解除劳动合同的方式，但劝退的强制性较辞退弱。

问题2 ▶ 劝退和辞退有什么区别？

（1）性质不同：劝退意味着协商，适用于违纪违规行为较轻者；辞退则是用人单位主动提出甚至强行解除劳动关系，一般适用于严重违纪违规者。

（2）后果不同：劝退成功，双方协商解决，单位可以免除支付经济补偿金的义务；而辞退员工，或无需支付经济补偿金（根据《中华人民共和国劳动合同法》第三十九条），或需支付经济补偿金（根据《中华人民共和国劳动合同法》第四十、四十一条）；若无任何理由、证据辞退员工，则构成违法解除劳动关系，需支付双倍赔偿金。

（3）风险不同：劝退风险相对较小；辞退若无合理合法理由，极有可能构成违法解除劳动关系，法律风险更大。

问题3 各地有哪些劝退的司法判例？

（1）北京某案：公司主张因王×的能力未达到岗位标准被劝退，但未提交相关证据；法院视为公司提出，双方协商一致解除劳动合同，公司应支付解除劳动关系的经济补偿金。

（2）广东[（2020）粤03民终24715号]：用人单位劝退员工辞职，员工在辞职申请上写明"公司要求"；二审法院判单位构成违法解除，需支付解除合同补偿金84444.5元。

（3）广东[（2018）粤民申6285号]：劝退也仅能说明公司曾经实施过劝说或建议辞职的行为，最终是否离职的主动权仍然由王××自己掌握，因此裁定驳回其再审申请。

（4）广东[（2018）粤01民终8742号]：即便钟×提交的微信聊天记录可以证实甲公司存在劝退行为，但甲公司也只是实施了劝说或者建议行为，最终是否离职的决定权或主动权仍然由钟×自己掌握；故二审法院判决驳回上诉，维持原判。

（5）湖北某案：屠×认为自己在提出离职前，并无向公司辞职的意思表示；公司认为屠×试用期不符合要求，却不愿辞退屠×，而是采取劝退方式，由其提出主动离职；屠×权衡后自行申请离职，双方之间视为协商一致解除，故公司应当向屠×支付经济补偿金。

（6）陕西某案：杨×向仲裁庭提交了公司出具的劝退通知和离职证明，证明公司单方解除劳动合同；而公司除了认为员工"业绩差"外，却无法提供任何可以单方解除杨×的合法合理依据，故被裁决为违法解除，需支付杨×违法解除劳动合同的经济赔偿金8万余元。

问题4 用人单位恶意规避《中华人民共和国劳动合同法》第十四条的无效行为有哪些？

下列情形中，劳动者的工作年限和订立固定期限劳动合同的次数仍应

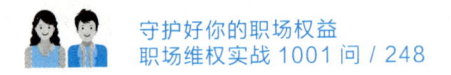

连续计算：

（1）为使劳动者"工龄归零"，迫使劳动者辞职后重新与其签订劳动合同的；

（2）通过设立关联企业，在与劳动者签订合同时交替变换用人单位名称的；

（3）通过非法劳务派遣的；

（4）其他明显违反诚信和公平原则的规避行为。

问题5 《深圳经济特区和谐劳动关系促进条例》第二十四条第一款内容是什么？

内容为："用人单位与劳动者解除或者终止劳动合同，在六个月内重新订立劳动合同的，除因劳动者违反《中华人民共和国劳动合同法》第三十九条规定被用人单位解除劳动合同外，劳动者在本单位的工作年限应当连续计算。"

这就是说，员工"买断工龄"后仍然还在本单位工作的，或确已离职，但在六个月内重新入职的，其工龄仍应连续计算。

问题6 工龄能被清掉吗？

（1）广东深圳××公司于2016年初欲由深圳布吉街道搬迁至平湖街道时，基于劳动者全员罢工和政府压力，公司与绝大部分员工（超过95%）"买断工龄"，并在深圳市龙岗区人民法院做了司法确认。

（2）但在2018年年初公司结业时，深圳平湖劳动站仍要求将全部员工按照连续工龄计算经济补偿金，减去之前即2016年企业已提前支付的部分，然后支付剩余部分。

（3）实践证明：通过提前支付经济补偿即"买断工龄"的做法，一是并不能真正达到节省经济补偿金之目的；二是从实践上来看，工龄不能买、也买不断，至多仅仅是将工龄补偿（一年一个月工资标准）分批、分段、分期支付而已；换言之，劳动关系与工龄始终同在。

问题7 > 如何正确理解"自动离职"的含义及其法律属性？

（1）员工根本违约自离时，属单方违法解除劳动关系，企业保留追讨损失之权利。

（2）员工旷工违规自离时，如果仅仅"视为自离"的话，大概率会因未将或未能将解除劳动合同的通知送达员工本人，因此留下双方劳动关系并未解除的隐患。

（3）员工"辞职不批"自离时，双方可能各执一词：可能被视为协商一致解除，员工以辞职的意思表示放弃经济补偿金；也可能被视为双方均未能充分举证，故比照协商一致解除劳动合同的情形判令单位支付经济补偿金。

（4）员工依法被迫自离时，企业将支付经济补偿金。

问题8 > 《广东省高级人民法院、广东省劳动人事争议仲裁委员会关于审理劳动人事争议案件若干问题的座谈会纪要》第二十九条（粤高法〔2012〕284号）仍然适用吗？

该审判业务文件已于2021年1月1日起废止，但其中的合理成分仍然被运用于实际裁判中，如第二十九条："双方均无法证明劳动者离职原因的，可视为用人单位提出且经双方协商一致解除劳动合同，用人单位应向劳动者支付经济补偿。"

问题9 北京市一中院、北京市海淀区人民法院之［（2012）海民初字第14606号］判例有什么特别之处？

由于双方均未能充分举证，而双方的劳动关系已事实解除但原因不明，故可比照协商一致解除合同情形判令用人单位支付经济补偿金。

问题10 重庆市高院之［（2018）渝民再310号］、重庆市第五中级人民法院之［（2017）渝05民终7617号］判例有什么特别之处？

双方对解除的原因各执一词的……认定双方协商一致解除劳动关系。

问题11 "末位淘汰"违法吗？

根据最高人民法院《第八次全国法院民事商事审判工作会议（民事部分）纪要》的第29条的内容，用人单位在劳动合同期限内通过"末位淘汰"或"竞争上岗"等形式单方解除劳动合同，劳动者可以用人单位违法解除劳动合同为由，请求单位继续履行劳动合同或者支付赔偿金。

问题12 末位淘汰制度的基本特征是什么？

（1）相对评价；

（2）必然末位；

（3）无法可依。

问题13 不胜任与末位淘汰之重大区别是什么？

（1）不胜任有法可依（根据《中华人民共和国劳动合同法》第四十条），末位淘汰则无法可依；

（2）末位者并非一定不胜任，其标准有可能高过不胜任；

（3）不胜任有缓冲和机会（培训或调岗），而末位淘汰则一招毙命；

（4）不胜任有偿（N+1），末位淘汰无偿。

问题14 用人单位能依据"末位淘汰制"对劳动者调岗调薪吗？

（1）单位根据未实际考核的培训情况直接判断劳动者不能胜任工作解除劳动合同的，属于单方面违法解除，如［（2021）吉01民终5876号］。

（2）用人单位推行的竞争性考核选拔能够证明劳动者"不能胜任工作"且调岗合理，劳动者主张违法调岗的，不予支持，如［（2019）粤03民终4498号］。

（3）法院应根据企业末位淘汰条款是作为劳动合同的解除条款、工作岗位的调整依据，还是作为用工录入条件等综合判断末位淘汰考核机制的合法性，如［（2019）陕10民终683号］。

（4）不能仅凭绩效考核情况直接对排名末位的劳动者实施调岗行为，而需对其进行能否胜任工作的审查，根据审查结果得出能否调岗的结论，如［（2016）沪02民终258号］。

问题15 劳动者工龄如何计算？

（1）工龄可分为一般工龄（累计工龄、社会工龄）和本企工龄（连续工龄）；

①一般工龄指企业员工总的工作时间，包括本企工龄（连续工龄）；

②本企工龄（连续工龄）是指员工在本企业内连续工作的时间；

③机关、事业单位为有别于企业称为"工作年限"。

（2）计算工龄的方法：

①连续计算法：A单位工作时间+B单位工作时间；

②合并计算法：如精简退职前后的连续工作时间可合并计算；

③工龄折算法：如井下矿工或固定在低温（0℃以下）或高温（38℃以上）工作场所工作的职工，按1年＝1.25年计算；在提炼或制造铅、汞、砒、磷、酸的及化学、兵工等工业中，按1年＝1.5年计算。

（3）计算连续工龄的原则规定：

①调动、下岗（与企业保持劳动关系）前后的工龄应连续计算；

②学习期间以及调派前后的工龄应连续计算；

③因企业停工歇业或破产而调派，调派前后的工龄应连续计算；

④转让、改组或合并前后的工龄应连续计算；

⑤员工在疾病或非因工负伤医疗期间，除超过6个月的期间外，前后工龄应合并计算；

⑥因工负伤或者职业病停止工作医疗期间，应全部计算为连续工龄；

⑦机关、事业单位员工转入企业工作前的工作年限和军人的军龄，均作连续工龄计算；

⑧学徒学习期间应作工龄计算，临时工、试用人员转为正式职工时计算工龄；

⑨国营农场、垦殖场、国家统一组织下乡插队的城镇知识青年，在农场、垦殖场或农村参加劳动的时间，可以与参加工作后的时间合并计算为连续工龄；

⑩归国华侨职工，从进入本企业工作之日起计算连续工龄。

（4）不作工龄计算的情形：

①在敌伪及国民党反动统治时期担任一定的职务，不作工龄计算；

②凡判刑被剥夺政治权利者，其剥夺政治权利期间不计算工龄；

③因反革命罪行（危害国家安全罪）被剥夺政治权利的，其连续工龄

应自恢复政治权利之日起重新计算。

问题16 哪些情况下工龄应当连续计算？

（1）变更名称、法定代表人、主要负责人或者投资人的。

（2）用人单位发生合并或者分立的。

（3）劳动者非因本人原因从原用人单位被安排到新用人单位工作的。

（4）对用人单位存在规避签订无固定期限劳动合同和连续计算工龄的情况，固定期限劳动合同和工龄的次数仍应连续计算：

①为减少计算劳动者的工龄，迫使其解除或终止劳动合同后重新与其签订劳动合同的；

②通过设立关联用人单位，在与劳动者签订合同时交替变换用人单位名称的；

③仅就劳动合同的终止期限进行变更，用人单位无法做出合理解释的；

④采取注销原单位、设立新单位的方式，将劳动者重新招用到新单位，且单位经营内容与劳动者的工作地点、工作内容均没有实质性变化的；

⑤其他明显违反诚信和公平原则的规避行为。

（5）离职后六个月内重新入职的（深圳、合肥）。

（6）军队转业干部的军龄。

问题17 员工"自动离职"后病亡，单位还需负责吗？

自动离职并不意味着劳动关系的自动解除，可能遗留的问题包括：

（1）医疗期工资待遇；

（2）医疗保险待遇（单位在员工自动离职后停缴工伤保险）；

（3）非因工死亡待遇；

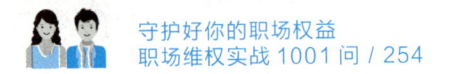

（4）五险一金；

（5）工资（银行代发工资，会构成拖欠或克扣工资）；

（6）年终奖；

（7）工伤及其待遇。

问题18 ▶ 老板以为你不知道的七大离职知识是什么？

（1）离职只需提前3天（试用期）或30天（转正后）通知公司即可，无需批准；

（2）急辞急走可能会被扣工资，如果公司能证明你给它带来了相关经济损失的话；

（3）公司扣除损失不能超过你当月工资的20%（深圳为30%），且扣除后的余额不得低于当地最低工资标准；

（4）公司必须在15日内为你办理档案和社保关系转移手续；

（5）公司必须向你出具离职证明，否则由此产生的损失由公司承担；

（6）你的离职工资应在解除合同时、或办结工作交接时、或最迟一个月内结清，否则以拖欠工资论；

（7）因离职工资而起的劳动纠纷，可免费申请劳动仲裁。

第十八章
违纪违规篇

问题1 什么是"严重失职"？有什么后果？

（1）严重失职：有未尽职责的严重过失行为，使单位的有形或无形财产蒙受重大损害，但又不够刑法处罚的程度。

（2）法律后果：给用人单位造成重大损害的，可以解除劳动合同；未造成重大损害的，不得解除劳动合同。

问题2 什么是"营私舞弊"？有什么后果？

（1）营私舞弊：利用职务之便谋取私利的故意行为。

（2）法律后果：给用人单位造成重大损害的，可以解除劳动合同；未造成重大损害的，不得解除劳动合同。

问题3 企业反腐败反舞弊调查中有哪些禁区？

（1）调查范围、调查团队、调查手段的非系统、非专业、不可控，调查失序化、失范化、扩大化；

（2）调查程度的充分性、适当性、必要性，以及如何拿捏违法与违规的尺度，把握公司行为与公权力的边界感；

（3）使用调查公司、私家侦探等可能引发的刑事法律风险，以及可能涉及对侵犯商业秘密、国家秘密的保密措施的整体评估；

（4）简单粗暴、随意限制员工人身自由（可能涉嫌非法拘禁）；

（5）检查、封锁、扣押员工的私人物品和个人办公用品；

（6）向他人提供或侵犯员工个人信息，包括但不限于姓名、身份证件号码、通讯联络方式、住址、账号密码、财产状况、行踪轨迹等；

（7）未选择中立、专业的第三方取证机构而导致的对电子数据的取证操作不专业，使其真实性、合法性和关联性受到影响；

（8）录音过程中可能出现的严重侵犯他人的合法权益、严重违背公序良俗或违反法律的禁止性规定的行为，导致录音证据无效；

（9）因对法律法规的运用不专业，导致刑事控告不当；或过早解除劳动合同、劳动关系；或被调查者需要解除劳动关系时，可能正处于孕期、产期、哺乳期或医疗期。

问题4 公司可以检查、封锁、扣押员工的私人物品和个人办公用品吗？

（1）私人物品如手提袋或私人电子邮箱等，除非另有规定，不可触碰；

（2）公司配备的个人办公用品，停职停薪调查时间过长，可能触及《中华人民共和国劳动合同法》第三十八条第一款第一项之"未提供劳动条件"，劳动者可据此解除劳动合同并追索经济补偿金。

问题5 何谓违纪违规中的"纪"与"规"？有何区别？

"纪"指劳动纪律，"规"指规章制度。其区别是：

（1）劳动纪律的依据是《中华人民共和国劳动法》，规章制度的依据是《中华人民共和国劳动法》和《中华人民共和国劳动合同法》；

（2）劳动纪律无需制定程序，甚至无需口头公布，依然有效，类似"约定俗成"；规章制度则须经过严格的制定程序和公示告知程序，否则无效。

问题6 什么样的规章制度才算合法？

规章制度的制定、告知程序合法，即具备完整法定流程，否则无效。

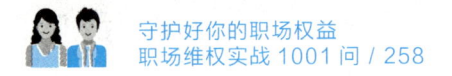

其具体流程如下：

民主讨论—提出方案—平等协商—共同确定—公示告知。

问题7 劳动争议仲裁与诉讼需要用到的证据包括哪些？

根据《中华人民共和国民事诉讼法》第六十六条，证据包括：
（1）当事人的陈述；
（2）书证；
（3）物证；
（4）视听资料；
（5）电子数据；
（6）证人证言；
（7）鉴定意见；
（8）勘验笔录。

问题8 患病或非因工负伤的员工，怎样申请劳动能力鉴定？

由用人单位、员工本人或者其近亲属向市劳动能力鉴定委员会提出劳动能力鉴定申请，并递交如下材料：
（1）按要求填写的《劳动能力鉴定（确认）申请表》；
（2）被鉴定人的居民身份证或者社会保障卡等其他有效身份证明原件和复印件；
（3）被鉴定人近期免冠大1寸彩色照片1张；
（4）社会保险经办机构核定的《职工连续工龄核定表》或《养老保险对账单》；
（5）有效的诊断证明，按照医疗机构病历管理有关规定复印或者复制的检查、检验报告等完整有效的病历材料。

问题9 医疗期满后继续要求病假，公司可以解除劳动关系吗？

公司可依照《中华人民共和国劳动合同法》第四十条第一项解除，流程如下：

通知患病或非因工负伤之医疗期满劳动者返岗—考核认定其不胜任原工作—对其依法调岗—调岗后经考核认定其仍然不胜任—解除劳动关系并按N+1标准予以补偿。

问题10 公司未进行劳动能力鉴定即解除劳动合同，合法吗？

患有特殊疾病的劳动者在医疗期满后仍不能返岗的，用人单位未对劳动者进行劳动能力鉴定即解除劳动合同，属违法解除，如［（2022）鲁0104民初5340号］和［（2023）鲁01民终792号］。

问题11 员工的哪些"泡病假"行为，公司可无偿解除劳动合同？

（1）员工提交伪造的病假申请证明文件的，属于提交虚假凭证；
（2）病假期间外出旅游的，属于旷工；
（3）病假期间兼职的，属于双重劳动关系。

此三种情形均属严重违反规章制度、劳动纪律之行为，公司可无偿解除劳动合同，如［（2021）京03民终4141号］和［（2013）二中民终字第07324号］。

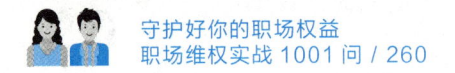

问题12 > 员工病假无效，公司可以追回已经发放的工资及福利待遇吗？

可以。

问题13 > 员工虚构病假，骗取工资的，公司有权解除劳动合同吗？

当然。公司还有权以诈骗公私财物罪（根据《中华人民共和国刑法》第二百六十六条）刑事报案，追究其刑事法律责任，如［津南检公诉刑诉〔2016〕509号］和［（2016）津0104刑初499号］。

问题14 > 什么是"长期两不找"？

指员工离开企业后，双方虽未正式解除劳动合同、劳动关系，但双方已经长期互不履行劳动合同的主要内容：即员工不再向企业提供劳动，企业不再给员工发放工资福利及缴纳社保等。

问题15 > "长期两不找"期间的常见纠纷有哪些？

（1）员工要求确认"长期两不找"期间双方存在劳动关系。

（2）员工要求企业支付"长期两不找"期间的工资福利或生活费，缴纳社会保险等，如［（2020）京0111民初2778号］和［（2020）京0101民初9163号］。

（3）员工以企业在"长期两不找"期间未支付工资福利等为由，提出解除劳动合同、劳动关系，并要求支付经济补偿金。

（4）企业通常会以员工离开时双方的劳动合同、劳动关系已事实解除为由进行抗辩。

问题16 "长期两不找"是如何形成的？

（1）因"下海"经商、停职留薪等历史政策离开企业但保留劳动关系的；

（2）因长期停产、病休、待岗等原因离开企业的；或企业违法解除员工，员工有异议但未配合办理离职手续，企业亦未履行法定解除程序的；

（3）分淡、旺季的企业季节性放假后，员工另寻出路未办理离职手续的；

（4）劳动合同解除后，企业或员工拒不配合办理离职手续的；

（5）企业人事管理混乱，未为离职员工办理离职手续，或解除劳动合同、劳动关系但未保留证据的，如［（2013）深中法劳再字第2号］。

问题17 "长期两不找"期间双方是否存在劳动关系？

司法实践中有如下几种观点与判例：

（1）劳动合同、劳动关系一直持续，员工有权主张工资福利等（基于劳动关系不能自生自灭），如［（2019）京0108民初59548号］；

（2）劳动合同、劳动关系自员工离开之日起已事实解除，双方事实上已不存在劳动权利义务关系，如［（2021）最高法民申3939号］、［（2020）渝0240民初1226号］和［（2014）东民初字第1529号］；

（3）劳动合同、劳动关系处于中止状态，双方劳动关系并未解除或终止（企业没有履行法定程序解除劳动合同），如［（2020）京0108民初9762号］和［（2020）京02民终10946号］。

问题18 "长期两不找"期间的工资福利、社保待遇等应否支付，劳动关系可否继续？

司法实践中有如下几种观点与判例：

（1）"下海"经商、停职留薪、长期停产、病休、待岗、企业违法解除等情形，员工未办手续的，应当裁决解除劳动合同，或继续履行劳动合同；

（2）分淡、旺季的企业季节性放假后，员工另寻出路未办理离职手续的，应当适用一年的劳动仲裁时效，如［京（2009）一中民终字第9035号］；

（3）劳动合同解除后，企业或员工拒不配合办理离职手续的；未为离职员工办理离职手续的；或解除劳动合同、劳动关系但未保留证据的，因为确实处于"长期两不找"状态，可参照中止履行的思路处理，如［（2021）鲁0982民初4424号］和［（2021）鲁09民终3919号］。

问题19 "长期两不找"期间，双方是否享有和承担劳动法上的权利义务？

下列地区在裁判上持否定意见：

北京：［（2009）一中民终字第9035号］；

广东：［（2020）粤08民终899号］；

重庆：［（2020）渝0240民初1226号］；

山东：［（2021）鲁09民终3919号］；

浙江：［（2017）浙01民终8298号］。

问题20 "长期两不找"期间，双方劳动关系处于什么状态？

双方劳动关系处于中止履行状态；双方均不享有和负担劳动法上的权利义务，如天津两案例［（2020）津0116民初2138号］和［（2020）津01

民终4361号]。

问题21 "长期两不找"期间的劳动关系还有哪些裁判口径？

（1）明显超过法律规定的仲裁时效期间；
（2）视为双方已协商一致解除劳动关系；
（3）认定连续工龄并不合理；
（4）员工要求单位支付该期间最低生活费不能成立。

相关案例有：浙江［（2020）浙0104民初4267号］、［（2018）浙03行终498号］；江苏［（2020）苏民申7518号］、［（2020）苏民申7744号］、［（2020）苏03民终6350号］、［（2020）苏民申2524号］、［（2020）苏民申7518号］和［（2020）苏民申2524号］。

问题22 福建国企是怎么处理"长期两不找"的？

（1）用人单位应通知"两不找"人员30日内返回本单位办理有关手续；
（2）本单位有岗位的，可安排适当岗位；无岗位的，按下岗职工处理；
（3）已在其他单位就业或自谋职业的，原单位应及时与其解除劳动关系；
（4）限期不回的，按自动离职处理；
（5）此后不得再发生"两不找"情况。

问题23 在认定"长期两不找"的劳动关系上，各地有哪些重大分歧？

（1）北京、吉林、辽宁：双方处于存续状态。
（2）江苏、上海、天津、山东：双方处于中止状态。

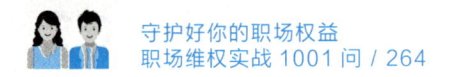

（3）广东、重庆、浙江、江苏：双方处于解除状态。

问题24 员工的"职务侵占"有哪些具体表现？

（1）擅自加薪；

（2）虚构员工领取工资；

（3）仓库主管窃取仓库货物；

（4）虚构事实报销；

（5）利用职权和地位指使他人虚假报销等；

（6）未经股东同意擅自转移财产；

（7）虚构事实骗取货物另行出售；

（8）通过经销商套取公司资金；

（9）采购人员以加价销售截留采购款；

（10）员工伪造合同赚取差价。

问题25 "长期两不找"期间劳动者的社会保险费与生活费如何解决？

"长期两不找"期间，劳动者没有向用人单位提供任何劳动，用人单位也没有向劳动者支付任何工资待遇；双方的劳动关系应当属于中止履行状态。因此，用人单位无需为其缴纳此期间的社会保险费与生活费。

问题26 可以为"长期两不找"人员出具解除劳动关系证明及办理档案和社会保险关系转移手续吗？

（1）陕西地区观点："长期两不找"期间双方互不履行劳动关系项下的义务，可以认定双方在此期间不享有劳动法赋予的权利和承担劳动法规定的义务。

（2）仲裁庭不能以超过仲裁时效为由驳回当事人的请求，而应从劳动者的诉请不符合权利义务对等的事实理由驳回其劳动争议项下的请求。

（3）劳动者要求用人单位出具解除劳动关系证明及办理档案和社会保险关系转移手续的，人民法院应予支持。

第十九章
调岗调薪篇

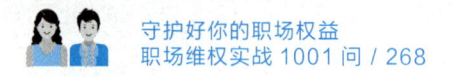

问题1 《中华人民共和国劳动合同法》中关于调岗调薪的相关法条有哪些？

第三十五条　用人单位与劳动者协商一致，可以变更劳动合同约定的内容……

第四十条　有下列情形之一的……可以解除劳动合同：

（一）劳动者患病或者非因工负伤，在规定的医疗期满后不能从事原工作，也不能从事由用人单位另行安排的工作的；

（二）劳动者不能胜任工作，经过培训或者调整工作岗位，仍不能胜任工作的；

（三）劳动合同订立时所依据的客观情况发生重大变化，致使劳动合同无法履行，经用人单位与劳动者协商，未能就变更劳动合同内容达成协议的。

第四十一条　有下列情形之一……可以裁减人员：

……（三）企业转产、重大技术革新或者经营方式调整，经变更劳动合同后，仍需裁减人员的……

问题2 最高院关于调岗调薪是怎么规定的？

《最高人民法院关于审理劳动争议案件适用法律问题的解释（一）》（法释〔2020〕26号）第四十三条："用人单位与劳动者协商一致变更劳动合同，虽未采用书面形式，但已经实际履行了口头变更的劳动合同超过一个月，变更后的劳动合同内容不违反法律、行政法规且不违背公序良俗，当事人以未采用书面形式为由主张劳动合同变更无效的，人民法院不予支持。"

问题3 原劳动部关于调岗有什么特殊规定？

《劳动部关于企业职工流动若干问题的通知》（劳部发〔1996〕355号）第二条："用人单位与掌握商业秘密的职工在劳动合同中约定保守商业秘密有关事项时，可以约定在劳动合同终止前或该职工提出解除劳动合同后的一定时间内（不超过六个月），调整其工作岗位，变更劳动合同中相关内容。"（深圳不认可。）

问题4 "脱密期"约定合法吗？

（1）深圳：不认可。
（2）北京：认可。
（3）上海：认可。
（4）浙江：认可。
（5）江苏：认可。
（6）辽宁：认可。
（7）宁夏：认可。
（8）案例：
① ［（2020）冀民申5887号］；
② ［（2018）京02民终357号］；
③ ［（2018）沪016民初1520号］。

问题5 轮岗与调岗有何区别？

（1）从岗位来说，轮岗需要保持平级调动，调岗需要保持合理性；
（2）从薪酬来说，轮岗一般不涉及到薪酬的变化，而调岗可能产生薪

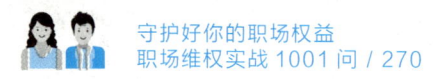

酬变动；

（3）从期限来说，轮岗始终要回到原岗位，而调岗则是劳动关系的变更。

问题6 《中华人民共和国劳动合同法》规定的9种常见调岗情形是什么？

（1）因医疗期满不能从事原工作而发生的调岗；

（2）因不能胜任工作产生的调岗；

（3）因客观情况发生重大变化，致使劳动合同无法履行而发生的调岗；

（4）因用人单位与劳动者协商一致发生的调岗；

（5）因企业破产进行重整发生的调岗；

（6）因用人单位的生产经营发生严重困难而发生的调岗；

（7）因企业转产、重大技术革新或经营方式调整，变更劳动合同时产生的调岗；

（8）因女职工孕期、产期、哺乳期发生的调岗；

（9）基于双方在劳动合同中的约定而发生的调岗。

问题7 实践中认定不属于"客观情况发生重大变化"的7种情形是什么？

（1）公司基于降低成本原因决定撤销岗位；

（2）公司基于经营亏损决定优化部门撤销岗位；

（3）公司基于经营困难决定撤销岗位；

（4）公司基于重组决定撤销岗位；

（5）公司基于管理层要求决定撤销岗位；

（6）公司基于执行董事要求决定撤销所有部门和总经理岗位；

（7）同一个区的企业搬迁。

关于部门取消，如属企业合并、分立等情形，取消当属客观情况发生重大变化；而管理层单方决定取消部门，则应理解为"企业自主管理"范畴，不属于客观情况发生重大变化（上海例外）。

问题8 基于绩效考核引发的调岗降薪都有哪些裁判口径？

（1）涉及绩效考核内容的相关规定须由员工签字才符合法定形式要件，如［（2021）京03民终1009号］；

（2）公司无绩效考核评判依据，且调岗后级别、待遇明显低于原岗位的，存在恶意调岗风险，如［（2020）京03民终7228号］；

（3）绩效考核责任书既需事先得到员工的签字同意，也需对结果进行确认，否则由此产生的降薪属于违法，如［（2019）京03民终7297号］；

（4）不能胜任工作仅是用人单位调整工作岗位的依据，并非合法解除劳动关系的依据，如［（2018）京0108民初59090号］；

（5）支持调岗，不支持降薪，如［（2018）沪民申2541号］（或有违同工同酬原则）；

（6）即便调岗流程和标准符合法律规定，但调岗和降薪亦不可同时适用，如［（2016）京03民终1592号］（或有违同工同酬原则）；

（7）如果公司将调岗、降薪同时处理，将导致二者均不合法，如［（2017）京03民终6941号］（或有违同工同酬原则）；

（8）绩效考核合法，但解除依然应遵循N+1补偿标准或提前30日通知之法定程序，如［（2014）三中民终字第05567号］。

问题9 最高院关于用人单位单方调岗降薪必须同时具备的6种法定条件是什么？

（1）是否基于用人单位生产经营需要；

（2）是否属于对劳动合同约定的较大变更；

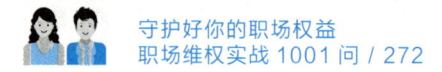

（3）是否对劳动者有侮辱性、惩罚性（如广东肇庆某案，2022年）；

（4）是否对劳动报酬及其他劳动条件产生较大影响；

（5）劳动者是否能够胜任调整后的岗位；

（6）工作地点作出不便调整后，用人单位是否提供必要协助或补偿。

问题10 调岗调薪属于用工自主权吗？

（1）用工形式、用工办法、用工数量、用工时间、用工条件、工作地点、工作岗位、工资报酬等属于用工自主权；

（2）调岗调薪属于用人单位的用工自主权；

相关典型案例有［（2019）赣0302民初2078号］和［（2022）鲁1622民初243号］。

问题11 北京市的调岗调薪指引或裁判口径是什么？

（1）根据生产经营情况合理调岗，合理即指经营必要性、目的正当性，以及调整后劳动者能否胜任、工资待遇等有无不利变更；

（2）如调岗的同时调薪、劳动者接受调岗但拒绝调薪的，应据单位实情、调整后的岗位性质，以及双方合同约定等综合判断单位是否侵权。

以上参考《北京市高级人民法院、北京市劳动人事争议仲裁委员会关于审理劳动争议案件法律适用问题的解答》第五条相关内容（2017年）。

问题12 上海市的调岗指引或裁判口径是什么？

（1）双方合同约定，单位有权根据生产经营需要随时调整工作内容或岗位；

(2) 双方为此发生争议的，应由单位举证证明其调整的充分合理性；

(3) 如不能举证，双方仍应按原合同履行。

以上参考上海市高级人民法院民事审判第一庭《关于审理劳动争议案件若干问题的解答（上海高院的规定）》第十五条相关内容（2002年）。

问题13 ▶ 广东省的调岗调薪指引或裁判口径是什么？

调岗符合以下情形的，视为用人单位合法行使用工自主权：

(1) 调岗乃用人单位生产经营之需；

(2) 调岗后的工资水平与原岗位基本相当；

(3) 不具有侮辱性和惩罚性；

(4) 无其他违反法律法规的情形。

以上参考广东省高级人民法院广东省劳动争议仲裁委员会《关于审理劳动人事争议案件若干问题的座谈会纪要》（粤高法〔2012〕284号）第22条相关内容（该审判文件已被废止，但其合理成分依然被运用于司法裁判中）。

问题14 ▶ 浙江省的调岗调薪指引或裁判口径是什么？

(1) 调岗一般应经劳动者同意；

(2) 没有变更合同主要内容，或虽有变更但确属生产经营所必需；

(3) 劳动报酬及其他劳动条件未作不利变更。

以上参考浙江省劳动争议仲裁委员会关于印发《关于劳动争议案件处理若干问题的指导意见（试行）》的通知（浙仲〔2009〕2号）第36条。

问题15 ▷ 江苏省的调岗调薪指引或裁判口径是什么？

（1）调整应基于劳动合同约定或规章制度规定；

（2）调整应具合理性；

（3）如双方发生争议，用人单位对调整的合法、合理性承担举证责任。

以上参考《江苏省高级人民法院劳动争议类案件审理指南》（2010年）。

问题16 ▷ 四川省的调岗指引或裁判口径是什么？

（1）劳动合同中对工作岗位、工作地点有约定的，按约履行；

（2）虽无约定，但用人单位具有合理事由的，可以调整工作岗位及工作地点；

（3）如无合理事由，劳动者拒不履行而解除劳动合同，劳动者因此主张违法解除劳动合同赔偿金的，应予支持。

以上参考四川省高级人民法院民事审判第一庭关于印发《关于审理劳动争议案件若干疑难问题的解答》的通知（川高法民一〔2016〕1号）。

问题17 ▷ 陕西省的调岗指引或裁判口径是什么？

（1）劳动合同可以约定调整工作岗位和工作地点（与四川省完全相同）；

（2）调岗应协商一致，如［（2023）陕04民终103号］；

（3）未达成一致产生纠纷，劳动者以未提供劳动条件为由（根据《中华人民共和国劳动合同法》第三十八条第一款第一项），提出解除劳动合同并诉请经济补偿金的，应获支持；

（4）企业单方调岗行为引致的以未打卡为由而解除劳动合同，属违法解除，如［（2023）陕03民终233号］。

问题18 云南省的调岗调薪指引或裁判口径是什么？

（1）员工以公司单方调岗降薪行为严重侵害其权益为由向公司提出解除劳动关系，要求支付经济补偿金的，应获支持，如［（2021）云01民终11575号］；

（2）与上海极其相似的裁判口径，如［（2020）云03民终2874号］，具体观点有：双方合同约定，单位有权根据生产经营需要随时调整工作内容或岗位；双方为此发生争议的，应由单位举证证明其调整的充分合理性；如不能举证，双方仍应按原合同履行。

问题19 贵州省的调岗调薪指引或裁判口径是什么？

（1）公司的调岗使员工增加往返车费支出，而公司并未制订相应的解决方案或补偿方案，属违法调岗，如［（2022）黔03民特12号］；

（2）公司改变劳动合同约定的工作地点视为改变约定的工作条件，劳动者可以解除劳动合同并诉请经济补偿金，如［（2022）黔26民终150号］。

问题20 海南省的调岗调薪指引或裁判口径是什么？

（1）当用人单位对劳动者作出惩戒性调动时，因涉及劳动者的切身利益，更应严格审查是否合法、合理，以防止滥用调职命令权，侵害劳动者合法权益。

（2）惩戒性调动决定的合法性审查：一方面，必须有相应的事实基础，即劳动者的违纪事实或者其他给单位造成损失的事实必须客观存在；另一方面，用人单位作出惩戒性调动决定时，必须严格依照单位的规章制度进行，如［（2018）琼02民特33号］。

　　（3）惩戒性调动决定的合理性审查：一方面，调整后的工作岗位为劳动者能力上所能胜任，薪资报酬及劳动条件无较大不利变更，或者虽有较大不利变更，但与劳动者的违纪事实及过错程度相适应，无明显不合理情形；另一方面，岗位调动的目的正当，其结果也为社会一般观念所能接受，如［（2018）琼01民终2408号］。

问题21　不接受调岗调薪能否视为旷工？

　　（1）如果调岗不合法，不上班属于合理的对抗，不能认定为旷工（有裁判分歧）；

　　（2）即使调岗不合法，也应上班而不能拒不出勤，否则就可以认定为旷工；

　　（3）不管用人单位的调岗是否合法，劳动者都应当到新的岗位任职，否则，即使劳动者每天还去单位，仍可认定为旷工（有裁判分歧）；

　　（4）如果用人单位的调岗不合法，那么无论劳动者是否到新的岗位任职，只要劳动者去单位上班，就不能认定为旷工（有裁判分歧）。

问题22　合法调岗调薪的前提条件有哪些？

　　（1）对用人单位可以调岗/调薪作出明确且合理的约定；

　　（2）规章制度具合法程序且已向劳动者公示或送达；

　　（3）除不胜任情形，一般情况下调岗不应降低劳动者的职级和待遇；

　　（4）拒绝到岗且达解除劳动合同的，公司应向工会报告后方可解除。

问题23 ▷ 正确、合理调岗的基本原则是什么？

（1）基本原则：合法合理、公平公正、自愿协商、诚实守信。

（2）"三依"原则：

①依约而调：协商一致，书面变更。

②依法而调：患病或非因工负伤、不能胜任工作、客观情况发生重大变化所做的调整。

③依需而调：裁员前调岗、"三期"女工调岗（可调岗不可降薪）、工伤员工调岗。

（3）"三性"原则：必要性、正当性、可行性。

问题24 ▷ 劳动者与上级存在矛盾可否调岗？

（1）调岗的事由应当能够被一般大众所接受；

（2）调整后的工作岗位、工作强度、工资待遇水平与调岗前的不应相差过多。

问题25 ▷ 事先约定调岗调薪是否有效？

（1）约定不合法（未能协商一致）；

（2）约定合法（双方真实的意思表示）；

（3）工作岗位变更一般应以协商一致为原则，在具备"充分合理性"的情形下，用人单位也可以单方变更劳动者工作岗位。

问题26 约定不明（约定宽泛）能否调岗？

（1）岗位约定宽泛，并不意味着用人单位有权在较宽的范围内对劳动者进行调岗；

（2）在具体调整时，还要以"充分合理性"为依据。

问题27 调岗时能否调薪？

（1）劳动报酬的变更应当附随于工作岗位的变更；

（2）岗位变更的，相对应的劳动报酬也可以进行变更；

（3）劳动者的岗位调整后，用人单位可以根据新岗位所处的岗位和薪酬体系的标准来确定劳动者的劳动报酬，但不得任意降低。

问题28 调岗调薪不当的法律后果是什么？

（1）劳动者可以解除劳动合同；

（2）劳动者可以要求支付经济补偿金；

（3）用人单位有可能支付经济赔偿金；

（4）补发工资差额；

（5）劳动者有权要求恢复工作岗位。

问题29 员工绩效考核不合格，就能被辞退吗？

（1）考核要公开、公平、公正，否则应向公司申诉，并保留相关证据；

（2）对于公开、公平、公正的考核，不合格后要有培训或合理的调岗安排；

（3）即算合理调岗，也不能就此降薪，除非此前有关于调岗附随调薪的约定，否则视为单方违法变更劳动合同；

（4）经过培训或调岗后，再次考核仍然不合格的，公司应按N+1的标准支付补偿金；

（5）如果考核不合格公司即行辞退，可要求公司支付双倍经济赔偿金。

问题30 哪种情形下的公司搬迁，可以要求经济补偿？

（1）同一县内、市内搬迁的，一般不支持经济补偿；

（2）超过县、市范围的搬迁，一般支持经济补偿；

（3）虽然同一县内、市内搬迁，但的确造成通勤不便、工作和生活成本提高，而公司又未予以补助、弥补的，一般也会支持经济补偿。

问题31 员工被连续降级是否可以解除劳动合同？

（1）职级的变化并不必然意味着工作内容的变化；

（2）降级并不必然属于《中华人民共和国劳动合同法》第四十条规定的调整工作岗位；

（3）员工连续降级并非是用人单位解除劳动合同的合法事实依据，如［（2019）沪01民终14121号］。

问题32 员工拒绝执行调岗安排，但坚持考勤打卡，能否认定为视同旷工？

如果劳动者每天正常打卡在原工位消极怠工、不提供实质劳动，可以

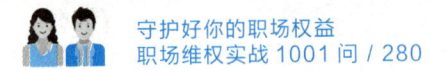

视为旷工，达到严重程度可以解除劳动合同，但对用人单位的举证程度要求极高，如［（2018）沪02民终7502号］。

问题33 用人单位以员工存在违纪行为为由调岗是否合法？

（1）应有明确的规章制度或劳动合同依据；

（2）对于违纪行为与调岗决定之间的关联性和合理性予以证明，否则可能承担不利后果，如［（2015）成民终字第804号］。

问题34 员工不能胜任，调岗能否调薪？薪随岗动等约定是否有效？

（1）员工因不胜任工作而被调整到新的岗位，其薪酬应当根据新岗位标准重新确定，否则有违"同工同酬"的基本立法思想；

（2）应有明确的岗位职责内容和薪酬对应标准；

（3）在劳动合同或员工手册等协议及内部规章制度中应有"调整岗位将根据新岗位的报酬标准确定薪资"等内容。

第二十章
解除终止篇

问题1 ▶ 什么是劳动纪律？

又称职业纪律，是劳动者的基本行为准则和规范，其内容包括：

（1）严格履行劳动合同及违约应承担的责任（履约纪律）；

（2）按规定的时间、地点到达工作岗位，依规请休事假、病假、年休假、探亲假等（考勤纪律）；

（3）根据生产与工作岗位职责及规则，按质、按量完成工作任务（生产与工作纪律）；

（4）严格遵守技术操作和安全卫生规程（安全卫生纪律）；

（5）节约原材料、爱护用人单位的财物（工作与生活纪律）；

（6）保守用人单位的商业秘密和技术秘密（保密纪律）；

（7）遵纪奖励与违纪惩罚规则（奖惩制度）；

（8）与劳动、工作紧密相关的规章制度及其他规则（其他纪律）。

问题2 ▶ 劳动纪律与规章制度的区别是什么？

（1）适用情形不同：劳动纪律普遍适用，或为公序良俗所周知、或为法律法规所周知，故无论是否告知，均需遵守；而规章制度作为行为准则，只有在告知的前提下方能适用。

（2）制定程序不同：劳动纪律可以书面/非书面规定，无需协商确定；规章制度则需职代会或全体职工讨论，工会或职工参与协商完善、确定，以及公示告知。

（3）法律依据不同：劳动纪律仅在《中华人民共和国劳动法》（第三、十九、二十五条）中以及各地审判机关的裁判指引或解答意见中有详细规定；规章制度则在《中华人民共和国劳动法》（第二十五条）和《中华人民共和国劳动合同法》（第四、三十九条）中均有具体规定，各地审判机关也有特别规定；事实上，从《中华人民共和国劳动合同法》的视角上来看，劳动纪律已内化为规章制度的一部分。

问题3 > 北京市以严重违反劳动纪律为由解除的司法裁判指引是什么？

劳动者应当遵守劳动纪律和职业道德，这是对劳动者的基本要求。因此，即便在规章制度未做出明确规定、劳动合同亦未明确约定的情况下，如劳动者存在严重违反劳动纪律或职业道德的行为，用人单位可以依据《中华人民共和国劳动法》第三条第二款的规定解除劳动合同，如［（2015）二中民终字第12118号］。

问题4 > 上海市以严重违反劳动纪律为由解除的司法裁判指引是什么？

（1）在规章制度无效的情况下，劳动者违反必须遵守的合同义务（即"劳动者应当遵守劳动纪律和职业道德"），用人单位可以要求其承担责任；

（2）劳动者以用人单位规章制度没有规定为由提出抗辩的，不予支持。

问题5 > 深圳市以严重违反劳动纪律为由解除的司法裁判指引是什么？

《中华人民共和国劳动法》第二十五条（近似《中华人民共和国劳动合同法》第三十九条），内容如下：

劳动者有下列情形之一的，用人单位可以解除劳动合同：

（一）在试用期间被证明不符合录用条件的；

（二）严重违反劳动纪律或者用人单位规章制度的；

（三）严重失职，营私舞弊，对用人单位利益造成重大损害的；

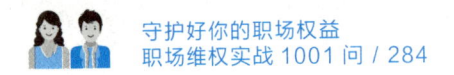

（四）被依法追究刑事责任的。

问题6 浙江省以严重违反劳动纪律为由解除的司法裁判指引是什么？

对劳动者无正当理由未办理请假手续，擅自离岗连续超过十五日，用人单位规章制度已有规定的，按相关规定执行；用人单位规章制度无规定的，用人单位可以劳动者严重违反劳动纪律为由，解除合同；用人单位以劳动者擅自离岗为由，作出解除劳动合同决定，但确因客观原因无法将该决定送达给劳动者，后劳动者以用人单位未履行送达等相关手续为由主张解除无效的，不予支持。

问题7 各地以严重违反劳动纪律为由解除劳动合同的典型案例有哪些？

（1）北京：伪造绩效考核，如［（2022）京民申6449号］；虚假考勤，如［（2022）京民申6202号］。

（2）上海：打架斗殴，如［（2015）沪一中民三（民）终字第496号］。

（3）广东：不服从用人单位的合理调岗，属于旷工行为，如［（2017）粤民申7552号］。

（4）山东：提供虚假病历请病假构成旷工，如［（2017）鲁02民终1861号］。

（5）河南：因旷工而严重违反劳动纪律，［（2015）郑民三终字第482号］。

（6）重庆：消极怠工未完成工作任务，如［（2022）渝0103民初11699号］。

问题8 ▶ 严重违纪与严重违规的处理有什么不同？

（1）用人单位以严重违反劳动纪律为由解除劳动合同时，只需审查其行为是否达到严重程度并通知工会即可；

（2）严重违反规章制度解除劳动合同时，还需考虑该规章制度的民主程序、告知程序等，并通知工会，即民主讨论—提出方案—平等协商—共同确定—公示告知。

问题9 ▶ 实践中以严重违反劳动纪律为由解除劳动合同的审查要点是什么？

（1）突出劳动纪律的普遍性——既包括生产全程，又包括日常行为，甚至包括诚实信用、公序良俗、法律法规。

（2）严格把握违纪行为的"严重程度"——重点考察违纪者的主观过错程度、违纪行为的重复频率，以及违纪行为给用人单位造成损失的大小。

（3）清晰划分劳动纪律与规章制度的分野。劳动纪律的两大特点是：为公序良俗、法律法规所周知，以及无论是否告知，均需遵守。而规章制度的两大特点则是：民主程序、告知程序。当然，二者的共同点是：均须履行解除劳动合同前的法定程序义务，即应事先将解除理由通知工会。

（4）以诚实信用作为是否违反职业道德的基本审查标准。

问题10 ▶ 用人单位解除或终止劳动合同后拒不出具证明，造成劳动者无法就业的，如何处理？

劳动者离职后明确向用人单位要求出具解除或终止劳动合同证明，且有证据证明用人单位未出具该证明与劳动者未就业的工资损失之间存在因果关系的，在一年仲裁时效期间内，要求赔偿工资损失的，应予支持。

相关案例有［（2021）京民01民终7041号］、［（2020）京01民终

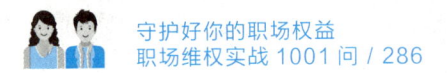

2831号］、［（2020）粤01民终6653号］和［（2019）苏03民终5940号］。

问题11 > 女职工"三期"内一概不能解除劳动合同吗？

不一定。"三期"并不是女职工不符合录用条件或严重违纪违规的护身符。

问题12 > 规章制度中规定了可解除劳动合同的情形就能解除吗？

不一定。规章制度尚需民主协商程序和公示告知程序，方不违法。

问题13 > 绩效考核排在末位的员工可以解除劳动合同吗？

不可以。首先，末位淘汰及其变种竞争上岗均属违法；其次，末位者并非不胜任；最后，即使算不胜任，也应依照相关程序并支付"N+1"的经济补偿后方能合法解除劳动合同。

问题14 > 什么是变相的"停工停产"？

（1）以停工停产之名，行变相裁员之实；

（2）安排特定岗位、特定人员"特别待岗"，且只发放"待岗工资"；

（3）此类"待岗"，劳动者可以"未提供劳动条件、未及时足额支付劳动报酬"为由提出被迫解除劳动合同，要求经济补偿金；也可诉请继续履行劳动合同。

问题15 什么是真正的停工停产？

（1）客观而非主观原因（如破产重组等）；

（2）必须达到致使劳动合同无法正常履行的程度；

（3）之后有恢复生产经营的可能性——否则直接走解散程序，终止劳动关系即可。

问题16 非劳动者原因造成的停工停产期间的工资如何支付？

（1）在一个工资支付周期内（1个月）的，按劳动合同约定的标准或正常工作时间支付工资；

（2）超过一个工资支付周期的，有工资支付法规的省区按其规定支付；省区无规定的按《工资支付暂行规定》支付；地方行政法规和《工资支付条例》相冲突的，按有利于劳动者的规定执行。

问题17 劳动者原因造成的停工停产期间的工资如何支付？

（1）可暂停劳动者的工资支付；

（2）用人单位可以提请仲裁和诉讼要求劳动者承担经济损失，或解除劳动关系。

问题18 "生产经营发生严重困难"是如何认定的？

（1）企业经营发生严重困难并已出现亏损，长期停产或半停产；

（2）确因企业因难已经连续多月降低或欠发职工工资（一般为6

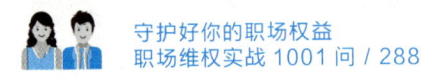

个月）；

（3）采取停止招工、加班加点等补救性措施后，生产经营状况亦无明显好转。

问题19 ▶ 裁员的法定标准和法定程序是什么？

（1）需要裁减人员20人以上或占职工总数10%以上的；
（2）应提前30日向工会或者全体职工说明情况；
（3）听取工会或职工的意见；
（4）向劳动行政部门报告裁员方案；
（5）实施裁员（支付经济补偿）。

问题20 ▶ 裁员时应当优先留用哪些人员？

（1）订立较长固定期限劳动合同的；
（2）订立无固定期限劳动合同的；
（3）家庭无其他就业人员，需要扶养老人或未成年人的。

问题21 ▶ 什么情况下优先招用被裁减人员？

裁员后在6个月内重新招用人员的，应当通知被裁减人员，并在同等条件下优先招用被裁减人员。

问题22 ▶ 什么情况下，单位不得以"生产经营发生严重困难"为由解除劳动合同？

（1）在本单位连续工作满15年，且距法定退休年龄不足5年的；

（2）女职工在孕期、产期、哺乳期的；

（3）从事接触职业病危害作业的劳动者未进行离岗前职业健康检查，或者疑似职业病病人在诊断或者医学观察期间的；

（4）患病或者非因工负伤，在规定的医疗期内的；

（5）在本单位患职业病或者因工负伤并被确认丧失或部分丧失劳动能力的；

（6）法律、行政法规规定的其他情形。

问题23 ▶ 精神类疾病员工提交的辞职申请或签署的协商解除协议是否有效？

（1）限制民事行为能力人的纯获利益行为，或与其年龄、智力、精神健康状况相适应的民事法律行为，可以认为有效。

（2）其他民事法律行为经法定代理人（监护人即配偶、父母或子女、其他亲属）同意或追认后有效。但要注意以下事项：

①相对人（企业）可以催告法定代理人自收到通知之日起30日内予以追认；

②法定代理人未作表示的，视为拒绝追认；

③民事法律行为被追认前，企业有撤销的权利；

④撤销应以通知的方式作出。

问题24 ▶ 劳动者胜诉率几乎100%的案件有哪些？

（1）不签订劳动合同；

（2）劳动合同到期不续签（首次合同期满企业无条件不续签且支付补偿金的除外）；

（3）未约定试用期录用条件而解除试用期员工；

（4）规章制度未作公示；

（5）考勤记录未让员工确认；

（6）以不能胜任工作为由无偿解除劳动合同；

（7）未经协商，直接以客观情况发生重大变化为由无偿解除劳动合同；

（8）末位淘汰或竞争上岗；

（9）员工不辞而别，视为自动离职；

（10）未向员工送达解除或终止劳动合同的通知书。

问题25 为什么说铁打的企业留不住流水的员工？

（1）用人单位不批准离职，违法；

（2）员工未提前30天（试用期提前3天）告知而离职，若因此造成损失，单位可追责，但需举证；

（3）员工提出离职后，单位发现其给单位造成损失的，可依法追责；但仍不能以此为由阻止其劳动关系的解除；

（4）离任审计不能阻挡、至多可以延缓劳动合同的解除时间；

（5）通过不予开具离职证明、转移社保等限制劳动者离职违反法律规定；

（6）通过员工再就业时背景调查中如实陈述相关信息可能会给员工一定压力，但有可能造成不必要的侵权；

（7）通过脱密期适当延缓离职时间在司法实践中争议颇大（深圳不予认可）；

（8）通过不转移档案、户口等方式虽可以为难员工，但并不能真正对其离职形成约束；而不转移档案给员工造成损失的，单位还可能承担赔偿责任；

（9）根据服务期或竞业限制签署情况，可以给员工部分压力，但前提是协议及其签署合法有效；

（10）通过奖金是否发放以及发放奖金是否追回等增加劳动者的离职经济成本，在一定程度上会对劳动者离职产生一定影响，但依然不能让劳动者停下离职的脚步。

问题26 劳动合同到期需要通知终止吗？

（1）北京、辽宁、黑龙江、吉林、宁夏、新疆：用人单位应当在劳动合同期限届满前30日书面通知劳动者终止劳动合同。

（2）福建：用人单位在劳动合同期满前一定期限办理终止劳动合同手续。

（3）山西、浙江、天津：劳动合同期满即行终止。

（4）新疆建设兵团：用人单位可在劳动合同到期后一定期限内通知劳动者终止劳动合同。

（5）江苏：虽然没有对劳动合同终止的具体流程作出明确规定，但明确了续签劳动合同，需在劳动合同期满前提前通知。

（6）除上述10个省份以及新疆建设兵团外，其他21个省份包括上海、重庆、广东、山东、河北、河南、内蒙古、安徽、陕西、甘肃、广西、湖南、湖北、江西、云南、贵州、四川、青海、西藏、海南，就劳动合同终止的程序问题未作出明确规定。

问题27 什么是劳动合同到期后用人单位的单方终止权？

（1）无差别的单方终止权——第一次固定期限劳动合同期限届满。

（2）有裁判差别的单方终止权——连续第二次固定期限劳动合同期限

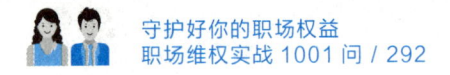

届满；上海，可以单方终止；江苏、广东、北京及全国主流裁判，不可以单方终止；最高院，不可以单方终止。

（3）行使单方终止权，同时又无须支付经济补偿金的两种情形：用人单位维持原劳动合同约定条件，劳动者不同意续签；用人单位提高原劳动合同约定条件，劳动者不同意续签。

问题28 什么情形下劳动合同不能终止而需顺延？

以下情形的劳动合同，应当顺延至相应的情形消失或者结束后才能终止：

（1）在本单位连续工作满15年，且距法定退休年龄不足5年的；

（2）女职工在孕期、产期、哺乳期的；

（3）从事接触职业病危害作业的劳动者未进行离岗前职业健康检查，或者疑似职业病病人在诊断或者医学观察期间的；

（4）患病或者非因工负伤，在规定的医疗期内的；

（5）在本单位患职业病或者因工负伤并被确认丧失或部分丧失劳动能力，且劳动者没有提出终止劳动合同的。

问题29 即使劳动合同到期也不能终止劳动关系的6种情形是什么？

（1）劳动者在该用人单位连续工作满10年的。

（2）用人单位初次实行劳动合同制度或者国有企业改制重新订立劳动合同时，劳动者在该用人单位连续工作满10年且距法定退休年龄不足10年的。

（3）连续订立二次固定期限劳动合同，且劳动者没有《中华人民共和国劳动合同法》第三十九条和第四十条第一项、第二项规定的情形，续订劳动合同的。

（4）职工一方协商代表在其履行协商代表职责期间劳动合同期满，延续至完成履行协商代表职责之时（《集体合同规定》第二十八条）。

（5）基层工会专职主席、副主席或者委员自任职之日起，其劳动合同期限自动延长，延长期限相当于其任职期间；非专职主席、副主席或者委员自任职之日起，其尚未履行的劳动合同期限短于任职期限的，劳动合同期限自动延长至任期期满；但任职期间个人严重过失或者达到法定退休年龄的除外。

（6）法律、行政法规规定的其他情形。

问题30　劳动者可单方解除劳动合同的情形有哪些？

用人单位存在过失，故需支付经济补偿金的情形：
（1）未按照劳动合同约定提供劳动保护或者劳动条件的；
（2）未及时足额支付劳动报酬的；
（3）未依法为劳动者缴纳社会保险费的；
（4）用人单位的规章制度违反法律、法规的规定，损害劳动者权益的；
（5）因《中华人民共和国劳动合同法》第二十六条第一款第一项规定的情形（即欺诈、胁迫或者乘人之危）致使劳动合同无效的；
（6）用人单位以暴力、威胁或者非法限制人身自由的手段强迫劳动者劳动的，或者用人单位违章指挥、强令冒险作业危及劳动者人身安全的；
（7）法律、行政法规规定劳动者可以解除劳动合同的其他情形。

问题31　用人单位可单方解除劳动合同的情形有哪些？

（1）劳动者存在过失，故无需支付经济补偿金的情形：
①在试用期间被证明不符合录用条件的；

②严重违反用人单位的规章制度的；

③严重失职，营私舞弊，给用人单位造成重大损害的；

④劳动者同时与其他用人单位建立劳动关系，对完成本单位的工作任务造成严重影响，或者经用人单位提出，拒不改正的；

⑤因《中华人民共和国劳动合同法》第二十六条第一款第一项规定的情形（即欺诈、胁迫或者乘人之危）致使劳动合同无效的；

⑥被依法追究刑事责任的。

（2）劳动者不存在过失，故需支付经济补偿金的情形：

①劳动者患病或者非因工负伤，在规定的医疗期满后不能从事原工作，也不能从事由用人单位另行安排的工作的；

②劳动者不能胜任工作，经过培训或者调整工作岗位，仍不能胜任工作的；

③劳动合同订立时所依据的客观情况发生重大变化，致使劳动合同无法履行，经用人单位与劳动者协商，未能就变更劳动合同内容达成协议的。

（3）经济性裁员，劳动者不存在过失，故需支付经济补偿金的情形：

①依照企业破产法规定进行重整的；

②生产经营发生严重困难的；

③企业转产、重大技术革新或者经营方式调整，经变更劳动合同后，仍需裁减人员的；

④其他因劳动合同订立时所依据的客观经济情况发生重大变化，致使合同无法履行的。

问题32 ▶ 劳动合同解除，需提前通知吗？

（1）用人单位因劳动者过失解除劳动合同时，可以随时通知劳动者解除劳动合同，不需要提前通知。

（2）用人单位因劳动者非过失解除劳动合同时，需要提前30日以书面形式通知劳动者本人或者额外支付劳动者一个月工资。

（3）劳动者解除劳动合同，需提前三十日以书面形式通知用人单位；试用期内需提前三日通知用人单位；劳动者违反法律规定解除合同，给用人单位造成损失的，应当承担赔偿责任。其造成的损失主要包括以下内容：用人单位招收录用其所支付的费用；用人单位为其支付的培训费用，双方另有约定的按约定办理；对生产、经营和工作造成的直接经济损失；劳动合同约定的其他赔偿费用。

（4）劳动者被动离职时，可以随时解除劳动合同，无需提前通知。

问题33 用人单位做出"提前解散""清算""审批""注销""劳动合同终止""劳动关系终止"等决定后，劳动合同具体何时才算终止？

（1）以公司为员工办理终止劳动合同手续之日为劳动关系终止时点；

（2）通知员工劳动合同终止的时间为劳动关系终止时点；

（3）原审批机关核准公司提前解散之日为劳动关系终止时点；

（4）用人单位权力机构作出提前解散公司的决议之日为劳动关系终止时点；

（5）用人单位成立清算组之日为劳动关系终止时点；

（6）用人单位在工商登记机关办理注销登记之日为劳动关系终止时点；

（7）用人单位被司法机关判决解散之日为劳动关系终止时点。

问题34 人社部与最高院联合发布的第一批劳动争议典型案例中有哪些特别的裁判、裁审规则？

（1）在"共享用工"中，如劳动者与借出企业的劳动合同已解除或者终止，则劳动者与借入企业的用工关系可能被认定为事实劳动关系。

（2）仲裁、法院应当建立快速处理拖欠农民工工资集体劳动争议处理机制，运用要素式办案方式即发挥工会、企业代表组织协商作用，通过调解

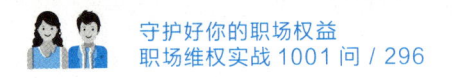

化解争议。

（3）劳动者在接受用人单位专业技术培训期间的工资不属于专项培训费用。

（4）劳动者提供虚假学历证书导致劳动合同无效，用人单位有权单方解除合同。

（5）视为订立无固定期限劳动合同后，用人单位仍未与劳动者签订劳动合同的，无需向劳动者支付第二倍工资。

关于无固定期限劳动合同的最新司法解释，还可以参考《最高人民法院关于审理劳动争议案件适用法律问题的解释（二）》（征求意见稿）第十五条："存在劳动合同法第十四条第三款规定情形，劳动者以用人单位未及时补订书面劳动合同为由，要求用人单位支付视为已与劳动者订立无固定期限劳动合同期间第二倍工资的，人民法院不予支持。"

（6）用人单位未支付竞业限制经济补偿超过三个月，劳动者加入竞争对手而未通知用人单位解除竞业限制义务，无需承担竞业限制违约责任。

（7）用人单位与劳动者自行约定实行不定时工作制无效。

（8）用人单位有权依据生产经营需要合理调整劳动者的工作岗位和工作地点。

（9）事业单位科研人员离岗创业期间被开除的，原单位有权与其解除聘用合同。

问题35 企业拒绝出具离职证明的情形有哪些？

（1）员工被迫解除劳动合同，即企业存在《中华人民共和国劳动合同法》第三十八条规定的违法情况例如拖欠、克扣工资等，员工以此为由向企业提出辞职后，双方起了冲突，公司一怒之下拒绝为其开具离职证明；

（2）企业因为违法解除劳动合同，担心被员工利用离职证明主张违法解除的赔偿金；

（3）员工违法解除劳动合同，例如员工没有提前30天通知企业就不辞而别，企业拒绝出具离职证明。

问题36 用人单位不开具离职证明、不转移社保档案有什么法律风险？

（1）存在受到劳动保障行政部门的行政处罚以及承担对劳动者的赔偿责任的法律风险：

①若劳动者能证明不开具离职证明与其无法就业有直接的因果关系，并可以证明其损失金额的，裁判机构可能会参照其损失的合理性，酌情予以支持（北京）；

②若劳动者能证明不开具离职证明与其无法就业有直接的因果关系，但不能证明损失金额的，裁判机构可以根据其离职前12个月的平均工资进行酌定（北京）；

③若劳动者不能证明不开具离职证明与其无法就业有直接的因果关系，一般不会支持其未能再就业的工资损失，但其主张享受失业保险待遇将得到支持（北京）。

（2）若档案、社会保险迟延转移，劳动者可通过仲裁或诉讼的方式解决，用人单位存在赔偿损失的法律风险。

如深圳朱××诉巴士集团案：离职14年；判决支付工资及补偿金9.8万元；未转交档案费13.8万元。

（3）因用人单位不予办理社会保险关系转移，从而给劳动者造成损失的（如医疗保险待遇损失），劳动者应当承担举证责任；若劳动者可以举证证明其因果关系及损失金额的，用人单位应当承担赔偿责任（山东、天津）。

问题37 公司应该怎样为员工开具离职证明？

（1）公司应当主动积极为离职员工开具离职证明。

（2）对于严重违纪违规员工，公司也需要开具离职证明。

（3）不可约定"不办理完离职交接不予开具离职证明"，因为离职证明的开具不能有任何限制条件（根据《中华人民共和国劳动合同法》第五十条）。

（4）公司不开具离职证明的，责令改正；给劳动者造成损害的，应当承担赔偿责任。

（5）公司应于解除或终止劳动合同当日即出具离职证明；可提前或延后几日办理，但不应影响到员工的失业保险待遇申请或再就业办理；如果要向员工送达《解除或终止劳动合同通知书》的，建议与离职证明一并送达。

（6）离职证明中应包括的内容有劳动合同期限、解除或终止劳动合同的日期、工作岗位、本单位的工作年限等信息，不得任意添加法定以外内容；确保内容准确，防止出现错误重新开具。

（7）企业可以要求员工签署离职证明的回执，或保存好EMS快递回单，证明已向员工开具并送达了离职证明。

问题38　离职证明有什么重要作用？

（1）离职证明的法律属性：属于附随义务；必须依法履行；无论是协商解除、单方解除、还是劳动合同终止均需依法出具。

（2）未出具离职证明的法律责任：赔偿劳动者的失业保险待遇损失；赔偿劳动者的工资、律师费用等经济损失；引发名誉权侵权纠纷；引发平等就业权纠纷。

（3）离职证明的作用和价值：解除、终止劳动合同，并证明已经办理完离职手续；劳动者转移社保和申领失业保险金的证明和必要材料；附带作为工作经验的证明。

（4）离职证明的必备项（四项）与可备项、禁止项内容：

①必备项包括劳动合同期限、解除或终止合同的日期、工作岗位、本单位的工作年限；

②离职原因是可备项，如果要写，就应该如实填写，不能按照劳动者的意愿随意填写，否则有法律风险；

③劳动者严重违纪违规，且是有违道德标准的"不光彩"行为，即通常所说的"污点材料"，即使是事实也应考虑措辞，避免给劳动者带来再就业的不便，这一类被称为禁止项。

问题39 用人单位能否以公告方式解除劳动合同？

公司在未能举证证明其无法向员工直接或者邮寄送达解除通知的情况下，直接采取公告的方式进行送达，属于解除劳动合同的程序违法，公告送达解除通知不发生法律效力。

问题40 员工失联，公司可以认定为自动离职或辞职吗？

（1）公司不做任何处理的后果：

①视为劳动合同中止履行，该期间双方无权利义务关系，但并不视为劳动关系的解除；

②视为双方协商一致解除，但用人单位需支付经济补偿金（依据各地法院的司法解释或司法实践）。

（2）在劳动法规的框架中，与"员工失联"的情况匹配的唯一一种处理方式，就是单位拥有从旷工定性以及从规章制度出发的严重违纪违规解除权。

（3）用人单位不愿意按严重违纪违规解除的主要动因是，部分员工可能存在急病、重病或意外伤害等情形；进行单方解除后，反而有仲裁赔偿的风险。

问题41 ▶ 提前退休都有哪些情形？

（1）内退（内部退养）：

①内退后，社会保险不会终止；

②内退设置一定的年龄界限；

③距法定退休年龄不足5年，本人申请、企业批准便可办理。

（2）退职：

①因病或者非因工负伤，经过鉴定丧失劳动能力，但是年龄又不够病退条件，只能退出岗位的；本人自愿退职，其退职对于本单位的生产或工作并无妨碍的；连续工龄不满3年，因病或非因工负伤而停止工作的时间满一年的；录用后在6个月以内，发现原来有严重慢性疾病，不能坚持工作的；

②经过社保部门批准，按照退职办理；退职按月领取的不叫退休费，也不叫退职费，叫退职生活费。

（3）病退：

①按照规定参加养老保险；连续工龄满10年；达到提前退休年龄，男年满50周岁，女年满45周岁（依退休新规需相应延迟）；由医院证明，并经鉴定完全丧失劳动能力；

②除退职外，内退、病退都有年龄限制。

（4）特殊工种提前退休：

①男年满55周岁，女干部年满50周岁，女工人年满45周岁（依退休新规需相应延迟），缴费年限满15年；

②所从事工种在国家特殊工种目录范围内并达到规定年限，有毒有害满8年以上（含8年）、高温井下满9年以上（含9年）、高空特别繁重满10年以上（含10年）；

③常年在0℃以下的冷库、生产车间等低温场所工作的工人退休时，可以参照从事井下、高温作业的工人的有关规定办理。

问题42 招用"超龄不享人员"有哪些注意事项?

（1）目前的司法认定似乎倾向于"达到法定退休年龄"与"享受养老保险待遇"两个条件同时具备，劳动合同才能终止；

（2）单位续用或招用"超龄不享人员"的，双方一般被认定为存在"劳务关系"；

（3）单位单方终止与"超龄不享人员"劳动合同的，虽然存在瑕疵，但一般也不会导致"恢复劳动关系"或"支付赔偿金"的严重后果；

（4）即便被认定为"劳务关系"的，如在用工过程中发生伤害事故，单位仍需承担工伤保险责任或雇主责任；

（5）参考《最高人民法院关于审理劳动争议案件适用法律问题的解释（二）》（征求意见稿）第六条："达到法定退休年龄但是尚未享受基本养老保险待遇的劳动者为用人单位提供劳动，劳动者请求参照适用劳动法律法规处理劳动报酬、工作时间、休息休假、劳动保护、职业危害防护以及工伤保险待遇等争议的，人民法院应予支持。"

问题43 停薪留职、内退、病退人员在外兼职与新用人单位之间是否存在劳动关系?

（1）停薪留职、内退、病退人员属于劳动关系；

（2）病退人员如领取了退休证，享受了养老保险待遇，则属劳务关系；

（3）在外兼职人员，除了公务员、事业单位人员等国家行政法规明令禁止的情况外，一般属劳动关系。

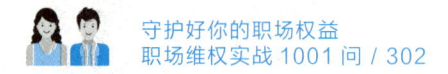

问题44 被公司踢出微信群，算是被辞退了吗？

（1）以公司发出书面《辞退通知书》为准；

（2）其次以员工与公司上级或人力资源部门的微信、信息、邮件沟通内容为准；

（3）至少以员工与公司上级或人力资源部门的电话录音沟通内容为准。

问题45 员工离职时千万不能落下的三大"宝物"是什么？

（1）解除劳动合同的相关证明文件，办理登记失业时所用；

（2）《养老保险手册》，办理养老保险转移、合并、退休时所用；

（3）离职证明，再就业时所用。

问题46 总公司决定注销分公司，劳动关系如何处理？

（1）用人单位主体消失，分公司与员工之间签订的劳动合同终止（主流观点）；

（2）总公司应承继分公司作为用人单位的权利义务。

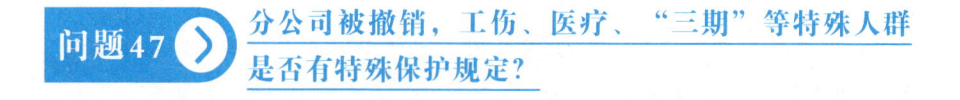

问题47 分公司被撤销，工伤、医疗、"三期"等特殊人群是否有特殊保护规定？

没有。一般的N+1赔偿情形及经济性裁员时，对于工伤、职业病、医疗期、"三期"女员工、15+5等特殊员工有特殊保护。

问题48 分支机构间订立的劳动合同次数是否累计？

如果两家关联机构属于独立法人，并非分支机构（分公司），仲裁委或法院有可能会认定经济补偿连续计算，但不认定两者属于同一用人单位。

问题49 采用累计处分解除劳动合同合法吗？

（1）规章制度中应有明确、清晰、层次分明的规定（福建）；
（2）严格按章执行，而每次累计处分均有证据支撑（福建）；
（3）累计处分的"累计期间"应当合理（珠海）；
（4）要根据累计规则是否合理，所对应是否同一行为来判断（江苏）。

问题50 劳动者嫖娼被行政拘留，用人单位以旷工为由解除合同合法吗？

（1）仅在劳动者构成犯罪并被追究刑事责任时，才可依法解除；
（2）被限制人身自由期间，劳动者客观上无法到岗，应不属于旷工；
（3）用人单位在此期间可以拒绝给付劳动报酬。

问题51 劳动合同解除中"被依法追究刑事责任"有哪些具体情形？

（1）被判处刑罚的，属于"被依法追究刑事责任"的情形；
（2）被判处刑罚缓期执行的，属于"被依法追究刑事责任"的情形；
（3）人民检察院免予起诉的，不再属于"被依法追究刑事责任"的情形；

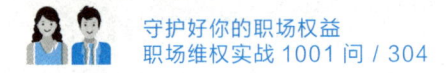

（4）人民检察院不起诉的，不属于"被依法追究刑事责任"的情形；

（5）人民法院免予刑事处罚的，仍属于"被依法追究刑事责任"的情形；

（6）劳动者被采取刑事强制措施，不属于"被依法追究刑事责任"的情形。

问题52 》 如何进行仲裁置换？

仲裁置换是指将本已具有约束力的《协商一致解除劳动合同协议书》置换为具有强制执行效力的《仲裁调解书》的过程，有如下注意事项：

（1）将申请仲裁置换作为协商解除劳动合同的协议内容之一；

（2）操作依据为《中华人民共和国劳动争议调解仲裁法》及《劳动人事争议仲裁办案规则》；

（3）双方可自《协商一致解除劳动合同协议书》生效之日起15日内，共同向当地劳动人事争议仲裁委员会提出仲裁审查申请；

（4）仲裁委员会受理后，依法对《协商一致解除劳动合同协议书》进行审查；

（5）根据《劳动人事争议仲裁办案规则》有关规定，对程序和内容合法有效的《协商一致解除劳动合同协议书》出具《仲裁调解书》；

（6）该《仲裁调解书》经双方当事人签收后，即发生法律效力；

（7）经此置换，原《协商一致解除劳动合同协议书》、现《仲裁调解书》已具备一裁终局之效力。

第二十一章
补偿赔偿篇

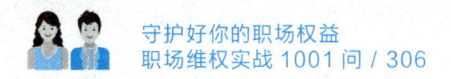

问题1 ▷ 解除劳动合同的经济补偿都是N+1的标准吗？

不，N+1只适用三种情形：不胜任、患病或非因工负伤导致的不胜任、客观情况发生重大变化致使劳动合同不能履行（股权变动不属于，如广东珠海2022年某案）。

问题2 ▷ 解除劳动合同经济补偿最多支付12个月工资吗？

不，员工月平均工资高于当地上年度社会月平均工资3倍的，方受此限制。

问题3 ▷ 工资越高，经济补偿金也越高吗？

不一定。员工月平均工资高于当地上年度社会月平均工资3倍的，便受限制。

问题4 ▷ 员工离职时要求公司即时全额支付补偿金的，各地如何规定？

（1）北京：一次性付清。
（2）上海：一次性付清，有约定且不违反法律法规的，从其约定。
（3）广东：办理离职手续当日结清并一次性支付。
（4）深圳：一个月支付周期，3日内付清；其他的按约定支付。
（5）山东：一次性付清。
（6）浙江：5日内一次性付清。
（7）陕西：办理离职手续前一次性付清。
（8）广西：3日内一次性付清。

问题5 经济补偿可以低于法定标准吗？

（1）一种观点认为，经济补偿低于法定标准是在排除劳动者的权利，且劳动者在法律认知方面处于弱势地位，故应从严认定。因此，补偿金额有法律强制规定，不可低于法定标准。

（2）另一种观点认为，应以双方合意为先，如协议签订后，劳动者仍能任意反悔，一方面会导致司法资源的重复浪费，另一方面，也会打击单位协商解除劳动合同的积极性。因此，双方合意时，应可低于法定标准。

（3）《最高人民法院关于审理劳动争议案件适用法律问题的解释（一）》（法释〔2020〕26号）第三十五条第一款："劳动者与用人单位就解除或者终止劳动合同办理相关手续、支付工资报酬、加班费、经济补偿或者赔偿金等达成的协议，不违反法律、行政法规的强制性规定，且不存在欺诈、胁迫或者乘人之危情形的，应当认定有效。"因此，自主权益的处分，可以低于法定标准。

问题6 不支持经济补偿低于法定标准，故支持员工补差诉求的判决有哪些？

（1）无证据证明劳动者明确放弃差额部分的，如〔（2016）粤03民终3441号〕；

（2）原告并未明确放弃对不足额部分追索的权利的，如〔（2021）赣0981民初2274号〕；

（3）补偿金金额远低于法定标准，显失公平的，如〔（2021）粤03民终7174号〕。

问题7 以"诚信原则"等为由，支持补偿可以低于法定标准的判决有哪些？

（1）劳动者明确表示"放弃其他任何主张"，追索违反了诚实原则

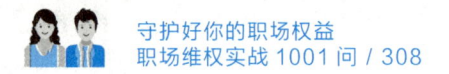

的，如［（2009）沪一中民一（民）终字第1387号］；

（2）原告已承诺不再以任何理由和方式向被告主张权利的，如［（2021）粤0104民初35648号］；

（3）已承诺放弃相应的权利；再诉请，则有违诚实信用原则的，如［（2021）粤07民终3768号］；

（4）劳动者提出协商解除的，公司不负有支付经济补偿金的义务的，如［（2021）粤03民终32199号］；

（5）虽有差距，但不能认定为显失公平的，如［（2015）青民一终字第2269号］；

（6）双方在解除劳动合同时，已经就经济补偿金达成一致的，如［（2021）桂11民终9号］。

问题8 双方可以约定不支付经济补偿金吗？

（1）劳动者与用人单位可就经济补偿金进行协商，原则上也可以约定不支付经济补偿；

（2）只要不存在欺诈、胁迫和乘人之危的情形，也不是显失公平，该约定（不支付经济补偿金）有效，如［（2022）皖04民终456号］。

问题9 经济补偿金的计算基数，是否应剔除病假期间的工资？

（1）北京、上海、广东、深圳：没有规定；法院偏向于不剔除。

（2）广东东莞：予以剔除。

（3）江苏：南京剔除；苏州不剔除。

（4）浙江：明确规定剔除。

（5）重庆：无需剔除。

（6）安徽合肥：剔除。

问题10 如何正确理解和适用代通知金?

（1）代通知金即"N+1"中的"1"。其适用的三种情形是：不胜任；患病或者非因工负伤导致的不胜任；客观情况发生重大变化，致使劳动合同无法履行，且双方协商未果的。

如企业已书面通知员工劳动合同于30日后解除，则不必支付代通知金。

（2）2N+1的赔偿没有法律依据；2×（N+1）更是无从说起。

（3）企业终止固定期限劳动合同时未提前30日书面通知员工，依据地方规定应给予赔偿金；其性质不再是代通知金，代通知金只适用于上述三种情形。

（4）代通知金一般以员工上个月的工资为标准；如其上月工资不能反映正常工资水平的，可按解除劳动合同前劳动者12个月的平均工资确认。

（5）员工取得代通知金后需缴纳个人所得税；应当按照一次性补偿收入之总额是否超过当地社会月平均工资的3倍上限而确定是否征收个人所得税。

问题11 违法解除劳动合同的赔偿金究竟如何计算?

关于"三倍封顶"的标准，各地大致有两种做法：

（1）经济补偿标准适用分段计算，即2008年前不封顶，2008年后封顶；赔偿金标准一律封顶，以上海为代表。

（2）经济补偿金和赔偿金标准一律封顶，以广东和北京为代表。

关于"十二年封顶"，各地基本一致：

（1）天津、广西：赔偿金计算自2008年1月1日开始，直接否定《中华人民共和国劳动合同法实施条例》第二十五条中"赔偿金的计算年限自用工之日起计算"的规定。

（2）广东：经济补偿和赔偿金标准一律封顶，否定《中华人民共和国劳动合同法》第九十七条第三款关于分段计算的规定。

（3）上海：经济补偿分段计算，但赔偿金不分段计算。

（4）依照上述上海高院"经济补偿分段计算，赔偿金不分段计算"的方式，如果员工工资足够高，会出现"赔偿金"反而低于"补偿金"的奇怪现象。

问题 12 ▶ 经济补偿金的计算标准中，是否包含加班工资？

各地裁判有分歧：

（1）部分包含加班费的地区：北京、江苏、广东深圳、浙江杭州；

（2）部分不包含加班费的地区：四川、上海；

（3）未明确的地区：浙江、广东东莞。

问题 13 ▶ 违法解除或终止的经济赔偿金是否受"最高不超过十二年"的限制？

（1）解除或者终止劳动合同前12个月的劳动者月平均工资，高于用人单位所在直辖市、设区的市级人民政府公布的本地区上年度职工月平均工资3倍的，向其支付经济补偿（含赔偿）的标准按职工月平均工资3倍的数额支付，向其支付经济补偿（含赔偿）的年限最高不超过12年，即"工资、年限双限高"。

（2）解除或者终止劳动合同前12个月的劳动者月平均工资，低于单位所在直辖市、设区的市级人民政府公布的本地区上年度职工月平均工资3倍的，无"工资、年限双限高"。

（3）北京市经济补偿分段计算法：

①2007年12月31日前的经济补偿依照《中华人民共和国劳动法》及其配套规定计算；

②2008年1月1日后的经济补偿依照《中华人民共和国劳动合同法》的规定计算；

③经济补偿金的基数为劳动者在劳动合同解除或者终止前12个月的平均工资，不再分段计算。

（4）广西自治区经济补偿裁判实例：

①南宁中院［（2019）桂01民终6193号］：劳动合同终止的经济补偿年限自2008年1月1日起计算。

②南宁中院［（2021）桂01民终942号］：高收入职工劳动合同的经济补偿金的补偿年限不超过12年。

③梧州中院［（2020）桂04民终358号］：普通职工补偿最高不超过12年。

问题14 劳动合同纠纷中，哪些情形不适用经济补偿金？

（1）协商解除。劳动者提出，双方可协商一致无偿解除劳动合同。

（2）过失性解除。劳动者有下列情形之一的，用人单位可以无偿解除劳动合同：

①在试用期间被证明不符合录用条件的；

②严重违反用人单位的规章制度的；

③严重失职、营私舞弊，给用人单位造成重大损害的；

④劳动者同时与其他用人单位建立劳动关系，对完成本单位的工作任务造成严重影响，或者经用人单位提出，拒不改正的；

⑤因《中华人民共和国劳动合同法》第二十六条第一款第一项规定的情形（即欺诈、胁迫或者乘人之危）致使劳动合同无效的；

⑥被依法追究刑事责任的。

（3）特殊情况下的劳动合同可无偿终止：

①劳动者达到退休年龄而劳动合同终止的；

②劳动者开始依法享受基本养老保险待遇的；

③劳动者死亡或者被人民法院宣告死亡或者宣告失踪的；

④以完成一定工作任务为期限的劳动合同期限届满终止的；

⑤固定期限劳动合同到期，用人单位维持或者提高劳动合同约定条件续订劳动合同，劳动者不同意续订而终止劳动合同的。

（4）相关司法实践有：

①员工停薪留职后违反劳动合同约定致劳动关系解除，不能得到经济补偿（湖北五峰）；

②劳动者提出并与用人单位协商一致解除合同，不能要求支付经济补偿金（福建厦门）；

③劳动合同期满，劳动者主动辞职，用人单位无需支付经济补偿金（福建龙岩）；

④导购员原价销售特价商品、私拿差额被解除劳动关系，应认定不获补偿（北京顺义）；

⑤劳动合同期满终止，用人单位提出续签劳动合同而劳动者不同意的，劳动者不能主张经济补偿（上海浦东）。

问题15 未按照约定给员工解决户口问题，单位需支付经济补偿金吗？

（1）诚实信用是市场经济活动的一项基本道德原则，劳动合同的签订亦应遵循合法合理、协商一致、诚实信用的原则。

（2）单位未依约定给员工解决户口问题，员工因此解除劳动合同并索要补偿金，可获支持。

（3）北京法院对于户口违约引发的劳动争议案件，总结出以下几个要点：

①用人单位主张劳动者承担违约金，均未得到法院支持；

②当劳动者存在违背诚实信用原则的行为，用人单位可以主张劳动者承担赔偿责任；

③用人单位主张损失赔偿，需要对损失数额举证证明。

（4）参考《最高人民法院关于审理劳动争议案件适用法律问题的解释（二）》（征求意见稿）第二十六条："用人单位除向劳动者支付正常劳动报酬外，与劳动者约定服务期限并提供住房等特殊待遇，劳动者违反劳动合同约定提前解除劳动合同且不符合劳动合同法第三十八条规定情形时，用人单位请求劳动者折价补偿服务期限尚未履行部分应分摊费用或者赔偿造成的损失的，人民法院可以判令劳动者承担相应责任。"

问题16 劳动合同终止，企业年金如何支付？

（1）按照法律规定，公司不再继续缴纳；

（2）员工在达到法定退休年龄时，可以从本人企业年金个人账户中一次性或者定期领取。

问题17 工资构成中没有底薪，仅与提成挂钩的，计算未签合同2倍工资时如何确定基数？

（1）工资特征：具有连续性、稳定性，金额相对固定，属于劳动者正常劳动的应得劳动报酬。

（2）不固定发放的提成工资、奖金等一般不作为（不是一定不作为）未订立劳动合同2倍工资差额的计算基数。

（3）实操指引：①实际收入；②最低工资标准；③社平工资。

问题18 终止劳动合同而取得的经济补偿，能否享受个税免征额？

不能按照解除劳动合同一样享有个税免征额，而应当按照工资、薪金项目予以征收个人所得税。

问题19　取消证书补贴或者职务补贴是否违反劳动法？

（1）津贴、补贴均属于劳动报酬的范畴；

（2）用人单位与劳动者协商一致，可以变更劳动合同约定的内容；

（3）变更劳动合同，应当采用书面形式；

（4）未经协商一致擅自取消已经给予劳动者一段时间的补贴或津贴属于未足额支付劳动报酬的情形；劳动者有权向劳动监察部门进行投诉，也可以主张被迫解除劳动合同的经济补偿与拖欠的工资差额。

问题20　劳动者拒不办理工作交接的，用人单位可以不发放工资吗？

劳动者拒不办理工作交接的，用人单位不能拖欠工资，也不能扣押经济补偿金；因劳动者拒不办理工作交接，给公司带来损失的，另寻途径解决。

问题21　员工给公司造成了损失，公司能够要求员工赔偿吗？

员工赔偿需具备的基本要素是：

（1）双方就索赔事项已经在劳动合同中作出了约定；

（2）员工行为和损失后果之间有因果关系；

（3）损失后果明确、可量化、可证明。

问题22　公司为员工支付的离职经济补偿金中，可否扣除员工借款、缺勤扣款、社保公积金代扣代缴等款项？

（1）社保公积金代扣代缴一般都是从应发工资中进行扣除，而不是经济补偿中扣除；不足以扣除的可以从经济补偿中代扣，因为缴纳社保公积金是员工的法定义务。

（2）缺勤扣款不合法，涉及非法克扣工资。

（3）员工工资和经济补偿金与员工借款属于不同民事法律关系，故实操中不可直接相互抵扣。

（4）员工履行职务在单位借款挂账发生的纠纷，一方以劳动争议或以其他理由向人民法院起诉的，裁定不予受理；已受理的，裁定驳回起诉（深圳：不属于劳动仲裁、劳动纠纷的案件受理范围）。

（5）上述（4）的此类借贷应由公司内部财务制度处理。

问题23 企业解除劳动合同时能否要求员工支付培训服务期违约金？

（1）员工解除或终止劳动合同时服务期未满的，员工违约。

（2）第一次劳动合同期满企业选择不续签而终止劳动合同的，无权要求员工支付违约金。

（3）因员工严重违纪违规导致企业解除劳动合同的，视作员工违约。

（4）员工无过错情形下企业合法解除劳动合同的5种情形：协商一致解除、医疗期满解除、不胜任解除、客观情况发生重大变化解除和经济性裁员解除。各情形的违约金支付情况是：

①若是企业提出的协商解除，非员工过错，故企业不得要求违约金；

②若是员工提出协商解除，本质上与其辞职是相同的，企业有权要求员工支付违约金；

③经济性裁员的解除，员工本无任何过错，企业无权要求员工支付违约金；

④医疗期满解除、不胜任解除、客观情况发生重大变化解除，此3种情形中均无员工的主观过错存在，企业不得要求员工支付违约金；

⑤若是企业违法解除或终止，不得要求违约金。

问题24 ▶ 加班工资、未休年休假工资、未签合同双倍工资、解除合同补偿金的计算基数一致吗？

（1）加班工资基数：

①以劳动合同约定的工资标准为加班基数；

②实际发放的工资标准高于原约定工资标准的，以实际发放标准作为加班费计算基数；

③实行综合计算工时工作制的用人单位，当综合计算周期为季度或年度时，应将综合周期内的月平均工资作为加班费计算基数。

（2）未休年休假工资基数：

①按职工日工资收入的300%支付未休年休假工资报酬；

②未休年休假的工资包含用人单位支付职工正常工作期间的工资收入（100%部分）及法定补偿（200%部分），这个200%就是申请仲裁时的标准；

③年休假适用特殊仲裁时效限制，即离职后一年内申请仲裁有效。

（3）未签劳动合同双倍工资基数：

①基本/岗位/职务/工龄/级别工资等按月支付的工资属于劳动者正常劳动的应得工资，应作为计算基数；

②不固定发放的提成工资、奖金等一般不作为未订立合同二倍工资差额的计算基数；

③一般不作为，不是一定不作为，比如零售业的导购的提成，属于常态取得的收入，应予计算；此外，还可以要求法院根据淡旺季酌情按照社会平均工资调整。

（4）解除劳动合同补偿金基数：

①解除劳动合同前12个月平均工资，但不包含离职当月；

②包括计时工资或计件工资以及加班费、奖金、津贴和补贴等货币性收入；

③年终奖或年终双薪，计入工资基数时应按每年12个月平均分摊。

问题25 违法解除被撤销，继续履行期间工资如何计算？

（1）北京、山东、江苏：按正常工作工资标准。

（2）上海、广东：按前12个月劳动者本人的月平均工资标准。

（3）辽宁：按当地职工平均工资标准。

（4）除了以上标准外，一些地方在确定计算标准时还会考量其他因素，如北京、辽宁、上海、江苏等地会考虑：违法解除劳动合同是实体违法还是程序违法；劳动者是否有过错；诉讼期间劳动者是否提供了劳动；劳动者的工资标准；劳动争议案件的诉讼周期等。

问题26 员工退休后被反聘，体检中查出职业病如何赔偿？

（1）依工伤标准；

（2）工伤的事实发生在退休前，职业病的检查与鉴定可以在退休后的2～4年内。

问题27 无固定期限劳动合同员工不胜任工作，如何处理？

（1）可以不胜任为由解除劳动合同；

（2）按N+1标准支付补偿，即12+1个月工资（如果超过13年，受12年最高限制）。

问题28 计发经济补偿时，"工作时间不满1年"如何理解？

"工作时间不满1年"指两种情形：

（1）职工在本单位的工作时间不满1年的；

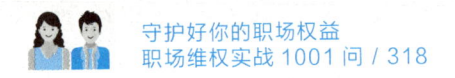

（2）职工在本单位的工作时间超过1年但余下的工作时间不满1年的。

问题29 外商投资企业对期满终止劳动合同的职工是否给予经济补偿？

《中华人民共和国劳动合同法》适用于中华人民共和国境内的所有用人单位，外商投资企业也不例外。

问题30 经济补偿与经济赔偿的典型司法判例有哪些？

（1）劳动者提出协商解除的，公司不负有支付经济补偿金的义务；双方仍约定公司支付经济补偿金的，虽然约定的经济补偿金额较低，但如果劳动者不能证明是公司提出协商解除的，此时劳动者诉求公司补足相关差额，可能无法得到裁判机关的支持，因为缺乏事实和法律依据，如［（2021）粤03民终32199号］。

（2）劳动者请求支付赔偿金但人民法院认为应支付经济补偿的，可直接作出判决（既未超出劳动者的诉讼请求范围，又较好地贯彻了效率原则），如［（2021）吉02民终2256号］。

问题31 劳动者提出协商一致解除劳动合同有经济补偿吗？

（1）劳动者提出与用人单位协商一致解除劳动合同，用人单位无过错，无需支付经济补偿金，如［（2009）厦民终字第3579号］。

（2）劳动合同期满终止，用人单位提出续签劳动合同而劳动者不同意的，劳动者不能主张经济补偿金，如［（2014）浦民一（民）初字第4800号］。

问题32 ▶ 协商解除及单位提出解除劳动合同需要支付经济补偿金吗?

解除和终止		条件	期限	经济补偿金
协商解除	单位提出	不论何种类型的劳动合同,也不需要任何条件,都可协商解除	无要求	需支付
	员工提出		无要求	无需支付
单位提出解除	即时通知解除劳动合同(过失性解除劳动合同)	试用期内不符合录用条件	随时	无需支付
		严重违纪违规	随时	无需支付
		造成重大损失	随时	无需支付
		双重劳动关系,对本职工作有严重影响或经提出后拒不改正的	随时	无需支付
		以欺诈、胁迫手段或趁人之危订立的劳动合同	随时	无需支付
		被追究刑事责任的	法院作出刑事判决之日	无需支付
	基于客观因素变化,预告通知解除(非过失性解除劳动合同)	患病或非因工负伤,医疗期满不能从事原工作,也不能从事另行安排的工作的	提前30天或支付一个月工资	需支付(N+1)
		不能胜任工作,经培训或调岗后仍无法胜任的	提前30天或支付一个月工资	需支付(N+1)
		劳动合同订立时的客观情况发生变化,致使合同无法履行,且无法达成变更劳动合同协议的	提前30天或支付一个月工资(但不得据此解除试用期职工的劳动合同,否则属违法解除)	需支付(N+1)
	裁员解除	破产;经营困难;转产、重大技术革新或经营方式调整的	履行法定程序后可以裁员(但不得据此解除试用期职工的劳动合同,否则属违法解除)	需支付

问题33 ▶ 员工提出解除劳动合同需要支付经济补偿金吗?

解除和终止		条件	期限	经济补偿金
员工提出解除	提前30天通知解除	不论何种类型的劳动合同,也不需要任何条件,劳动者都可以提前30天通知解除劳动合同	提前30天通知	无需支付
	提前3天通知解除	试用期内	提前3天通知	无需支付

续表

解除和终止		条件	期限	经济补偿金
员工提出解除	随时通知解除	未提供约定的劳动保护和条件	随时通知	需支付
		未按时足额支付劳动报酬	随时通知	需支付
		未依法缴纳社会保险费	随时通知	需支付
		规章制度违法，损害劳动者利益	随时通知	需支付
		以欺诈、胁迫手段或趁人之危订立劳动合同的	随时通知	需支付
		法律法规规定的其他情形	随时通知	需支付
	无需通知立即解除	以暴力、威胁或非法限制人身自由的手段强迫劳动者劳动的	立即解除，无需通知	需支付
		违规违章，强令冒险作业	立即解除，无需通知	需支付

问题34 ▶ 劳动合同终止需要支付经济补偿金吗？

解除和终止		条件	经济补偿金
劳动合同终止	劳动合同期满	首次劳动合同期满，用人单位无条件不续订	需支付
		首次劳动合同以后的劳动合同期满，用人单位不续订或用人单位降低劳动条件续订劳动合同迫使劳动者不同意续订的	需支付赔偿金
		用人单位维持或提高劳动条件续订劳动合同，劳动者不同意续订的	无需支付
	劳动者开始依法享受基本养老保险待遇的		无需支付
	劳动者死亡，或者被人民法院宣告死亡或者失踪的		无需支付
	用人单位被依法宣告破产的		需支付
	用人单位被吊销营业执照、责令关闭、撤销或者用人单位决定提前解散的		需支付
	法律、行政法规规定的其他情形		无需支付

第二十二章
《民法典》相关

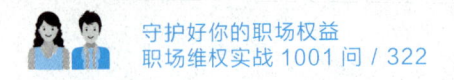

问题1 《中华人民共和国民法典》与《中华人民共和国劳动合同法》有什么关系？

（1）《中华人民共和国民法典》自2021年1月1日起施行；《婚姻法》《继承法》《民法通则》《收养法》《担保法》《合同法》《物权法》《侵权责任法》《民法总则》同时废止。

（2）未废止的《中华人民共和国劳动法》《中华人民共和国劳动合同法》与《中华人民共和国民法典》的关系：

①传统观点：劳动争议处理不适用一般的民法规则。

②现实情形：在不违背特别法的立法目的和基本精神的前提下可适用一般法的规定。

③特殊性（单位解除事由的法定化及经济补偿金）与一般性（民法上不存在合同中止的一般规则，地方性立法便"生造"了劳动合同中止制度）。

（3）《中华人民共和国民法典》实施后，《中华人民共和国劳动合同法》的司法实践：

①《中华人民共和国民法典》是"社会生活的百科全书"，在法律体系中居基础性地位，也是市场经济的基本法；

②《中华人民共和国民法典》之于《中华人民共和国劳动合同法》是一般法对特别私法的立法肯认；

③《中华人民共和国劳动合同法》没有规定的，当然适用《中华人民共和国民法典》的规定。

问题2 《中华人民共和国民法典》对人力资源管理的具体影响有哪些？

（1）有些条款可以直接适用于劳动用工领域；

（2）有些条款可以作为劳动用工领域的补充；

（3）有些条款可以作为劳动用工领域一些问题的解释；

（4）对人力资源的合规管理提出更高的要求。

问题3 居民委员会、村民委员会等基层群众性自治组织是否具有法人资格？

是。这些组织招用人员符合劳动关系成立特征（主体资格；规章制度、劳动管理、劳动报酬；业务组成）的话，也适用劳动法律的规定，纳入劳动法律主体的适用范围。

问题4 初中生可以做一个打工人吗？

年龄	说明	注意事项
≥18周岁	完全民事行为能力人	
≥16周岁 <18周岁	基本自食其力，可视为完全民事行为能力人	特殊劳动保护
<16周岁	可在文体单位（如杂技团）或其他特殊工艺单位工作	经过审批及保障义务教育

问题5 员工确诊患有精神类疾病或丧失意识，企业找谁协商处理员工相关事宜？

（1）监护人顺序：配偶；父母或子女。
（2）其他亲属，需获居委会、村委会或民政部门同意。

问题6 企业处理员工死亡事宜时，应该找谁谈？

（1）家属指定对接人的，对接人应获得家属的授权委托书。
（2）遗产继承顺序：第一顺位，配偶、子女、父母；第二顺位，兄弟

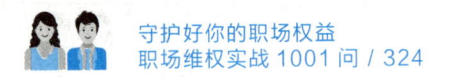

姐妹、祖父母、外祖父母。

（3）子女包括婚生/非婚生/养/有扶养关系的继子女；父母包括生/养/有扶养关系的继父母；兄弟姐妹包括同父母/同父异母/同母异父/养/有扶养关系的继兄弟姐妹。

问题7 员工不辞而别，可否视为其以默示行为作出了辞职的意思表示？

不辞而别的三种裁判结果：
（1）视为双方协商一致解除劳动合同，用人单位应支付经济补偿金；
（2）视为劳动者被迫自动离职，用人单位须支付经济补偿金；
（3）双方都无法证明离职的意思表示，不支持经济补偿金或赔偿金，对劳动关系是否解除不作判断。

问题8 工亡中的死亡时间问题包括哪些内容？

（1）生、死时间，以出生证明、死亡证明记载的时间为准。
（2）在工作时间和工作岗位突发疾病死亡或在48小时之内经抢救无效死亡的，视同工伤。
（3）"脑死亡"与"心肺死亡"的认定地区：
①采用"脑死亡"说，并不以"死亡证明"开具时间为准的地区有内蒙古呼伦贝尔，山东济南、日照、潍坊，河南郑州，陕西西安，湖南长沙、常德，江西赣州、遂川，广东韶关；
②采用"心肺死亡"说，以"死亡证明"开具时间为准的地区有江苏苏州、连云港，甘肃陇南，四川峨眉山，广东东莞，广东深圳。

问题9 员工可否主张撤销提交的辞职申请或签订的协商解除与补偿协议？

在涉及"重大误解"的撤销权的理解和适用中，通常有以下三类情形：

（1）员工提交辞职申请后，以怀孕、生病、工伤等理由要求撤销辞职申请（"我不知道"）；

（2）员工以怀孕、生病、工伤为由，主张已签订之协商解除与补偿协议无效；

（3）劳动合同期满公司终止合同，员工以怀孕、生病、工伤为由，主张继续履行合同。

问题10 学历"欺诈"的处理是否受时间限制？如5年或10年后用人单位能否行使劳动合同解除权？

（1）若定性为"可撤销"行为，有1年"撤销权"（民事法律5年）；

（2）若定性为"无效"行为，则无时间限制；

（3）实践中，"合理性"很重要，无论有否续订过劳动合同，长达5～10年的"欺诈"都难以自圆其说。

问题11 企业对哪些事项享有知识产权？

（1）企业产生的文字作品；
（2）工程设计图；
（3）产品设计图；
（4）计算机软件；
（5）各类发明专利；
（6）商业秘密等。

问题12 什么是用人单位及员工的名誉权、荣誉权保护问题？

（1）用人单位侵犯员工的名誉权：解除、终止劳动合同或处理劳资纠纷时，擅自向供应商、客户或公众公布针对员工的不实的贬损性描述或评价；

（2）员工侵犯用人单位的名誉权：员工在微信群或网络上发帖，使用诸如"黑心工厂""血汗工厂""没人性的黑心老板"等词语诋毁、诽谤的；

（3）员工之间侵犯名誉权：上下级或同事之间有矛盾，通过微信群、朋友圈、网络等渠道发布指向明确的侮辱性言论、捏造事实等，都可能构成名誉权侵权。

问题13 什么是员工的行动自由权问题？

如江苏无锡的一个判例：

（1）用人单位不得非法搜查劳动者，其中包括劳动者身体及随身携带的物品、包袋等；

（2）君×酒店《员工手册》中的"员工有责任在进出酒店时主动配合保安人员对随身的包袋或其他容器进行必要的检查"的规定违法，属无效规章制度。

问题14 什么是员工的生命权、身体权、健康权问题？

若因生产安全事故、职业病导致人身伤害，用人单位除承担工伤赔偿责任外，还有可能被要求承担民事赔偿责任，即就高补差模式：

（1）员工在遭受工伤后，可进行民事伤残等级鉴定；

（2）对于相同性质的赔偿项目，如民事伤残等级的赔偿数额高于工伤的，单位需补足到民事赔偿的数额；

（3）对于不同性质的赔偿项目，员工则可以分别主张即"双赔"（广东省）。

问题15 如何界定职场性骚扰？

违背他人意愿，以言语、文字、图像、肢体行为等方式对他人实施骚扰，强迫他人配合，使受害人感到不悦、受辱、被侵犯的行为。受害人有权依法请求行为人承担民事法律责任。

问题16 企业如何通过管理制度对性骚扰行为进行处罚？

可以把性骚扰界定为严重违纪违规行为，并给予无偿解除劳动合同处分。可参考以下措施：

（1）在企业文化上，严禁此类不当行为；

（2）在员工行为规范中，增加禁止性骚扰的内容；

（3）在劳动纪律中，增加对于性骚扰行为的处罚措施和力度；

（4）在制度设计中，设计针对性骚扰行为的投诉反馈渠道。

问题17 员工的个人信息包括哪些内容？

（1）职工花名册内容：姓名、性别、民族、身份证号、户口性质、文化程度、户籍地址及现住址、联系方式、职工类别、职称资质、用工形式、工种岗位、用工起始时间、合同期限、合同类型、入职年限等。

（2）企业有权了解员工与劳动合同直接相关的内容：健康情况、知识

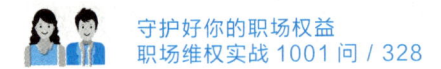

技能、学历、职业资格、工作经历、家庭地址、主要家庭成员等。

问题18 企业处理员工个人信息有哪些义务？

（1）应采取相关技术和其他必要措施，确保收集、存储的个人信息安全，防止其泄露、篡改、丢失；

（2）未经员工同意，不得非法买卖、提供或公开其个人信息；

（3）发生个人信息泄露、篡改、丢失的，应及时采取补救措施。

问题19 企业处理员工个人信息需要注意哪些事项？

（1）征得该员工或其监护人同意；

（2）公开处理信息的规则；

（3）明示处理信息的目的、方式和范围；

（4）不违反法律、行政法规的规定和双方的约定。

问题20 如何界定员工的隐私权？

（1）员工的私密空间，指企业内部的更衣室、浴室、洗手间、宿舍等；

（2）办公场所、生产场所等公共区域不属于私密空间；

（3）员工的私密活动、私密信息，指非履行劳动合同的活动、信息，属于员工本人的私人事务范畴。

问题21　哪些行为会侵犯员工的隐私权？

（1）以电话、短信、即时通信工具、电子邮件、传单等方式侵扰他人的私人生活安宁。

（2）进入、拍摄、窥视他人的住宅、宾馆房间等私密空间。

（3）拍摄、窥视、窃听、公开他人的私密活动。

（4）拍摄、窥视他人身体的私密部位。

（5）处理他人的私密信息。

（6）以其他方式侵害他人的隐私权。

（7）企业了解员工的病情不属于侵犯隐私的行为；但未经本人允许公开其病情，则具有侵犯隐私的嫌疑。

（8）对于安装视频监控，或用技术手段监控办公电脑、手机、公务车等，要注意：

①安装监控视频的，应当在公共空间或区域；

②监控电脑、手机、公务车等，应当事先告知使用人；

③监控时间应当以日常工作时间为准。

问题22　如何界定员工有"不当行为"？

（1）2017年，重庆某案：规章制度未规定违反公序良俗时可以解除劳动合同的，用人单位不得以此为由解除劳动合同。

（2）2020年，江苏无锡某案：翟×的上述行为虽然属于私生活问题，但由于严重违背了公序良俗，且遭受行政处罚，造成较大的社会负面影响；兴×公司据此解除与翟×的劳动合同，并通过了工会程序，故不属于违法解除。

问题23 "不当得利"规则在劳动争议中的适用情形有哪些？

（1）用人单位误操作向员工重发、多发、错发了工资，员工不愿退还多余部分；

（2）用人单位管理失误，向已离职的员工发放工资，员工不愿退还；

（3）本应由社保承担的生育津贴，单位先行支付，员工事后不愿返还；

（4）休较长事假期间，无工资可以扣缴，公司代垫个人社保费用，员工事后不愿返还；

（5）企业漏缴、少缴社保费被社保征缴机构要求补缴应缴的企业部分和个人部分，企业被迫代垫个人缴费部分后，员工拒不承担个人缴费部分；

（6）员工离职期间因离职产生纠纷，企业未停社保；判决结果是劳动关系解除时间早于社保停止缴纳时间，由此导致企业多缴了一段社保，员工拒不承担多缴费用。

在上述情形中，（1）天津，不属于不当得利［299津民申1366号］；（4）（5）（6）宁夏中卫，适用不当得利；广州、合肥、哈尔滨、溧阳，不属于不当得利。

问题24 "职务行为致人损害"规则在劳动争议中的适用情形有哪些？

（1）如果被认定为"假外包、真派遣"，因履行职务致人损害的，用工单位（名义上的发包单位）要承担侵权责任；

（2）如果是真外包，那么履行的职务也是承包单位的职务，责任也应由承包单位承担，发包单位无须担责。

问题25 "自甘风险"规则在劳动争议中的适用情形有哪些?

（1）用人单位统一组织和安排的文体活动，并要求员工参加的，员工受到伤害，除非用人单位能证明是自杀、自残的，一般可以被认定为工伤或视同工伤，即单位要承担责任；

（2）员工自愿参加的如本单位员工自发组织的羽毛球训练、比赛，或足球训练、比赛等，若受到人身伤害的，按"自甘风险"规则自行承担风险；

（3）即便是员工自愿参加的文体活动，组织者仍负有安全保障义务，否则需承担相应责任。

问题26 电子劳动合同、通过邮件签署的劳动合同属于合同的书面形式吗?

属于法律认可的书面形式。但由于电子数据本身所具有的易损、易变更等特征，在使用电子劳动合同时，其安全性、稳定性应成为首要考虑的问题。

问题27 法人（总公司）对分支机构有哪些责任义务?

《中华人民共和国民法典》第七十四条："法人可以依法设立分支机构。法律、行政法规规定分支机构应当登记的，依照其规定。分支机构以自己的名义从事民事活动，产生的民事责任由法人承担；也可以先以该分支机构管理的财产承担，不足以承担的，由法人承担。

问题28　与员工签订的劳动合同和协议的开始、结束时间如何计算？

（1）如果劳动合同期限整年多出1天的，计算经济补偿时，超过1天，需按半个月支付经济补偿；

（2）按照年、月、日计算期间的，开始的当日不计入，自下一日开始计算；按照小时计算期间的，自法律规定或当事人约定的时间开始计算；

（3）按照年、月计算期间的，到期月的对应日为期间的最后一日；没有对应日的，月末日为期间的最后一日。

问题29　用人单位的消亡与劳动合同的终止时点是什么？

法人终止时点不等于劳动合同终止时点。清算期间要注意以下几点：

（1）法人虽然存续，但权利能力已受到限制，不能从事生产经营活动，只能从事与清算有关的工作；

（2）清算组外的劳动者，其劳动合同在作出解散决定后就可以终止了，而无须待法人注销时方才终止；

（3）清算结束并完成法人注销登记时，是法人终止的时点，不是劳动合同终止的时点。

问题30　《中华人民共和国劳动合同法》中的"以上""以下""超过"等表述如何解读？

有关试用期、劳动合同期限、带薪年休假、医疗期等所称的"以上""以下""以内""届满"，包括本数；所称的"不满""超过""以外"，不包括本数。

问题31 "时效"规则在劳动争议中具体怎么适用?

（1）劳动争议的仲裁时效为1年（拖欠劳动报酬纠纷不受1年限制），民事纠纷的普通时效一般为3年。

（2）《最高人民法院关于审理劳动争议案件适用法律问题的解释（二）》（征求意见稿）第二条："当事人未提出仲裁时效抗辩，人民法院不应对仲裁时效问题进行释明。"

（3）《最高人民法院关于审理劳动争议案件适用法律问题的解释（二）》（征求意见稿）第三条："当事人在仲裁期间未提出仲裁时效抗辩，在一审期间提出仲裁时效抗辩的，人民法院不予支持，但其基于新的证据能够证明对方当事人的请求权已超过仲裁时效期间的情形除外。当事人未按照前款规定提出仲裁时效抗辩，以仲裁时效期间届满为由申请再审或者提出再审抗辩的，人民法院不予支持。"

问题32 企业如何妥善处理失踪员工的劳动关系?

（1）明知员工下落不明而按旷工处理，存在合规风险。

（2）按劳动合同中止履行处理：期间无需支付工资；社保及公积金均可停止缴纳；中止履行期间不计为工龄。

（3）员工下落不明两年后，企业可向法院申请宣告失踪；法院作出宣告失踪裁定的，劳动合同关系依法终止。

问题33 劳动合同中的"欺诈"需同时具备哪4个条件?

（1）主观上有欺诈故意，即引诱企业做出错误的签订劳动合同的决定；

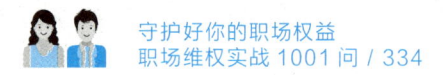

（2）欺诈行为是客观存在的，可以是隐瞒真相，也可以是捏造事实；

（3）企业因为受到欺诈而陷于错误认识；

（4）企业基于自己的错误认识而违背内心真实的意思表示。

以上四个条件之外，隐瞒涉及就业歧视的信息，或与招聘条件、签订劳动合同无关的信息，通常不会被认定为欺诈；容易构成欺诈的情形包括捏造或伪造工作履历、经验、学历、职业资格等，但如果企业没有把这些信息作为应聘及订立劳动合同的必备条件，则无法构成欺诈。

问题34 员工以自残、自杀、跳楼等方式威胁企业时如何应对？

（1）员工提交辞职申请或者签订各类协议后，以受到企业胁迫为由主张无效，要求撤销的，其要证明企业存在胁迫手段本身就会是一个难题。

（2）员工以自残、自杀、跳楼等方式，要求企业续订劳动合同、签订补偿协议等，企业可以向人民法院或仲裁机构申请撤销。

（3）企业应通过录音、录像、报警等方式获得证据，然后通过法律渠道要求撤销。

问题35 员工持患有精神类疾病的证明材料以规避责任，企业如何应对？

（1）企业以利害关系人或有关组织的名义，向法院申请认定员工行为能力；

（2）法院可根据员工的智力、精神健康恢复状况，认定其恢复为限制民事行为能力人或完全民事行为能力人。

问题36 患有精神类疾病的员工的司法实践判例有哪些?

（1）［（2021）鄂01民终3405号］：×行武汉分行上诉主张其不应补发华×病假工资的理由不能成立。

（2）［（2020）京03民终4346号］：宋××一审中明确拒绝精神疾病鉴定，一审因此判决其承担举证责任，这种做法违反了《中华人民共和国精神卫生法》的有关规定（尊重患者人格，自愿接受检查和诊断）。

（3）［（2020）津03民终2858号］：民事判决维持了原审法院关于解除劳动关系行为无效的认定。

（4）［（2019）京02民终11084号］：公司于2019年7月22日向高××发送的函件中提及了"精神病人发作，其他员工的恐惧、不安和伦理尴尬，如厕问题"等内容，导致高××据此主张受到了公司的就业歧视。

第二十三章
劳动仲裁篇

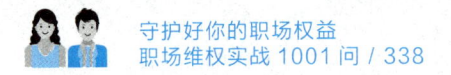

问题1 — 个体工商户的营业执照登记业主与实际经营人不一致的，如何确定诉讼主体？

根据《最高人民法院关于适用〈中华人民共和国民事诉讼法〉的解释》第五十九条内容：

（1）以营业执照上登记的经营者为当事人；

（2）有字号的，以登记字号为当事人，但应同时注明该字号经营者的基本信息；

（3）营业执照上的登记与实际经营者不一致的，以登记和实际经营者为共同诉讼人。

问题2 — 如何确定不具法人资格的其他组织的诉讼主体资格？

（1）银行、保险公司等的分支机构具备独立承担责任能力；

（2）其他分支机构，不论作为原告还是被告，凡涉及给付义务的，应当追加设立该分支机构的法人进入诉讼；

（3）若诉讼标的仅为确认劳动关系而不涉及给付义务的，可不追加设立该分支机构的法人进入诉讼。

问题3 — 分支机构被撤销时，法人（总公司）是否有接受安置员工的义务？

（1）分支机构虽不具有独立法人资格，但可以以自己的名义从事民事活动。

（2）分支机构从事民事活动，产生的民事责任由法人（总公司）承担。

（3）当分支机构被撤销时，劳动合同终止，法人（总公司）：

①其民事责任主要是经济责任；即如果赔付劳动者经济补偿金额不足

时，由法人（总公司）负责补足赔付；

②法人（总公司）仅承担有关经济责任；

③法人（总公司）没有义务接收具有人身性质的劳动关系。

问题 4　诉讼中发现用人单位因被吊销营业执照等不能承担相关责任的，如何处理？

（1）《最高人民法院关于审理劳动争议案件适用法律问题的解释（一）》第二十九条："未办理营业执照、营业执照被吊销或营业期限届满仍继续经营的，应当将用人单位或者其出资人列为当事人。"

（2）《劳动人事争议仲裁办案规则》第六条："未办理营业执照、被吊销营业执照、营业执照到期继续经营、被责令关闭、被撤销以及用人单位解散、歇业的，应当将用人单位和其出资人、开办单位或者主管部门作为共同当事人。"

问题 5　案件处理过程中发现用人单位注销的，如何处理？

（1）用人单位在案件开庭审理前已经注销的，应向劳动者说明情况并建议撤回仲裁申请，劳动者拒不撤回仲裁申请的，应当裁定终止审理；

（2）用人单位在案件开庭审理后注销的，不影响案件继续处理。

问题 6　因企业改制引发的劳动争议如何处理？

（1）因政府主导的国有、集体企业改制、改革造成的职工下岗、经济补偿金和下岗生活费等引起的纠纷，不予受理，可告知劳动者向政府有关部门申请按照企业改制的政策规定解决；

（2）"企业自主改制"与"政府及其所属部门主导的企业改制"应区

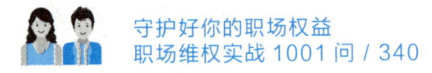

分改制过程中的启动及权利转移等事项，系由企业自主决定还是由政府有关部门按企业改制的相关政策规定办理。

问题7 公司法定代表人以劳动者身份提出仲裁申请，是否受理？

（1）法人由其法定代表人进行诉讼；

（2）法定代表人以劳动者身份提出仲裁申请时，其存在的双重身份将导致用人单位应诉权的缺失；

（3）故受理案件的前提条件是其应提交卸任公司法定代表人的证明文件。

问题8 差旅费、报销费、垫付款、借支费用等事项发生的争议，是否属于劳动争议仲裁处理范围？

如能证明上述款项的用途是直接用于用人单位业务，且与履行劳动合同有关的，当事人可主张按劳动争议处理。

问题9 劳动关系与劳务关系有什么区别？

（1）主体不同；

（2）法律地位不同；

（3）关系稳定性不同；

（4）待遇不同；

（5）法律救济途径不同。

问题10 达到法定退休年龄者主张与用人单位存在劳动关系，是否支持？

达到退休年龄者，无论是否享受养老保险待遇或者领取退休金，均不宜再认定其与用人单位形成劳动关系。理由及依据：

（1）退休年龄系法定。

（2）参考《劳动部办公厅对〈关于实行劳动合同制度若干问题的请示〉的复函》（劳办发〔1997〕88号）第二条；《中华人民共和国劳动合同法》第四十四条；《中华人民共和国劳动合同法实施条例》第二十一条。

（3）关于《最高人民法院关于审理劳动争议案件适用法律问题的解释（一）》第三十二条内容，对"已经依法享受养老保险待遇或者领取退休金的"不能做反推式解读，即不能推断得出"未依法享受养老保险待遇或未领取退休金的，应当按劳动关系处理"之结论。

（4）《最高人民法院关于审理劳动争议案件适用法律问题的解释（二）》（征求意见稿）第六条："达到法定退休年龄但是尚未享受基本养老保险待遇的劳动者为用人单位提供劳动，劳动者请求参照适用劳动法律法规处理劳动报酬、工作时间、休息休假、劳动保护、职业危害防护以及工伤保险待遇等争议的，人民法院应予支持。"

问题11 单位将其不具有独立法人资格的内设机构如食堂等承包给其员工或其他自然人，该员工或自然人自行招用人员从事实际经营，被招用人员与该单位之间是否形成劳动关系？

（1）内部承包是一种企业管理手段，是一种包括招用、聘用人员在内的职务授权；

（2）承包人在承包范围内的管理行为，均可视为职务行为；

（3）故承包人招聘人员应视为单位行为，原则上可认定被招用人员与该单位间构成劳动关系。

问题12 > 承包人与单位之间的劳动关系如何认定？

（1）用人单位员工承包本单位业务，承包关系存续期间与用人单位存在劳动关系；

（2）用人单位以外人员承包单位业务，承包人与用人单位之间不存在劳动关系。

问题13 > 被挂靠单位与实际车主雇佣的驾驶员之间是否应认定为劳动关系？

不认定为劳动关系。

（1）《最高人民法院关于审理工伤保险行政案件若干问题的规定》第三条："社会保险行政部门认定下列单位为承担工伤保险责任单位的，人民法院应予支持：……（五）个人挂靠其他单位对外经营，其聘用的人员因工伤亡的，被挂靠单位为承担工伤保险责任的单位。"

（2）该规定中被挂靠单位承担工伤保险责任后有向驾驶员的追偿权；因此，被挂靠单位与实际车主雇佣的驾驶员之间并不构成真正劳动关系。

问题14 > 建筑施工领域中的劳动关系如何认定？

（1）此乃建筑企业或劳务公司违规将工程（业务）转包、发包给不具备用工主体资格的组织或自然人，由此带来的劳动关系认定及工伤职工权益落实问题；

（2）应按《关于确立劳动关系有关事项的通知》（劳社部发〔2005〕12号）处理建筑施工领域中劳动关系的认定问题；

（3）《中华人民共和国劳动合同法》第九十四条："个人承包经营违反本法规定招用劳动者，给劳动者造成损害的，发包的组织与个人承包经营者承担连带赔偿责任。"

问题15 "互联网+"形式下，新型用工过程中（如网络直播、网约车、代驾、快递员、外卖送餐员、电子商务等）的劳动关系如何认定？

（1）应根据劳动关系的本质属性即是否存在隶属性作为判断的主要依据。

（2）重点审查用人单位是否将劳动者纳入员工管理的范围。

（3）根据《关于确立劳动关系有关事项的通知》（劳社部发〔2005〕12号）第一条内容，事实劳动关系认定的黄金三原则是：

①双方均符合劳动用工主体资格；

②劳动者受制度约束、管理约束（人身从属性），提供有偿劳动（经济从属性）；

③劳动者提供的劳动乃用人单位业务之组成部分（组织从属性）。

问题16 有关联关系的用人单位交叉轮换使用劳动者的劳动关系如何认定？

（1）不构成双重或多重劳动关系，只存在单一劳动关系；

（2）劳动关系以实际用工主体为准，已订立书面劳动合同的，按合同主体确认；

（3）未订立劳动合同的，参照事实劳动关系认定的黄金三原则进行审查判断。

问题17 混同用工、关联用工如何认定？

用人单位符合下列情形之一的，应当认定属于"劳动者非因本人原因

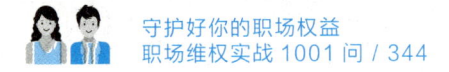

从原用人单位被安排到新用人单位工作"：

（1）劳动者仍在原工作场所、工作岗位工作，劳动合同主体由原用人单位变更为新用人单位；

（2）用人单位以组织委派或任命形式对劳动者进行工作调动；

（3）因用人单位合并、分立等原因导致劳动者工作调动；

（4）用人单位及其关联企业与劳动者轮流订立劳动合同；

（5）其他合理情形。

问题18 公司筹备期间招用劳动者的劳动关系如何认定？

（1）公司筹备期间招用的劳动者与筹备期间的公司之间不具有劳动关系；

（2）公司在筹办期间招用劳动者，应签订书面协议，明确双方的权利义务；

（3）公司依法成立后，筹办期间的工作期限计入劳动者在成立后公司的工作年限（有裁判分歧）；

（4）筹办未成功，如果发起人或出资人是自然人的，在筹办期间发生的用工争议不作为劳动争议处理。

问题19 用人单位的注册建造师等职业资质人员请求确认与该单位存在劳动关系的，如何处理？请求用人单位配合办理变更注册单位的，是否支持？

（1）是否建立劳动关系，参照黄金三原则进行审查判断；

（2）仅存在领取证书挂靠费行为的，即便存在劳动合同和社会保险关系，但未实际用工的，仍然不构成劳动关系；

（3）劳动者仅请求用人单位配合办理变更注册单位的，不予支持。

问题20　下岗、内退职工等与新用人单位间的劳动关系如何认定？

根据《最高人民法院关于审理劳动争议案件适用法律问题的解释（一）》第三十二条内容：

（1）已经依法享受养老保险待遇或者领取退休金的人员，按劳务关系处理；

（2）企业停薪留职人员、未达到法定退休年龄的内退人员、下岗待岗人员以及企业经营性停产放长假人员，按劳动关系处理。

问题21　国有企事业单位"长期两不找"劳动者的劳动关系如何认定？

（1）劳动者长期未提供劳动，用人单位又未依法与其解除劳动关系的，视为"长期两不找"；

（2）可以认定双方劳动关系处于中止履行状态，中止履行期间双方不存在劳动法上的权利义务关系，也不计算为本单位工作年限；

（3）如此后一方当事人提出解除劳动关系，另一方因不同意解除而申请仲裁，经审查后如认为上述解除符合有关法律规定的，应当确认解除。

问题22　劳动者待岗、病假期间到新用人单位工作，是否存在劳动关系？

（1）劳动法律法规并不否认双重劳动关系（如"临时工"）；

（2）只要符合劳动关系的构成要件，应当认定为存在劳动关系；

（3）审查判断的工具是事实劳动关系认定的黄金三原则。

问题23 全日制在校学生的劳动关系如何认定？

全日制在校学生的主要社会角色应当是在校学习，而非劳动法意义上提供劳动的劳动者。因此，全日制在校学生与用工单位之间无论何种情形，都不宜认定为劳动关系。

问题24 邮政代办员、兼职导游、保险代理等特殊人员的劳动关系如何认定？

（1）该类人员一般有特殊的法律法规规定，当以特别规定为准；

（2）一般情况下，不认定为劳动关系。

问题25 村民委员会、居民委员会用工的劳动关系如何认定？

（1）村民委员会、居民委员会具有基层群众性自治组织法人资格，可以从事为履行职能所需要的民事活动，符合劳动用工主体资格；

（2）未设立村集体经济组织的，村民委员会可以依法代行村集体经济组织的职能。

问题26 所签劳动合同的文本格式不规范，员工可以主张二倍工资吗？

（1）双方订立的"用工协议""劳务合同""聘用合同"等不规范合同，经审查确属双方真实意思表示的，可以认定用人单位履行了与劳动者订立劳动合同的义务；

（2）劳动者以订立的上述合同无效为由，主张未签订劳动合同二倍工资的，不予支持。

问题27 《中华人民共和国劳动合同法》第二十六条是什么内容？

下列劳动合同无效或者部分无效：
（一）以欺诈、胁迫的手段或者乘人之危，使对方在违背真实意思的情况下订立或者变更劳动合同的；
（二）用人单位免除自己的法定责任、排除劳动者权利的；
（三）违反法律、行政法规强制性规定的。
对劳动合同的无效或者部分无效有争议的，由劳动争议仲裁机构或者人民法院确认。

问题28 关于未订立书面劳动合同的二倍工资补偿问题有哪些？

（1）未签劳动合同的二倍工资的计算期间为用工之日起满一个月的次日至满一年的前一日，最长不超过11个月。

（2）用工一段时间后才签订书面劳动合同，劳动者主张此前未订立书面劳动合同二倍工资的，在仲裁申请时效范围内（1年）的应予支持。

（3）劳动合同期限届满后未书面续订的，如原劳动合同载明：视为以原劳动合同条件继续履行等内容的，劳动者主张未续订劳动合同二倍工资的，不予支持；如原劳动合同未作明确约定的，劳动者主张未续订劳动合同二倍工资的，计算期间不超过11个月。

（4）单位满一年未签书面劳动合同的，视为已经订立无固定期限劳动合同，且应立即补订书面合同；劳动者主张满一年后未订立劳动合同二倍工资的，不予支持。

（5）劳动合同无效、部分无效或者用人单位未将已签订的劳动合同文本交付劳动者的，不属于未订立书面劳动合同的情形；劳动者主张未签订劳动合同二倍工资的，不予支持。

问题29 未订立劳动合同的二倍工资的时效问题有哪些？

（1）仲裁时效期间适用《中华人民共和国劳动争议调解仲裁法》第二十七条第一款的规定，即从当事人知道或者应当知道其权利被侵害之日（一般为未订立书面劳动合同满一个月的次日）起计算一年；

（2）上述仲裁时效期间应按月分段独立计算，从劳动者提出仲裁申请之日起向前倒推一年，超过一年的不予支持；

（3）仲裁时效期间包含了《中华人民共和国劳动合同法》第十四条和《中华人民共和国劳动合同法实施条例》第七条规定的视为已经与劳动者订立无固定期限劳动合同部分的，二倍工资不再予以支持；

（4）未订立书面劳动合同二倍工资的期间应计算到工作日。

问题30 订立无固定期限劳动合同有哪些问题？

（1）连续工龄10年，不得以原合同期限届满为由终止劳动关系，而须订立无固定期限劳动合同，否则承担赔偿责任。

（2）用人单位无故降低劳动合同条件，导致双方未能达成一致，从而终止劳动关系的，视为违法终止劳动合同。

（3）劳动者符合无固定期限的条件而订立了固定期限劳动合同后，要求订立无固定期限劳动合同的，双方协商处理；未能达成一致的，原劳动合同应当继续履行；劳动者主张未订立无固定期限劳动合同二倍工资的，不予支持。

（4）连续两次以上订立"以完成一定工作任务为期限"的劳动合同的，不适用《中华人民共和国劳动合同法》第十四条第二款第三项，即"连续订立二次固定期限劳动合同"的应当订立无固定期限劳动合同的规定。

问题31 单位未与劳动者签订劳动合同，尚未安排劳动者工作，但向劳动者支付了生活费，劳动者是否可以主张未签订劳动合同的二倍工资？

（1）根据《中华人民共和国劳动合同法》第十条内容，劳动关系自用工之日起建立；

（2）在单位未实际用工期间，劳动者并未付出劳动，其对自身劳动力的支配是自由的；

（3）故双方并未真正建立劳动关系；单位向劳动者支付生活费，仅是为了解决劳动者的基本生活；因此，无须支付未签劳动合同的二倍工资。

问题32 用人单位提出与劳动者签订劳动合同，或已将劳动合同交由劳动者签字，但劳动者拒绝或拖延签订，用人单位未终止双方劳动关系的，劳动者是否可向用人单位主张未签劳动合同的二倍工资？

（1）根据《中华人民共和国劳动合同法实施条例》第五条内容，自用工之日起一个月内，经用人单位书面通知后，劳动者不与用人单位订立书面劳动合同的，用人单位应当书面通知劳动者终止劳动关系；

（2）否则，上述情形下用人单位原则上仍应支付未签订劳动合同的二倍工资。

问题33 因劳动者故意拖延导致未续订劳动合同的，是否支持二倍工资？

（1）自用工之日起一个月内，经用人单位书面通知后，劳动者不与订立书面劳动合同的，单位应书面通知终止劳动关系，否则仍应支付二倍工资；

（2）但劳动合同期限届满后，有证据证明因劳动者故意拖延导致未能

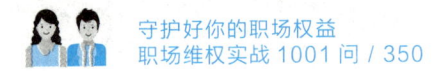

续订劳动合同的，不支持其二倍工资请求。

问题34 双方建立劳动关系一个月之后才与劳动者签订劳动合同，劳动者能否主张未签劳动合同期间的二倍工资？

只要劳动者提出的二倍工资的请求未超过仲裁时效期间，就应该得到支持。

问题35 工伤、"三期"女职工等劳动合同期限法定续延期间的二倍工资问题如何处理？

根据《中华人民共和国劳动合同法》第四十二条、第四十五条之规定，劳动合同期限法定延续期间未续订书面劳动合同的，劳动者主张二倍工资，不予支持。

问题36 企业改制时向劳动者发放了经济补偿金，改制后的企业与劳动者签订了固定期限劳动合同；该固定期限劳动合同期满后，劳动者以其工龄（含改制前企业工龄）已满10年为由要求续签无固定期限合同，应否支持？

不支持。企业改制后，用人单位主体已发生变化，劳动者自愿选择与改制后企业签订劳动合同，不属于"被安排到新用人单位工作"的情形，劳动者的工作年限应重新起算。

问题37 劳务派遣公司是否应与符合条件的被派遣劳动者订立无固定期限劳动合同？

（1）《劳务派遣暂行规定》第五条："劳务派遣单位应当依法与被派遣劳动者订立2年以上的固定期限书面劳动合同。"

（2）被派遣劳动者只要符合《中华人民共和国劳动合同法》第十四条之规定，用人单位应当与其订立无固定期限劳动合同。

问题38 劳动合同履行过程中，用人单位与劳动者协商对劳动合同期限作出变更，是否认定属于签订了两次劳动合同？

如存在恶意规避签订无固定期限劳动合同的，应认定为属于连续两次订立劳动合同。

问题39 用人单位在劳动关系建立一个月后与劳动者签订劳动合同，约定劳动合同期限自劳动关系建立时起计算，用人单位是否应当就签订劳动合同前的时间支付二倍工资？

（1）根据《中华人民共和国劳动合同法》第八十二条内容，支付二倍工资的依据是订立书面劳动合同的时间是否在法律规定的时间内，而非劳动合同约定的劳动期限；

（2）上述劳动者在该书面合同上的签字不能简单地被认为是其放弃二倍工资的意思表示，用人单位仍然应当依法支付劳动关系建立一个月起至签订劳动合同时的二倍工资；

（3）当事人另有约定的除外。

问题 40 工伤的劳动者向用人单位主张停工留薪期内未签订书面劳动合同的二倍工资，或劳动者向用人单位主张在产假、病假期间未签订书面劳动合同的二倍工资的，能否得到支持？

（1）《中华人民共和国劳动合同法》第八十二条第一款："用人单位自用工之日起超过一个月不满一年未与劳动者订立书面劳动合同的，应当向劳动者每月支付二倍的工资。"

（2）如果用人单位在劳动者发生工伤或产假、病假之前已负有向劳动者支付二倍工资的义务，则劳动者主张的停工留薪期内和产假、病假期间未签劳动合同的二倍工资应得到支持。

（3）特殊情形除外。

问题 41 什么是劳动仲裁中的《国有企业管理人员处分条例》与《中华人民共和国劳动合同法》的竞合问题？

（1）《中华人民共和国劳动法》《中华人民共和国劳动合同法》及《中华人民共和国公职人员政务处分法》均为《国有企业管理人员处分条例》的上位法。但在具体个案争议处理时，尚需解决这几部法律之间的衔接问题。

（2）《国有企业管理人员处分条例》履行时，国有企业是根据任免机关或单位的指示自行设立内部机构履行上述职权，还是将处分职权分化，继续由纪检机构或人力资源部进行承接，均需予以明确。

（3）《国有企业管理人员处分条例》中规定的处分种类包括警告、记过、记大过、降级、撤职、开除六种；因此，在不及解除程度的处罚中，可以参考该条例中规定的处分类型来制定规章制度。

（4）需将处分引发的解除权纳入制度中。《国有企业管理人员处分条例》第三十六条："国有企业管理人员受到降级、撤职、开除处分的，应当在处分决定作出后1个月内，由相应人事部门等按照管理权限办理岗位、职务、工资和其他有关待遇等变更手续，并依法变更或者解除劳动合同；特殊情况下，经任免机关、单位主要负责人批准可以适当延长办理期限，但是最长不得超过6个月。"因此，在劳动关系的解除层面，将涉及以下制度衔接问题：

①受处分的管理人员能否申请辞职，以及辞职的审批期限是多久？

②管理人员在撤职被调查期间，是否向其发放生活费？

③管理人员在试用期被调查，能否以"在试用期间被证明不符合录用条件"为由解除劳动合同？

问题42 劳动者以用人单位未足额缴纳社会保险费提出解除劳动合同的，是否属于《中华人民共和国劳动合同法》第三十八条规定的情形？

（1）不宜扩大理解，否则会极大破坏劳动关系的稳定性；

（2）《中华人民共和国劳动法》第七十二条规定的审查重点在于用人单位是否参加社保，即是否为劳动者办理了社会保险的申报缴费手续；

（3）如果用人单位在劳动者离职前已经办理了社会保险参保手续，劳动者以该事由提出解除劳动合同的，不予支持；

（4）用人单位存在"未及时参保""未足额缴费""社保欠费"等情形，劳动者依法可通过行政救济途径（行政复议、行政诉讼、行政赔偿）维护其社保权益，但不属于可以提出解除劳动合同的事由。

问题43 用人单位内部规定实行"末位淘汰"或"竞争上岗"制度，据此调整劳动者岗位并降低待遇，劳动者不服而未到岗上班，可否主张赔偿金？

（1）根据最高人民法院办公厅印发的《全国民事审判工作会议纪要》（法办〔2011〕442号）第8条内容，用人单位在劳动合同期内通过"末位

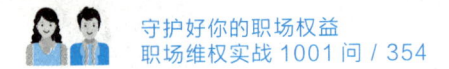

淘汰"或"竞争上岗"等形式单方解除劳动合同，劳动者以用人单位违法解除劳动合同为由，请求用人单位继续履行劳动合同或者支付赔偿金的，应予支持。但劳动合同另有约定的除外。

（2）除非劳动合同有约定，否则用人单位不能以"末位淘汰"或"竞争上岗"为由调整劳动者岗位并降低待遇；此情况下劳动者不服而未到新岗位上班，用人单位不得据此解除劳动合同；用人单位解除劳动合同的，劳动者可以主张赔偿金。

问题 44 劳动者解除劳动合同的举证责任有什么需要注意的问题？

（1）劳动者根据《中华人民共和国劳动合同法》第三十八条解除劳动合同的，应当事先告知用人单位解除劳动合同事由；

（2）发生劳动争议的，劳动者应当承担举证责任。

问题 45 《中华人民共和国劳动合同法》第三十八条第一款第二项规定的"未及时足额支付劳动报酬的"是否包含未休年休假工资？

根据《最高人民法院关于审理劳动争议案件适用法律问题的解释（二）》（征求意见稿）第五条，事实上，年休假工资已上升到劳动报酬的高度，适用特殊仲裁时效。

问题 46 建筑施工等企业农民工社会保险及二倍工资问题如何解决？

（1）根据《关于确立劳动关系有关事项的通知》（劳社部发〔2005〕12号）第四条内容，被确定为与劳动者存在劳动关系的建筑施工企业等用人单位，应当对劳动者承担用工主体责任，承担劳动者工资、工伤保险待遇等赔偿责任；

（2）但由于建筑企业作为发包方与劳动者并未发生直接的招用工行为，双方并不具备建立劳动关系的合意，也不具备缴纳社会保险费和订立书面劳动合同的客观条件，因此劳动者提出社会保险及二倍工资主张的，不予支持。

问题47 用人单位单方面调整劳动者的工作岗位、变更职位、降低职务，劳动者以用人单位未按照劳动合同约定提供劳动条件为由主张解除劳动合同的经济补偿的，是否支持？

（1）用人单位对调整事由承担举证责任；
（2）事由不成立的，对劳动者的主张应予支持。

问题48 常见的用人单位违法解除劳动合同的情形有哪些？

（1）用人单位不能举证证明其录用条件和劳动者不符合录用条件事实，劳动者主张用人单位违法解除劳动合同的，予以支持；

（2）劳动者存在《中华人民共和国劳动合同法》第四十条规定的情形（N+1情形），但用人单位解除劳动合同时未履行法定前置程序，劳动者主张用人单位违法解除劳动合同的，予以支持；

（3）用人单位以"末位淘汰""竞争上岗"等人为因素为由解除劳动者劳动合同，不属于《中华人民共和国劳动合同法》第四十条规定的"客观情况发生重大变化"的情形；劳动者主张用人单位违法解除劳动合同的，予以支持。

问题49 劳动者在签订劳动合同时隐瞒自己的真实情况，用人单位可否以此为由解除劳动合同？是否应支付经济补偿金？

可以解除劳动合同，且无须支付经济补偿金，但需要满足以下条件：

（1）在签订劳动合同之时或之前实施欺诈行为；

（2）欺诈行为指隐瞒真实情况、提供虚假信息等与劳动合同直接相关的基本情况；

（3）该欺诈行为足以导致用人单位因认识错误而与该劳动者签订劳动合同；

（4）所隐瞒的真实情况或提供的虚假信息的类型，属用人单位在招用劳动者时依法可自行选择确定的条件，但不得违反《中华人民共和国就业促进法》的相关规定；

（5）隐瞒真实情况并不必然构成欺诈，要与录用条件、用人单位的招用审查相结合。

问题50 用人单位以劳动者不能胜任工作为由解除劳动合同，而劳动者对此理由不予认可的，如何认定劳动者是否胜任工作？

不能胜任是指不能完成劳动合同中约定的任务，或同工种、同岗位人员的相同工作。

（1）无正当理由单方提高工作标准，致使无法完成工作的，用人单位不能得到支持；

（2）不能胜任工作，须进行培训或调岗，仍不能胜任的，用人单位方可解除；

（3）不能胜任工作，经培训或调岗后仍不能胜任工作的事实，由用人单位负责举证（双方约定、规章制度、他人劳动质量、考核制度及具体考核结果、培训或调岗证据等）；

（4）用人单位依据《中华人民共和国劳动合同法》第四十条的规定解除劳动合同，需提前30日以书面形式通知劳动者本人，或者额外支付劳动者一个月工资。

问题51 劳动者因不服用人单位调整岗位或者工作地点而未上班，用人单位以劳动者旷工为由解除劳动合同，劳动者是否可以主张违法解除劳动合同的赔偿金？

（1）着重审查劳动合同的约定、用人单位调岗的合理性以及调岗是否经过协商程序；

（2）如果劳动合同约定用人单位有权调岗，并明确了可以调岗的具体情形，则劳动者应当服从；劳动者拒绝调岗而不上班的，用人单位可按旷工处理并按照相关规定解除劳动合同，而劳动者则无权主张违法解除劳动合同的赔偿金；

（3）如果劳动合同约定了劳动者的固定岗位及工作地点，未就调岗条件进行事先约定，劳动者拒绝调岗而不到新岗位上班的，用人单位不能按旷工处理；用人单位因此解除劳动合同的，应当承担违法解除劳动合同的赔偿金；

（4）临时性调岗除外。

问题52 劳动者"连续工作满10年"或"连续订立二次固定期限劳动合同"后，用人单位能否终止劳动合同？

（1）应以劳动者是否向用人单位提出续订劳动合同为前提条件；

（2）用人单位提出终止劳动合同，劳动者未提出异议的，可视为双方协商一致终止合同；

（3）如果劳动者有证据证明在劳动合同到期时，依照《中华人民共和国劳动合同法》第十四条向用人单位提出了续订劳动合同，则用人单位无权选择终止。

问题53 用人单位在续订劳动合同时缩减原劳动合同期限，是否构成降低原劳动合同条件的情形？

（1）用人单位第一次续订劳动合同时有权决定劳动合同期限；合同期限不属于劳动条件的范畴，不应视为降低了原劳动合同条件的情形；劳动者以此为由终止劳动合同并要求支付经济补偿的，不予支持。

（2）双方连续两次订立固定期限的劳动合同后，再次续订劳动合同时，除双方协商一致的情形外，劳动合同期限以劳动者提出的要求为准（固定期限或无固定期限）。

（3）如用人单位拒绝按照劳动者提出的期限续订劳动合同，而劳动关系仍存续的，用人单位应承担支付二倍工资的法律责任；用人单位终止劳动关系的，应承担违法终止劳动合同的法律责任。

问题54 劳动者患病或非因工负伤致残，经鉴定完全丧失劳动能力的，医疗期满后用人单位能否解除劳动合同？

（1）最长可以享受24个月医疗期；

（2）医疗期满后，可依据《中华人民共和国劳动合同法》第四十条规定解除劳动合同，并支付经济补偿金。

问题55 用人单位与患病或非因工负伤的劳动者解除劳动合同，是否应当向劳动者支付医疗补助费？

缺乏法律依据，不应要求用人单位继续承担支付医疗补助费的义务。

问题56 职工患病或非因工负伤的医疗期如何计算？

（1）医疗期原则上按照企业职工参加工作年限和本单位工作年限计算；

（2）但对某些患特殊疾病（如癌症、精神疾病、瘫痪等）的职工，如职工主张按照24个月享受医疗期的，予以支持；

（3）24个月医疗期内仍不能痊愈的，经企业和劳动主管部门批准，可以适当延长医疗期。

问题57 用人单位能否解除"三期"女职工的劳动合同？

（1）女职工在孕期、产期、哺乳期的，用人单位不得依据《中华人民共和国劳动合同法》第四十条、第四十一条的规定解除劳动合同；

（2）但女职工如果存在《中华人民共和国劳动合同法》第三十九条规定情形的，用人单位可以依法解除劳动合同。

问题58 原国有企业作出的开除、除名等决定未向劳动者送达的，是否必然无效？

（1）原国有企业单方作出的决定未告知或者未送达劳动者的，应视为该决定不生效；

（2）但如果劳动者已经在其他单位就职或其长期未上班的，则应认定双方均以行为表示终止了劳动关系。

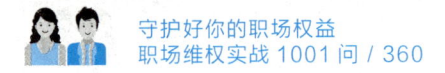

问题59 如果用人单位解除劳动合同的程序违法，劳动者可否主张赔偿金？

根据《最高人民法院关于审理劳动争议案件适用法律问题的解释（一）》第四十七条内容，用人单位解除劳动合同的程序违法（未通知工会）且在起诉前未补正的，劳动者可以主张违法解除的经济赔偿金。

问题60 什么是针对用人单位而言的有限的一裁终局？

仲裁效力立即生效，劳动者可以起诉，用人单位不得起诉的仲裁裁决。

问题61 劳动仲裁中举证的3条特殊原则是什么？

（1）开除、除名、辞退、解除劳动合同、减少劳动报酬、计算工作年限等，用人单位负举证责任；

（2）劳动者主张加班费的，应承担举证责任；但其有证据证明用人单位掌握加班证据而不提供的，则用人单位承担不利后果；

（3）劳动者认为是工伤而用人单位不认为是工伤的，由用人单位负举证责任。

问题62 加付赔偿金与加付经济补偿金究竟是怎么回事？

（1）根据《中华人民共和国劳动合同法》第八十五条要求加付赔偿金（应付金额50%～100%）的，应当提交"劳动行政部门责令限期支付"的证据材料，否则，不予支持；

（2）根据《违反和解除劳动合同经济补偿办法》（2017年已废止）要

求加付经济补偿金的,因《中华人民共和国劳动合同法》第八十五条已经作出了新的规定,故不予支持。

问题63 经济补偿金的计算标准如何确定?

(1)经济补偿金的标准依《中华人民共和国劳动合同法》第四十七条和《中华人民共和国劳动合同法实施条例》第二十七条计算,包括计时、计件工资以及奖金、津贴和补贴等货币性收入,即工资表上的"应发工资";

(2)劳动者月工资高于用人单位所在直辖市、设区的市级人民政府公布的本地区上年度职工月平均工资三倍的,按三倍支付,年限最高不超过12年;低于当地最低工资标准的,按最低工资标准支付。

问题64 竞业限制的司法实践中有哪些突出问题?

(1)用人单位在劳动关系存续期间解除竞业限制协议,并未损害劳动者权益,劳动者要求用人单位继续履行竞业限制协议或支付三个月的竞业限制经济补偿的,应当不予支持。除双方事先约定外,任何情形导致的劳动合同解除,不影响竞业限制协议的执行。

(2)竞业限制经济补偿和违约金数额由双方当事人协商一致。劳动者主张竞业限制补偿费用或违约金显失公平,而依据合理的,可酌情适当调整,但不能以此认定协议无效。竞业限制协议的效力,应根据《中华人民共和国劳动合同法》第二十六条的内容认定(欺诈、胁迫、乘人之危、免己责任及排他权力、违法违规)。

(3)用人单位在竞业限制期限届满前,提前按期或一次性支付劳动者竞业限制补偿金,并未对劳动者造成不利,应当予以认可。

问题 65 ▶ 竞业限制协议仅约定了劳动者的违约责任，未约定竞业限制补偿金的，其效力如何？

如果劳动者已经履行了竞业限制协议，根据《最高人民法院关于审理劳动争议案件适用法律问题的解释（一）》第三十六条内容，应有如下措施：

（1）未约定竞业限制补偿金，劳动者要求用人单位以劳动合同解除或终止前12个月平均工资的30%按月支付经济补偿的，人民法院应予支持。

（2）月平均工资的30%低于劳动合同履行地最低工资标准的，按照劳动合同履行地最低工资标准支付。

（3）竞业限制协议未约定经济补偿的，不影响该竞业限制协议的效力，劳动者可依法主张经济补偿。

问题 66 ▶ 劳动者违反竞业限制条款，用人单位或劳动者以竞业限制条款中约定的违约金过高或过低为由，要求对违约金数额进行调整的，如何处理？

（1）当事人请求调整违约金数额的，可予支持；

（2）违约金支付后，当事人请求继续履行竞业限制协议的，一般应予支持；

（3）劳动者违反竞业限制条款，在约定的违约金明显高于或低于实际损失的情况下，劳动者或单位请求调整的，可参照《中华人民共和国民法典》第五百八十五条予以调整，并由主张调整一方举证。

问题 67 ▶ 外部专项技术培训服务期的问题有哪些？

（1）外部专项技术培训是用人单位出于生产经营需要，对部分岗位或特殊岗位人员就专项技能或专项知识提供的专业性培训；

（2）用人单位就其提供的外部专项技术培训订立协议约定服务期的，该服务期应有具体年限；

（3）外部专项技术培训费用包括有凭证的培训费用、培训期间的差旅费用以及因培训产生的用于该劳动者的其他直接费用，但不包括培训期间支付的劳动报酬。

问题68 解除或终止劳动合同后，用人单位拒不向劳动者出具解除或者终止劳动合同证明，造成劳动者无法就业的，劳动者可否要求用人单位赔偿损失？

劳动者离职后明确向用人单位要求出具解除或终止劳动合同证明，且有证据证明用人单位未出具该证明与劳动者未就业的工资损失之间存在因果关系的，在一年仲裁时效期间内，要求赔偿工资损失的，应予支持。

问题69 企业停产后仅向劳动者发放生活费，在计算经济补偿金时劳动者的上一年度平均工资如何确定？

（1）生活费应视为工资；

（2）依照《中华人民共和国劳动合同法实施条例》第二十七条之规定，经济补偿金应按劳动合同解除或终止前12个月实际发放的平均工资为标准计算；

（3）前12个月平均工资低于当地最低工资标准的，应按当地最低工资标准计算。

问题70 如果劳动者与用人单位建立劳动关系的时间不满12个月，而其实际工资高于当地平均工资标准的，计算经济补偿时，是否可以按照其实际工作时间计算平均工资？

（1）参照《中华人民共和国劳动合同法》第四十七条和《中华人民共和国劳动合同法实施条例》第二十七条之规定，可以其实际工作时间计算平均工资；

（2）该平均工资高于市平工资三倍的，按三倍数额计算。

问题71 劳动者主张经济补偿金，但实际审理后应为经济赔偿金；或劳动者主张经济赔偿金，但实际审理后应为经济补偿金；或劳动者同时主张经济补偿金与赔偿金的，如何处理？

（1）仲裁阶段应向劳动者释明经济补偿金与赔偿金所依据的法律关系性质及区别，要求劳动者明确其请求；

（2）劳动者仅主张经济补偿金或仅主张赔偿金的，仲裁委员会、人民法院应根据劳动者主张的请求予以审理，不直接变更。

问题72 在用人单位违约的情况下，针对高工资人群的竞业限制补偿金是否可以调整？

参照最高人民法院办公厅《全国民事审判工作会议纪要》（法办〔2011〕442号）关于竞业限制违约金数额可以调整的相关意见，当事人因过分高于或者低于实际损失，从而请求调整数额的，可参照《中华人民共和国民法典》第五百八十五条予以调整，并由主张调整一方举证。

问题73 > 什么是劳动报酬争议处理的总体思路？

（1）一般举证责任：根据《中华人民共和国劳动争议调解仲裁法》第六条内容，一般劳动报酬争议案件（工资发放情况）的举证责任应当由用人单位承担；

（2）当事人举证为主、仲裁庭释明为辅的原则；

（3）举证法定与综合分析认定证据相结合的原则（依法分配举证责任、执法平等、综合分析认定、证据效力认定）；

（4）工资争议的特殊仲裁时效：根据《中华人民共和国劳动争议调解仲裁法》第二十七条第四款内容，劳动关系存续期间因拖欠劳动报酬发生争议的，劳动者申请仲裁不受本条第一款规定的仲裁时效期间的限制；但是，劳动关系终止的，应当自劳动关系终止之日起一年内提出。

问题74 > 什么是加班工资争议处理的总体思路？

（1）加班工资争议的举证责任分配规则：根据《最高人民法院关于审理劳动争议案件适用法律问题的解释（一）》第四十二条内容，劳动者主张加班费的，应当就加班事实的存在承担举证责任；但劳动者有证据证明用人单位掌握加班事实存在的证据而不提供的，用人单位将承担不利后果。可见，只要劳动者提出基本或初步证据可以证明有加班的事实，即完成了举证。

（2）对用人单位提供的考勤记录等证据的审查认定：

①电子考勤记录、手工考勤记录、工资发放表等证据，未经劳动者签字确认，但用人单位有证据证明根据规章制度规定或劳动合同约定，考勤记录、工资发放表等已通过一定方式向劳动者公示、而劳动者在合理期限内没有提出异议的，应予采信；

②劳动者提供电子考勤记录主张加班工资，但用人单位有证据证明劳

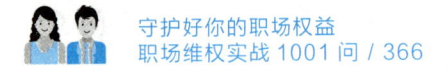

动者未加班的，对劳动者的主张不予支持；

③用人单位有明确的加班审批制度，劳动者仅以电子考勤记录主张存在加班事实的，不予支持。

（3）在当事人无约定的情况下，认定正常工作时间工资和加班工资的方法：

①用人单位实际支付的工资未明确区分正常工作时间工资和加班工资，但有证据证明已支付的工资包含正常工作时间工资和加班工资的，可以认定已经包含加班工资；

②经折算后的正常工作时间工资低于当地最低工资标准，或计件工资中的劳动定额明显不合理的除外。

问题75 用人单位停工、停产期间的工资支付标准是什么？

（1）根据《工资支付暂行规定》第十二条内容，非因劳动者原因造成单位停工、停产在一个月内的，按原工资标准支付；

（2）超过一个月，劳动者提供了正常劳动的，不低于最低工资标准；超过一个月，劳动者未提供正常劳动的，可按照失业救济金标准支付（如四川成都）或发放生活费（如广东）。

问题76 工资结算协议的效力认定问题有哪些？

根据《最高人民法院关于审理劳动争议案件适用法律问题的解释（一）》第三十五条内容：

（1）双方就解除或终止劳动合同的关于办理相关手续、支付工资报酬、加班费、经济补偿金或赔偿金等达成的协议，不违反法律、行政法规的强制性规定，且不存在欺诈、胁迫或者乘人之危情形的，应当认定有效。

（2）协议存在重大误解或显失公平情形，当事人请求撤销的，人民法院应予支持。

问题77 > 用人单位违法解除劳动合同期间的工资如何确定？

根据《违反〈劳动法〉有关劳动合同规定的赔偿办法》第二条、《劳动部办公厅关于处理劳动争议案件几个问题的复函》第二条内容：

（1）用人单位解除劳动合同被确定为违法，劳动者主张继续履行劳动合同并要求补发工资的，应予支持；

（2）补发期间自用人单位作出解除决定之日起至仲裁裁决作出之日止；

（3）补发工资的标准应按劳动者被违法解除劳动合同前提供正常劳动期间应得的工资标准计算。

问题78 > 非因用人单位安排或者劳动者自愿加班的加班工资如何处理？

（1）劳动合同或规章制度明确约定或规定，如果加班已经过单位同意或履行了加班审批手续的，表明用人单位同意加班，应当支付加班工资。

（2）如果加班未经单位同意或未履行加班审批手续的，则应属于劳动者自愿加班，用人单位可以不支付加班工资。

（3）劳动者有证据证明用人单位实际工作中未执行相关制度的除外。

问题79 > 绩效、提成工资的给付相关问题有哪些？

（1）绩效、提成工资的举证原则：劳动者举证证明其应当领取绩效工资或提成工资的事实；用人单位则对绩效、提成工资的计算方式、计算标准等进行举证。

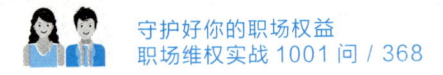

(2) 绩效、提成工资的给付条件：

①对于月绩效工资，无论劳动合同或用人单位规章制度对于支付条件作出了何种规定，在劳动者离职时或离职后的一个工资支付周期内，均应结算完毕；

②对于提成工资、年终奖，如劳动合同明确约定了支付条件，或劳动者已经确认的合法规章制度中已经明确规定了支付条件的，原则上依约定或规定执行；

③案件审理中，还应当根据公平、公正的原则，考量提成条件的合理性。

(3) 提成报酬的效力认定：提成式劳动者对用人单位提供的劳动条件往往依赖有限，而是注重自身的能力开拓业绩获得提成，故将提成与经营风险挂钩的约定应属合法有效。

问题80 实行计件工资制的，工资标准如何确定？

(1) 基本计件单价应根据法定工作时间内应完成的正常劳动确定；

(2) 实行计件工资制的劳动者以其工资报酬低于最低工资标准为由，主张按照当地最低工资标准计发工资报酬的，应予支持；

(3) 但因劳动者本人原因未在法定或约定工作时间提供劳动的除外。

问题81 未经批准实行综合计算工时或不定时工作制的，有加班工资吗？

(1) 双方劳动合同约定了实行特殊工时制度，但未经劳动行政部门批准的，应按标准工时制度确定劳动者加班工资。

(2) 根据《中华人民共和国劳动法》第三十九条内容，企业因生产特点不能实行标准工时制，以及不能确保员工每周休息1天的，经劳动行政部门批准，可以实行其他工作和休息办法。

问题82 如果用人单位已支付计件工资或提成，劳动者是否还可另行主张加班工资？

（1）实行计件工资或提成的劳动者主张加班工资的，原则上不予支持；

（2）但如果劳动者举证证明在计件之外由用人单位另行安排了其他工作并且加班的，则应另行考虑加班工资。

问题83 部分值守保安、小区门卫、当班的水电巡视工等值守性质的工作岗位，是否按照标准工时制或综合工时制计算加班工资？

上述工作岗位由于难以区分具体工作及休息时间，原则上不计算加班工资；但劳动者能够证明其付出有效工作时间的除外。

问题84 单位支付给劳动者的各类津贴补贴能否单方面取消或降低？

津贴补贴属于工资组成部分，单位不能单方面取消或降低。

问题85 社会保险争议处理的原则是什么？

（1）社会保险涉及三方当事人：劳动者、用人单位、社会保险经办机构；

（2）从争议内容看，可分为待遇争议、缴费争议和发放争议；

（3）从法律关系看，既涉及用人单位与劳动者之间的私法关系，又涉及社会保险经办机构与用人单位之间的公法关系；

（4）由此可以看出，社保争议是否属于劳动争议受案范围，不能一概

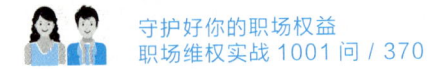

而论，涉及公法关系的不应属于劳动争议案件受案范围。

问题86 ▶ 社保争议有哪些类型？

（1）劳动者要求用人单位补办社会保险争议，包括要求足额补交引发的争议，即社会保险缴费争议（参考《中华人民共和国劳动争议调解仲裁法》第二条第四项）。

（2）因用人单位未办理社会保险而导致劳动者遭受工伤待遇、失业待遇、生育待遇、养老待遇以及医疗待遇损失而引发的争议，即社会保险待遇争议。

（3）劳动者与社会保险经办机构因发放数额引发的争议，即社会保险发放争议。

问题87 ▶ 用人单位按低于劳动者的实际收入为工资基数缴纳社会保险费，劳动者主张赔偿的，能否受理和支持？

根据《中华人民共和国社会保险法》第五十八条、第六十三条内容，是否足额缴纳社会保险费发生的争议是社会保险征缴部门与缴费义务主体之间的行政关系问题，不属于人民法院受理劳动争议案件的范围，劳动者以此为由主张赔偿的，不予受理。

在用人单位未给劳动者办理医疗、生育、失业保险，而又不能补办的情况下，劳动者要求赔偿损失的，可参考以下方法认定损失：

（1）医疗保险损失：应按实际发生的医疗费用计算；用人单位提出异议的，由其对应承担的比例承担举证责任。

（2）生育保险损失：包括生育医疗费用和生育津贴；前者按当地生育保险办法计算，后者则依照女职工产假前工资标准计算。

（3）失业保险损失：劳动者举证证明其符合《中华人民共和国社会保

险法》第四十五条规定的领取失业保险金的条件的，按照各地失业保险确定的相关标准计算其损失。

问题88 > 用人单位未缴纳社会保险导致劳动者存在失业保险金损失的，赔偿标准如何确定？

根据《中华人民共和国社会保险法》第四十六条内容：
（1）一般为最低工资的80%每月；
（2）赔偿期限以失业人员实际存在的失业时间按月计算，最长不超过法定的失业保险金的最长领取期限（6～24个月）。

问题89 > 劳动者请求用人单位办理失业保险手续，应如何处理？

根据《中华人民共和国社会保险法》第五十条和各地失业保险条例的相关规定，用人单位应当及时为失业人员出具终止或者解除劳动关系的证明，并将失业人员的名单自终止或者解除劳动关系之日起十五日内告知社会保险经办机构。

问题90 > 女职工孕期、产期、哺乳期的相关待遇有哪些？

（1）孕期。女职工在孕期应当正常工作；如因身体原因无法继续上班的，应当履行病假或事假等请假手续；期间单位可按劳动合同约定或薪酬制度规定的标准发放病（事）假工资。
（2）产期。包括产假98天（难产、多胎各增加15天）、延长生育假60天（部分省份有效）、纯母乳喂养假1个月（部分省份有效）。
（3）哺乳期。女职工产期结束后至小孩满一周岁，期间应正常上班，正常领取工资；如果女职工不能正常上班并履行了病事假手续的，单位可按

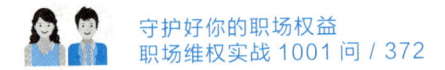

病事假工资标准支付其工资待遇。

问题91 用人单位在女职工"三期"内违法解除劳动合同，女职工主张赔偿生育保险待遇损失的，是否支持？

属女职工的选择权。

（1）违法解除劳动合同的，女职工可依据《中华人民共和国劳动合同法》第四十八条要求继续履行劳动合同，依法享受生育保险待遇；也可依据第八十七条规定要求支付违法解除劳动合同赔偿金。

（2）劳动者同时主张生育保险待遇的，如主张的生育津贴属于劳动关系存续期间的，应当予以支持。

问题92 未参保工伤职工未到统筹地区以外就医，但向用人单位主张交通、食宿费的，是否支持？

（1）根据《工伤保险条例》第三十条内容，工伤职工主张交通、食宿费用的前提应为由工伤保险协议医疗机构出具转院证明并报社会保险经办机构同意到统筹地区以外治疗工伤。

（2）未参保工伤职工未到统筹地区以外就医的，其向用人单位主张交通、食宿费的，应不予支持。

问题93 工伤职工住院期间的护理费标准是什么？

根据《工伤保险条例》第三十三条第三款内容，生活不能自理的工伤职工在停工留薪期需要护理的，由所在单位负责。但并未规定护理费标准，建议如下：

（1）原则上应以实际发生的护理费用为标准，即工伤职工能够提交专业护理机构（护理人员）出具的收取护理费用的正规发票的（一般收据、收条等凭证不应予以认可），可以按照发票记载金额予以支持；

（2）如果工伤职工不能提交有效的护理费用支付凭证，则其住院治疗期间的护理费用标准应以工伤职工住院同时期的当地职工平均工资的日工资标准为上限；对于未超过该限度的，可以按照工伤职工请求金额予以支持。

问题94 未参保工伤职工安装辅助器具的费用标准是什么？

根据《工伤保险条例》第三十二条、《工伤保险辅助器具配置管理办法》第三十条内容：

（1）未参保职工辅助器具配置按照《工伤保险辅助器具配置管理办法》规定执行；

（2）如果用人单位主张按照国家规定标准执行的，应当承担举证责任；不能举证证明的，按照职工请求的标准执行。

问题95 劳动关系解除或终止后，工伤职工能否主张后续医疗费用？

（1）工伤五级至十级员工在解除或终止劳动关系时，应当由工伤保险基金（未参加工伤保险的由用人单位）支付一次性工伤医疗补助金，其性质即为对工伤职工后续医疗的补偿；

（2）因此，工伤职工在劳动关系解除或终止后，再行申请仲裁，请求裁决用人单位支付后续医疗费用的，原则上不应予以支持。

问题96 工伤职工停工留薪期限标准是什么？

原则上应以劳动能力鉴定机构关于停工留薪期限的鉴定结论或医疗机构之"出院病情证明书"中医嘱建议休息的时间作为计算停工留薪期间的依

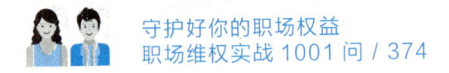

据，以实际"工作日"为基准计算。

根据《工伤保险条例》第三十三条：

（1）在停工留薪期内，原工资福利待遇不变，由所在单位按月支付；

（2）停工留薪期一般不超过12个月；伤情严重或者情况特殊，经设区的市级劳动能力鉴定委员会确认，可以适当延长，但延长不得超过12个月；

（3）停工留薪期满后仍需治疗的，继续享受工伤医疗待遇；

（4）评定伤残等级后，停发原待遇，享受伤残待遇；

（5）生活不能自理，在停工留薪期需要护理的，由所在单位负责。

问题97 一至四级伤残工伤职工主动提出解除劳动关系，要求一次性支付工伤保险待遇的，能否支持？

（1）已参保：仲裁裁决不应予以支持；但劳动者与用人单位以书面形式明确要求通过调解程序处理的除外；调解过程中应当确认并注明双方当事人知晓各自的权利义务。

（2）未参保：2020年9月1日前受伤的，参照已参保情况处理；2020年9月1日以后受伤的，按照当地工伤保险条例的规定执行。

（3）一次性支付的工伤保险待遇，以工伤发生时上一年度全省城镇全部单位就业人员年平均工资为基数，按照下列标准计发：一级伤残为16倍，二级伤残为14倍，三级伤残为12倍，四级伤残为10倍。

问题98 五至十级伤残工伤职工解除劳动关系，一次性工伤医疗补助金和一次性伤残就业补助金的支付标准是什么？

（1）一次性工伤医疗补助金和一次性伤残就业补助金应以解除或终止劳动关系的上年度的统筹地区职工月平均工资标准为基数进行计算。

（2）根据《人力资源和社会保障部关于执行〈工伤保险条例〉若干问题的意见》第十四条内容，核定工伤保险待遇时，若上一年度相关数据尚未公布，可暂按前一年度的标准核定和计发，之后补发差额部分。

（3）五级至十级工伤职工主动提出与用人单位解除劳动合同时，距法定退休年龄5年以上（含5年）的，一次性伤残就业补助金由用人单位按全额支付；距法定退休年龄4年以上（含4年）不足5年的，按全额的80%支付；以此类推，每减少1年递减20%；距法定退休年龄不足1年的，按全额的20%支付。

（4）用人单位违反《中华人民共和国劳动合同法》等法律法规规定，工伤职工提出解除劳动合同的，用人单位应当全额支付一次性伤残就业补助金。

问题99 在工伤与侵权竞合的情况下，受害人能否主张双重赔付？

可以主张双重赔付，但医疗费用除外。

根据《最高人民法院关于审理工伤保险行政案件若干问题的规定》（2014年9月1日起施行）第八条内容，受害人既可向侵权的第三人主张侵权赔偿，也可向用人单位和社会保险经办机构主张工伤赔付；但医疗费用只能择一主张，不能双重赔付。

问题100 工伤职工达到法定退休年龄后，向用人单位主张一次性工伤医疗补助金和一次性伤残就业补助金待遇的，能否得到支持？

（1）根据社会保险经办机构现行处理原则，不应予以支持；

（2）一次性伤残就业补助金是对职工因工受伤而造成的再就业障碍的补偿。由于工伤职工达到法定退休年龄后，其已不具备《中华人民共和国劳动法》意义上的再就业条件，故其在此时主张一次性伤残就业补助金待遇，不应予以支持。

问题101 单位依据《中华人民共和国劳动合同法》第三十九条规定解除与工伤职工的劳动合同，工伤职工是否应当享受一次性工伤医疗补助金和一次性伤残就业补助金？

用人单位仍应按照《工伤保险条例》及其相关法律法规的规定，支付工伤职工相关工伤保险待遇。

问题102 在同一用人单位遭受两次以上工伤事故伤害的，工伤保险待遇如何支付？

《人力资源社会保障部关于执行〈工伤保险条例〉若干问题的意见》第十条："职工在同一用人单位连续工作期间多次发生工伤的，符合《条例》第三十六、第三十七条规定领取相关待遇时，按照其在同一用人单位发生工伤的最高伤残级别，计发一次性伤残就业补助金和一次性工伤医疗补助金。"

问题103 核定的各供养亲属的抚恤金之和高于因工死亡职工生前工资的，是否划分各供养亲属应享受抚恤金的具体金额？供养亲属的范围和待遇标准是什么？

（1）原则上无论各供养亲属的抚恤金之和是否高于因工死亡职工生前工资，均应总体裁决；

（2）工亡职工相关待遇应当以死亡发生时的标准计算；

（3）参考原劳动和社会保障部《关于实施〈工伤保险条例〉若干问题的意见》第八条："职工因工死亡，其供养亲属享受抚恤金待遇的资格，按职工因工死亡时的条件核定。"

问题104 违反计划生育有关规定生育，是否应享受孕期、产期、哺乳期相关待遇？单位是否应该承担"三期"待遇？

（1）根据《女职工劳动保护特别规定》第五条、第七条内容，即便女职工违反计划生育有关规定生育的，其仍应按照《女职工劳动保护特别规定》享受产假及产假期间相关福利待遇；

（2）《中华人民共和国人口与计划生育法》第二十五条及地方性人口与计划生育条例中规定的延长生育假是对符合法律及条例生育子女的夫妻给予的奖励；对于不符合者，不应享受延长生育假、护理假及其相关待遇。

问题105 单位能否以违反计划生育有关规定，属于严重违反规章制度为由，解除劳动者的劳动合同？

（1）大概率违法；

（2）司法实践中不支持；

（3）广东自2018年起，认定解除违法；

（4）深圳予以支持［（2020）粤03民终19410号］。

问题106 单位规章制度中规定超生属于严重违纪的情形，女职工怀孕的能否解除劳动合同？

不能。除深圳地区外，全国大范围内皆得不到支持。

问题107 用人单位依据《中华人民共和国劳动合同法》第四十条、第四十一条的规定解除或终止劳动合同后，女职工发现怀孕的，能否要求恢复劳动关系？

在女职工不能举证证明用人单位解除或终止劳动合同时，其已证明并

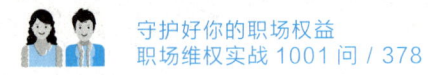

告知用人单位自己怀孕事实的；因用人单位在解除或终止时，并不知晓其怀孕事实，在解除或终止该过程中并不存在过错，故应当认定解除或终止行为合法有效。

问题108 职工主张未休年休假工资，是否应受仲裁时效一年的限制？

未休年休假工资适用特殊仲裁时效，即自劳动关系终结之日起计算一年的时效。

问题109 孕期、产期、哺乳期包含在试用期间而被证明不符合录用条件的，能否解除劳动合同？

可以。

（1）女职工在"三期"内用人单位不得依据《中华人民共和国劳动合同法》第四十条、第四十一条的规定解除劳动合同；

（2）但女职工在"三期"内存在《中华人民共和国劳动合同法》第三十九条规定情形的，用人单位可以依法解除劳动合同。

问题110 女职工哺乳期如何确定？

以其哺乳婴儿满一周岁为界限确定。

问题111 未休婚假和未休女职工生产男方护理假的，是否属于加班？

（1）根据《中华人民共和国劳动法》第四十四条内容，属于加班的情形有三种：平常工作日延长工作时间、休息日上班和法定休假日上班；

（2）未休婚假和护理假不属于此范围，故对申请人以未休婚假或者护理假为由要求加班工资的，不予支持。

问题112 劳动仲裁的简易程序和普通程序有什么不同？

（1）适用情形不同：争议金额不超过人民币50万元的，或超过50万元但另一方当事人书面同意的，适用简易程序，否则适用普通程序。

（2）仲裁庭的组成不同：简易程序的案件，由一名仲裁员组成独任仲裁庭予以审理；适用普通程序的案件，除非当事人另有约定，一般由三名仲裁员组成的合议庭审理。

（3）答辩和反请求的期限不同：

①简易程序案件的被申请人应在收到仲裁通知之日起20天内向仲裁委员会秘书局（处）提交答辩书和有关证明文件；

②涉外或普通程序案件的被申请人应在收到仲裁通知之日起45天内向仲裁委员会秘书局（处）提交答辩书和有关证明文件。

（4）首次开庭通知的时间不同。

（5）作出裁决的期限不同：简易程序3个月内；普通程序6个月内（涉外）或4个月内（国内）；仲裁庭要求，并经仲裁委员会主任批准，裁决期限可以适当延长。

问题113 《最高人民法院关于审理劳动争议案件适用法律问题的解释（一）》（法释〔2020〕26号）第四十二条、第四十四条是什么内容？

（1）第四十二条："劳动者主张加班费的，应当就加班事实的存在承担举证责任。但劳动者有证据证明用人单位掌握加班事实存在的证据，用人单位不提供的，由用人单位承担不利后果。"

（2）第四十四条："因用人单位作出的开除、除名、辞退、解除劳动

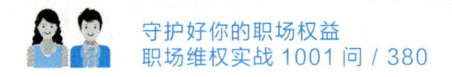

合同、减少劳动报酬、计算劳动者工作年限等决定而发生的劳动争议，用人单位负举证责任。"

问题114 劳动合同不能继续履行的典型情形有哪些？

（1）用人单位被依法宣告破产、吊销营业执照、责令关闭、撤销，或者用人单位决定提前解散的；

（2）劳动者在仲裁或者诉讼过程中达到法定退休年龄的；

（3）劳动合同在仲裁或者诉讼过程中到期终止且不存在《中华人民共和国劳动合同法》第十四条规定的应当订立无固定期限劳动合同情形的；

（4）劳动者原岗位对用人单位的正常业务开展具有较强的不可替代性和唯一性（如总经理、财务负责人等），且劳动者原岗位已被他人替代，双方不能就新岗位达成一致意见的；

（5）劳动者已入职新单位的；

（6）仲裁或诉讼过程中，用人单位向劳动者送达复工通知，要求劳动者继续工作，但劳动者拒绝的；

（7）其他明显不具备继续履行劳动合同条件的。

问题115 劳动合同不能继续履行的非典型情形有哪些？

（1）以双方之间已没有信任基础进行抗辩；

（2）企业有证据证明劳动者原先的工作任务已被分解，由其他员工完成；如判决继续履行，将会影响其他员工劳动关系的正常履行，因此不适宜判决恢复；

（3）公司在抗辩时明确表态不愿意继续履行劳动合同。

问题116 常见的"劳动合同已经不能继续履行"的司法认定是什么？

（1）岗位已由他人替代；
（2）岗位已经被撤销；
（3）劳动者已在其他单位就业；
（4）劳动合同期限即将届满或已经届满；
（5）用人单位经营期限届满不再继续经营。

问题117 劳动纠纷中的人证有哪些？

工会委员、公职人员、无利害关系第三人。

问题118 当事人在劳动争议仲裁程序中自行达成和解撤回仲裁申请后，由于一方当事人未履行协议或反悔，对方当事人能否就同一纠纷再次申请仲裁？

应当允许：
（1）自行和解既是双方的法定程序性权利，也是实体权利的直接表现；
（2）当事人自行达成的和解协议没有完全的法律强制力；
（3）撤回仲裁申请是当事人意思自治的体现；
（4）调解和和解贯穿于劳动争议调解仲裁程序的全过程，立法没有必要持禁止性态度。

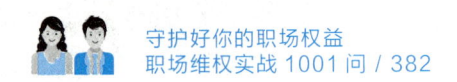

问题119 企业虚开在职证明，员工可以起诉索赔吗？

（1）给非本企业人员虚开在职证明的行为，轻则被索取巨额赔偿，重则妨碍民事诉讼；

（2）企业主要责任人或直接责任人很有可能会被罚款、拘留，甚至被追究刑事责任。

如［（2018）京0112民初31570号］。

问题120 司法实践中，如何判定商业秘密的侵权？

一般采用"接触+实质相同"原则。所谓"接触"，指前员工有渠道或者机会获取商业秘密，可以考虑与其有关的下列因素：

（1）职务、职责、权限；

（2）承担的本职工作或者单位分配的任务；

（3）参与和商业秘密有关的生产经营活动的具体情形；

（4）是否保管、使用、存储、复制、控制或者以其他方式接触、获取商业秘密及其载体；

（5）需要考虑的其他因素。

问题121 员工不服裁决，可于15日内向法院提起诉讼的6种情形是什么？

（1）适用法律、法规确有错误的；

（2）劳动争议仲裁委员会无管辖权的；

（3）违反法定程序的；

（4）裁决所根据的证据是伪造的；

（5）对方当事人隐瞒了足以影响公正裁决的证据的；

（6）仲裁员在仲裁该案时有索贿受贿、徇私舞弊、枉法裁决行为的。

问题122 ▶ 关于劳动仲裁的7个秘密，你了解多少？

（1）几乎所有劳动争议都可申请劳动仲裁；
（2）申请劳动仲裁完全免费；
（3）一般选择单位所在地仲裁委申请劳动仲裁；
（4）劳动仲裁为期60天；
（5）劳动仲裁无需天天跑，也就两三趟；
（6）劳动仲裁的基本文件包括仲裁申请书、身份证及其复印件、单位工商注册登记信息、劳动合同（或工资单、工单、工作证）、证据材料清单一式两份；
（7）劳动仲裁时效为1年。

问题123 ▶ 劳动者申请劳动仲裁的7个正确步骤是什么？

（1）准备身份证原件及复印件两份；
（2）准备劳动合同或工资单、工单、工作证等证据材料及其复印件两份；
（3）周一至周五上班时间前往公司注册地或单位所在地"劳动人事争议仲裁委员会"申请仲裁；
（4）领取及填写"仲裁申请书"和"送达地址确认书"；
（5）资料填写完毕前往"立案接待室"提交"仲裁申请书""送达地址确认书"及身份证原件复印件；
（6）签名；
（7）签完后的"仲裁申请书"复印两份上交。

问题124 ▶ 劳动仲裁需要准备哪些证据材料？

（1）劳动合同（书面）；

（2）工资支付凭证（包括工资条、银行对账单、工资领取签字表等记录表）；

（3）社保缴费证明，包括《社会保险个人缴费信息对账单》、社会保险缴费记录；

（4）解除（或终止）劳动合同证明；

（5）"员工证""出入证"等能够证明身份的证件；劳动者填写的用人单位招聘"登记表""报名表"等招用记录；

（6）考勤打卡记录，休假、放假记录；

（7）公司其他员工的证言；

（8）其他能够证明劳动合同履行情况的业务文件、介绍信，以及公司内部往来电子邮件、短信、微信等对话记录材料也可作为证据提供。

问题125 ▶ 劳动仲裁的程序是如何进行的？

（1）立案、受理：由劳动者或者用人单位发起，符合条件的仲裁委会予以立案、受理。

（2）调解：劳动仲裁案件一般会进行庭前调解，由仲裁委组织劳动者和用人单位进行。

（3）开庭：无法调解的，会通知双方择期开庭。庭审过程主要是仲裁员主导，劳动者如未聘请律师或者其他代理人的，根据仲裁员相应的引导如实回答问题即可。

（4）裁决结果：劳动仲裁庭一般只会一次开庭，庭后最晚也会在一个月内出结果，期间可以电话联系仲裁员了解案件进展。出结果后仲裁员会通知双方前去领取裁决书，也可以选择邮寄的方式领取。

问题126 > 对劳动仲裁裁决不服，有什么解决途径？

（1）劳动者、用人单位均可向法院起诉，但注意要在法定时间（自收到仲裁裁决书之日起15日）内起诉；

（2）如果是终局裁决，劳动者依旧可以直接起诉，用人单位需要先申请撤销仲裁裁决才可以向法院起诉。

问题127 > 什么是终局裁决？

用人单位向法院起诉前的前置程序。终局裁决包括：

（1）追索劳动报酬、工伤医疗费、经济补偿或者赔偿金，不超过当地月最低工资标准12个月金额的争议；

（2）因执行国家的劳动标准在工作时间、休息休假、社会保险等方面发生的争议。

问题128 > 仲裁裁决后，一方不履行相应义务怎么办？

（1）仲裁裁决后，有一定时间的履行期和起诉期，如果双方均不向法院起诉，期限过后即行生效；

（2）生效后，如果一方不履行，另一方可以向法院申请强制执行。

问题129 > 未经仲裁出具的调解协议，如果对方不履行怎么办？

（1）符合一定条件的，可以申请法院发出支付令：因支付拖欠劳动报酬、工伤医疗费、经济补偿或者赔偿金事项达成调解协议，用人单位在协

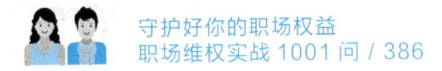

议约定期限内不履行的，劳动者可以持调解协议书依法向人民法院申请支付令；

（2）如不符合上述条件，可以申请仲裁或者向法院起诉。

问题130 ▶ 经过仲裁调解出具的调解书，对方不履行怎么办？

（1）调解书出具后，会给予对方一定的履行期限；

（2）如果在规定期限内不履行的，一方可以向法院申请执行。

问题131 ▶ 劳动仲裁程序要走多久？

（1）自劳动争议仲裁委员会受理仲裁申请之日起45日内结束；

（2）案情复杂需要延期的，经劳动争议仲裁委员会主任批准，可以延期并书面通知当事人，但是延长期限不得超过15日；

（3）逾期未作出仲裁裁决的，当事人可以就该劳动争议事项向人民法院提起诉讼。

第二十四章
拾遗补漏篇

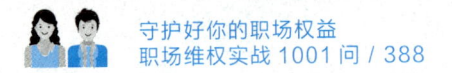

问题1　员工严重违纪违规，公司14个月后解除劳动合同，合法吗？

浙江法院：公司行使解除权已经超过了合理期限（例如一年），属违法解除，应继续履行合同。

问题2　员工5年前被判刑，公司现在解除劳动合同，合法吗？

某案例中，2013年6月28日，员工因涉嫌组织淫秽表演罪，被判处有期徒刑2年6个月，刑满释放后自行到工作单位上班；2019年5月5日，公司因此解除与该员工的劳动关系。

法院认为：解除没有时效限制。

问题3　劳动合同约定劳动者解除合同需提前3个月通知，是否可行？

北京、安徽、江苏、上海：可行。

问题4　被依法追究刑事责任的具体措施是什么？

根据《中华人民共和国劳动合同法》第三十九条内容，劳动者被依法追究刑事责任的，用人单位可以解除劳动合同。追究刑事责任的具体措施主要指以下几点：

（1）法院判处主刑：管制、拘役、有期徒刑、无期徒刑、死刑。

（2）法院判处附加刑：罚金、剥夺政治权利、没收财产、针对外国人的驱逐出境。

（3）法院判处免予刑事处罚。

注意：缓刑仍然属于被追究刑事责任；因其他违法行为被行政拘留或司法拘留，不属于被依法追究刑事责任。

问题5 如何避免在校大学生与用人单位之间被认定为已建立劳动关系？

（1）要求其提供学校出具的《实习推荐表》；

（2）与其签订勤工俭学或在校实习协议书，对双方的权利义务进行明确，可约定"待毕业后根据实习情况优先录取"；

（3）补贴若通过银行转账形式支付应备注为"实习补贴"，切勿备注为"工资"；

（4）为其购买商业保险，以化解工伤风险。

问题6 劳动者承诺不与公司产生法律纠纷是否有效？

要判断是否在实质上免除了用人单位的法定责任，排除了劳动者的权利，违背了公平原则；如是，则无效。

问题7 高温中暑"视为工伤"吗？

三种情形视同工伤：

（1）职业性中暑；

（2）劳动者在工作时间和工作岗位上因中暑死亡或者中暑后48小时内经抢救无效死亡的，视为工伤，享受工伤保险待遇，如广东地区规定；

（3）职工在工作时间和工作岗位，突发疾病死亡或48小时内经抢救无效死亡的，视同工伤。

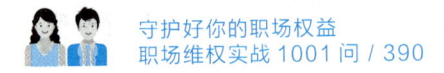

问题8 工作未满一个月发生工伤，如何确定月工资标准及相关待遇？

按照其日工资乘以21.75确定其月工资标准及相关工伤保险待遇。

问题9 劳动关系中的常见时效期间有哪些？

（1）劳动仲裁时效：1年。

（2）劳动仲裁的举证期限：10日。

（3）一审举证期：15日。

（4）起诉、上诉期：15日。

（5）加班费追讨：2年内的单位举证；超过2年的职工自行举证。

（6）工伤申请：单位限时30日；工伤职工或其近亲属等限时1年。

（7）未休年休假工资、加班费追讨：适用特殊仲裁时效即自劳动关系终结之日起计算1年的时效。

问题10 你社保卡里的那笔"巨款"激活了吗？

从2020年开始，第二代社保卡就由一个账户分成了两个独立账户：个人账户和金融账户。个人账户用于看病、买药、刷卡报销，其原有功能不变；金融账户则更像一张银行卡，不仅可以转账消费还可以从里面取钱。钱从哪里来？各项社保补贴，包括养老金、失业金、工伤赔偿金、生育津贴、4050补贴等。

重点是，金融账户如果没有激活，这些钱是全都取不出来的。那么，怎样才能激活金融账户呢？首先，看看你的社保卡，如果卡面上有"银联"二字就说明你的卡有金融账户；其次，深圳比较特殊，需要带上本人社保卡和身份证前往社保卡上标记的银行网点才可以办理激活；最后，大多数省份办理的社保卡在全国任一网点都可激活。

问题11 关于社保卡的这些冷知识，你了解多少？

（1）社保卡最大的功能就是看病买药——所以也叫医保卡；

（2）社保卡具有身份证的功能；

（3）社保卡具有银行卡的功能——但前提条件是要激活它的金融账户；

（4）激活社保卡的金融账户后，便可用它来存钱、取钱、领取社保福利；

（5）激活金融账户后，社保卡可以用来领取各项社保补贴，包括养老金、失业金、工伤赔偿金、生育津贴、4050补贴等；

（6）目前，部分地区如北京、天津、安徽芜湖等地，支持社保卡取现；

（7）目前，广东深圳、江苏无锡、上海、浙江等地，社保卡可以支付商业保险；

（8）目前，在部分地区，社保卡可以用来支付当地推出的其他惠民类商业保险。

问题12 什么是4050政策？

（1）4050补贴，又称"就业困难人员灵活就业社会保险补贴"，针对40岁以上女性和50岁以上男性中的没有固定工作单位的灵活就业人员等六类人员；

（2）缴费标准，各地不同；

（3）可以领取的补贴，各地不同，如广州为600元/月，长沙为缴费基数的60%，兰州为缴费金额的66%；

（4）一般可申领3年，离退休不足5年的，可申请一直领到退休；

（5）确保成功领取的三个关键：按时自费缴交社保；进行身份认定；按要求申请；

（6）每年10~12月申请一次；

（7）三种人不能申领：已领取失业金和失业补助金的；有工商注册登记信息的；已办理退休或达到退休年龄的。

问题13 > 养老保险除了养老金还有3大福利，你知道吗？

（1）丧葬补助金，无论参保人是领取养老金之前还是之后、因病还是因公去世，其直系亲属都可领取该项补助金，因病的补助4000元，因公的补助5000元；

（2）参保人缴费已满15年而未达退休年龄的，因病或因公负伤，经鉴定完全丧失劳动能力的，即可申请提前退休，按月领取养老金；

（3）参保人退休死亡后，其直系亲属可领取一次性抚恤金：因病的为本人10个月基本工资；因公的为20个月本人基本工资；而直系亲属属困难户的，尚可每月领取困难补助费。

问题14 > 关于个人养老金制度的这些冷知识，你了解多少？

（1）个人养老金与单位和个人共同缴交的基本养老保险，或就业困难人员缴交的灵活就业社会保险，还有有些单位为员工缴交的企业年金或职业年金，是三个并行不悖的东西；

（2）个人养老金每年缴交上限为12000元，自愿参加、个人账户、个人负担、完全积累；

（3）个人养老金在税收优惠的基础上，会被用于符合规定的银行理财、商业养老保险、公募基金、银行存储等长期投资，具体投资方式自行决定；
（4）个人养老金账户封闭运行，在达到领取年龄前，不能提前支取；
（5）个人养老金制度目前处于试行、落地阶段。

问题15 共享用工与劳务派遣的联系与区别是什么？

联系：
（1）都是不同用工主体间的员工调配；
（2）都是雇佣与实际用工单位的分离；
（3）都有"跨界"、临时、短期性的特点。

区别：
（1）规范程度不同；
（2）主体要素不同；
（3）限制条件不同。

问题16 员工非因工死亡处理流程是什么？

第一步，确认死亡原因和详情。

第二步，联系亲属并提供接待。

第三步，通知相关部门和机构。包括居委会、派出所、殡仪馆等。

第四步，办理相关手续，包括医保、社保、公积金、户籍等的注销手续。

第五步，处理遗产继承，可以委托专业律师或公证处处理相关的法律程序。

第六步，丧事办理，包括帮助联系殡仪馆，协助办理火化或土葬，并举行适当的悼念活动。

第七步，提供后续支持，包括相关的咨询和援助，或提供适当的补贴

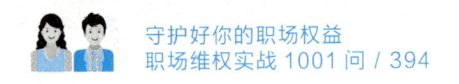

和救助。

第八步，劳动保险基金支付职工非因工死亡应享受的三项待遇（参考《企业职工基本养老保险遗属待遇暂行办法》），具体如下：

（1）丧葬补助费（劳动保险基金支付）：死者本人2个月工资。

（2）供养直系亲属救济费（劳动保险基金支付）：其供养直系亲属1人者，为死者本人工资6个月；2人者，为死者本人工资9个月；3人或3人以上者，为死者本人工资12个月。

（3）供养直系亲属生活困难补助费（企业支付，如山东；或劳动保险基金支付，如广东），每人每月补助标准按企业所在地调整为5类：180元、170元、150元、140元、130元。

问题17 招用外籍员工后可否直接用工？

（1）不能。尚需获得工作签证（Z签证）、《外国人就业证》或《外国人居留许可证》。

（2）符合《外国人在中国就业管理规定》第九条第一项规定的专业技术、特殊技能等，外籍人员无需办理工作许可证和就业证；符合第十条第二项规定的受聘和代表人员，无需办理工作许可证。

问题18 外籍员工未按要求办理相关证件能否建立劳动关系？

（1）司法实践中一般不予支持存在劳动关系，但对于持有《外国专家证》并取得《外国人来华工作许可证》的外国人，可能会被认定为劳动关系；

（2）未依法办理所形成的用工关系，应认定为雇佣关系；对于雇佣期间的报酬，可参照双方签订的合同处理。

问题19 外籍员工可以要求与公司签订无固定期限劳动合同吗？

（1）用人单位与被聘用的外国人应当依法订立劳动合同；

（2）劳动合同的期限最长不得超过5年；

（3）外籍人员合同期满终止后要求继续履行的，或者未与其签订无固定期限劳动合同而主张2倍工资的，一般不会得到支持。

问题20 外籍员工是否需要缴纳社会保险？

（1）人社部《在中国境内就业的外国人参加社会保险暂行办法》的文件，明确外籍人士的社保缴纳义务和所享受的社保待遇；

（2）若其所在国与我国签署了双边社会保险互免协定（目前已与德国、日本、韩国、加拿大等12个国家签署），则我国企业可以免除其在我国缴纳社会保险费的义务。

问题21 外籍员工能否约定竞业限制？

（1）竞业限制条款对外籍员工同样有效；

（2）对于竞业限制的地域范围以及未来产生争议后的解决路径需要尽可能约定清楚。

问题22 外籍员工能否约定违约金？

尽管我国法律中明确违约金仅适用竞业限制和外部专项技术培训，但由于法律针对外籍人员更多地结合了意思自治的法律原则，上述违约金的条

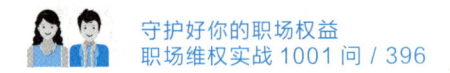

款在实践中也存在被支持的可能性。

问题23 如何解聘外籍员工？

需到当地外国专家局：
（1）注销就业证；
（2）凭注销单，到出入境管理局注销居留许可证；
（3）出入境管理局发放新的签证并清晰标注离境日期。

问题24 外籍员工离职补偿能否被支持？

（1）主流观点认为是否获得支持取决于双方是否存在约定；
（2）除最低工资、工作时间、休息休假、劳动安全卫生等方面能够适用《中华人民共和国劳动合同法》标准外，其他通常按双方书面合同约定作为依据。

问题25 未给外籍离职员工开具离职证明有何后果？

外籍员工可能会通过向劳动监察部门投诉的方式要求公司开具离职证明，甚而向原单位主张未依法开具证明所造成的损失赔偿。

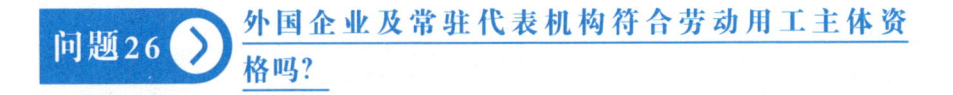

问题26 外国企业及常驻代表机构符合劳动用工主体资格吗？

《最高人民法院关于审理劳动争议案件适用法律问题的解释（二）》（征求意见稿）第十条："依法设立的外国企业常驻代表机构可以作为劳动

争议案件的当事人。当事人依法申请追加外国企业为当事人的，人民法院应予支持。"

问题27 外国人、无国籍人的劳动关系如何确定？

《最高人民法院关于审理劳动争议案件适用法律问题的解释（二）》（征求意见稿）第十一条：

"有下列情形之一，外国人、无国籍人请求确认与用人单位存在劳动关系的，人民法院不予支持：

（一）未依法取得就业证件的；

（二）超过就业证件使用期限继续在用人单位工作的；

（三）因违反中国法律被中国公安机关取消居留资格的；

（四）变更工作单位、就业区域、职业后，未依法变更或者重新办理就业证件的；

（五）法律、行政法规规定的其他情形。

前款第一项、第二项、第四项规定的情形，已取得永久居留资格的外国人以及符合可免办就业许可和就业证情形的除外。"

问题28 港澳台居民在内地就业的劳动纠纷如何处理？

《最高人民法院关于审理劳动争议案件适用法律问题的解释（二）》（征求意见稿）第十二条："香港特别行政区、澳门特别行政区和台湾地区居民2018年7月28日之前未依法取得就业证件即与内地用人单位订立劳动合同，劳动者请求确认2018年7月28日之前与用人单位存在劳动关系的，人民法院不予支持；劳动者请求确认2018年7月28日之后与用人单位存在劳动关系，且双方法律关系符合劳动关系构成要件的，人民法院应予支持。"